챗GPT로
시작하는
생성형 AI
프로젝트 수업

2022 개정 교육과정 기반

챗GPT로
시작하는
생성형 AI
프로젝트 수업

김용성, 김수진, 고의천, 김진관, 김학민,
김희철, 신나라, 윤영집, 이동규, 이병욱,
장규식, 조현기, 주재희 지음

테크빌교육

생성형 AI '잘 쓰는 법'을 알려 주는
초중고 프로젝트 수업 시작하기

생성형 인공지능이 전 세계를 뒤바꿔 나가고 있습니다. 특히 챗GPT 등 대화형 인공지능 서비스들이 선두에 서서 우리 사회 모든 영역의 거대한 변화를 이끌어 나가고 있습니다. 변화의 물결은 매우 거세서 대학뿐만 아니라 초중등 교육 현장에도 이미 밀려와 있습니다. 실제로 지금 학교 현장에서는 생활기록부 작성을 돕는 챗봇이 인기를 끌고 있고, 수업 자료를 만들고 평가 업무를 볼 때 인공지능을 어떻게 활용할 수 있을지에 대한 관심이 높습니다. 학생들의 활용 사례도 늘어나고 있습니다. 이제 교육계의 이 변화는 거스를 수 없는 큰 흐름이 된 것 같습니다.

게다가 생성형 AI의 영역은 나날이 확장되고 있습니다. 챗GPT 같은 텍스트 생성의 영역을 넘어 이미지 생성, 음악 창작, 음성 합성, 영상 제작에 이르기까지 생성형 AI 서비스는 거의 모든 영역에 등장해 있고 성능 또한 비약적으로 향상되고 있습니다. 특히 교육 분야에 특화된 AI 도구들도 속속 등장하고 있어서 맞춤형 학습 자료 제작, 개별화된 피드백 제공, 학습 진단 및 처방 등 AI의 교육적 활용 가능성이 아주 다양하게 열리고 있습니다.

AI는 잠시 왔다 사라지는 유행이 아니라 거스를 수 없는 새 흐름이라는 게 핵심입니다. 하나의 새로운 시대가 열린 것에 가깝습니다. 그래서 AI로 새롭게 만들어지는 우리 학교 현장의 다양한 기회들을 바라만 볼 수가 없습니다. 생성형 AI와 다양한 에듀테크 기반 기술들을 적절히 활용하면 실제로 수업의 효율성이 높아지고 학생들의 학습 경험이 풍부해집니다. 이제는 이 혁신적인 도구를 교육 현장에 어떻게 의미 있게 통합할 것인지 적극적으로 고민하고 실천해야 할 때입니다.

그래서 이 책에서는 생성형 AI를 에듀테크 도구로 사용해 보는 데 의미를 두는 게 아니라, 학생들이 생성형 AI를 유의미한 학습 파트너로 활용하는 경험을 갖도록 하는 데 초점을 맞췄습니다. 우리도 마찬가지이지만 특히 우리 학생들은 AI와 함께 일하고, AI를 이용해 학습하고 성장하는 방법을 익혀야 할 때입니다. 이런 의미에서 저자들은 학생들이 AI 기술을 체계적으로 활용해 문제를 해결하는 방법을 배우고, 이 과정에서 미래 사회가 요구하는 핵심 역량을 자연스럽게 습득하도록 해 주는 프로젝트를 정성껏 개발하였습니다.

이 책은 크게 세 부분으로 구성되어 있습니다. 제1장에서는 생성형 AI 활용수업의 기초를 다지고, 제2장에서는 2022 개정 교육과정과 연계한 프로젝트 수업(PBL) 설계 방법에 대해 안내해 두었습니다. 제3장에서는 현장에서 바로 활용할 수 있는 다양한 수업 사례를 제시해 두었습니다.

한편 교실에서는 생성형 AI의 활용이 무분별해지지 않도록 항상 경계해야 합니다. 특히 사용 가능한 연령대 문제, 학습 윤리 문제, 저작권 문제 등은 언제나 주의해야 할 사안들입니다. 이 책에서는 이러한 우려사항들에 대한 현실적인 해결 방안도 제시해 두었습니다.

디지털 전환 시대, 교실의 풍경은 빠르게 변화하고 있습니다. 이제 우리에게 필요한 것은 이러한 변화를 두려워하거나 거부하는 것이 아니라, 변화의 물결을 슬기롭게 활용하여 더 나은 교육을 만들어 가는 지혜일 것입니다. 이 책이 생성형 AI 시대의 교육에 대해 고민하는 모든 선생님들께 작은 도움이 되기를 희망합니다.

마지막으로, 이 책이 세상에 나올 수 있도록 아낌없는 지원을 해 주신 테크빌교육 관계자 분들께 진심으로 감사드립니다. 또한 바쁜 학교 현장에서도 귀중한 시간을 내어 수업 사례와 통찰을 나눠 주신 집필진 선생님들께 깊은 감사의 말씀을 전합니다.

2025년 2월
집필진을 대표하여
김용성

🎲 차례

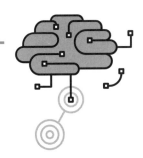

 3장 생성형 AI 프로젝트 수업 사례

1장

생성형 AI
활용수업 준비하기

생성형 AI 시대

- 생성형 AI 리터러시의 시대

- 생성형 AI를 수업에 활용해야 하는 이유

- 강점과 가능성, 그리고 몇 가지 유의점

생성형 AI 시대

전 세계가 알고 있는 인공지능 하나를 꼽으면 무엇일까? 바로 챗GPT다. 2022년은 챗GPT의 등장이 매우 큰 화두였고, 2023년은 챗GPT를 생활이나 업무에 활용할 수 있는지 아닌지가 화두였다. 앞으로는 어떤 것이 중요할까? 2024년 이후의 초점은 챗GPT를 포함한 생성형 AI 기술을 생활이나 업무에 어떻게 잘 활용하는지에 맞춰질 것이다. 스포츠를 예로 들어 보면 우리는 일반적으로 학교 다닐 때에 줄넘기, 달리기, 피구 등 스포츠를 해 본 경험들을 가지고 있고 또 할 줄 안다고 말할 수 있지만 '이 종목을 잘하는가?'라는 질문에 선뜻 '그렇다'라고 답할 수 있는 사람은 소수에 불과하다. 할 수 있는 것과, 잘하는 것은 차원이 다른 이야기다.

생성형 AI도 마찬가지다. 챗GPT 사용법은 어렵지 않다. 사람에게 질문할 때와 마찬가지로 궁금한 점이나 요청사항 등을 채팅으로 묻거나 요청하면 된다. 특별한 언어가 필요한 것도 아니고 일상어를 그대로 쓰면 된다. 그렇다면 모든 사람이 단순하게 질문하고 간단한 답변을 얻는 데 챗GPT를 사용할까? 그렇지 않다.

챗GPT를 잘 활용하면 일주일 걸려 완성하던 보고서를 불과 몇 시간 안에 완성할 수 있고, 로고나 참고도식으로 활용할 그림과 사진을 직접 만들어 사용할 수 있고, 나만의 일을 도와 주는 챗봇 비서도 제작할 수 있다. 이 외에도 사람들은 정말로 무궁무진한 폭과 깊이로 챗GPT를 이미 활용하고 있다.

이 글을 읽는 독자 여러분도 챗GPT를 한 번쯤은 사용해 보셨을 것 같다. 아니어도 상관 없다. 중요한 것은 이제는 챗GPT를 '쓸 수 있다'에서 '잘 쓴다'로 변화해야 하는 시기라는 점이다. 달리기를 할 수 있는 것과 잘하는 것은 다르고, 엑셀을 쓸 수 있는 것과 잘 쓰는 것은 다른 것처럼 말이다. 챗GPT를 포함한 여러 생성형 AI 기술을 자신의 생산성 향상을 위해 적재적소에 능수능란하게 잘 쓰는 사람이 되어야 한다.

최근 속속 등장하고 있는 챗GPT와 유사한 기능을 가진 챗봇들도 각각 무기를 갖고 사용자를 현혹하고 있다. 챗GPT와 유사한 텍스트 기반의 생성형 AI는 대규모 언어 모델LLM을 기반으로 만들어져 있는데 회사마다 각기 다른 장점을 녹여 두었기 때문에 여러 회사의 제품을 사용해 보는 것도 좋다. 텍스트보다 더 큰 화제가 되고 있는 것은 이미지 생성형 AI, 음악 생성형 AI 등 새로운 종류의 콘텐츠를 만들어 내는 생성형 AI 서비스들이다. 이들 서비스는 하루가 멀다 하고 발전하고 있으며 이들의 빠른 발전 속도만큼 우리가 행복해질 가능성 또한 더욱 높아지고 있다. 다양한 생성형 AI 서비스가 업무의 효율과 효과를 비약적으로 높여 줄 것이기 때문이다. 학교 현장도 예외는 아니다.

생성형 AI 리터러시의 시대

생성형 AI는 유튜브에서 콘텐츠를 생산하는 유튜버들과 유사한 면이 있다. 과거의 인공지능 기술이 주어진 데이터를 수집 분석하여 예측 분류 하는 작업만을 수행했다면 '생성형' AI 기술은 데이터를 학습하고 이를 바탕으로 새로운 텍스트, 이미지, 오디오, 동영상 등을 창작해 낸다. 예를 들어 축구를 열심히 배운 운동 선수가 필드에서 발생하는 예측 불가능한 상황을 창의적으로 해결해 내는 축구 선수가 되고 농구를 열심히 배운 선수는 농구 선수가 되는 것처럼 인공지능도 학습한 데이터의 유형에 따라서 각기 다른 종류의 콘텐츠를 만들어 낸다. 이것이 바로 생성형 AI의 기본적인 원리이다.

생성형 AI의 대표 주자는 단연 2022년 11월 발표된 챗GPT다. 이전에 은행이나 통신사에서 상품이나 서비스 안내에 사용된 챗봇을 이용해 보셨다면 엉뚱하게 동문서답을 하는 챗봇을 보면서 '언제쯤 제대로 된 챗봇이 나올까?' 생각하셨을 가능성이 높다. 챗GPT의 등장은 이 모든 걱정과 불편이 이제 끝났다는 걸 의미했다. 어려운 질문도 챗GPT가 술술 답을 주고, 원하는 유형의 글을 써 주며, 내가 주는 글을 요약해 주는 등 무궁무진한 일을 하는 것을 보고 사람들은 놀라움을 금치 못했다. 가입자가 전 세계에서 고속 증가한 건 당연한 일이다.

사용자 수 1억을 돌파하는 데까지 인스타그램은 약 30주의 시간이 필요했다. 매우 빠른 기록이다. 그렇다면 챗GPT는 사용자 수 1억을 돌파하는 데 시간이 얼마나 걸렸을까? 약 8주에 1억 돌파를 이뤘다. 사람들의 반응은 뜨거웠다.

챗GPT가 이렇게 뜨거운 관심을 받으면서 다양한 생성형 AI 서비스들이 등장하기 시작했다. 다른 종목의 선수들이 등장하기 시작한 셈이다. 텍스트만 입력하면 이미지를 만들어 주는 서비스와 작곡을 해 주는 서비스, 프레젠테이션을 자동으로 만들어 주는 서비스 등 다양한 서비스들이 등장했다.

그러면 우리의 생활에는 어떤 변화가 생긴 것일까? 필요한 이미지가 있을 때 무료 이미지 사이트를 찾거나 유료 사이트에서 비용을 지불하고 구매했던 경험이 있을 것이다. 특히 수업 자료를 제작할 때는 많은 이미지를 찾고 저작권 문제가 일어나지 않도록 주의하는 데 피로감이 상당했다. 그림을 잘 그리는 사람 펜이나 펜슬로 직접 그림을 그리는 시간과 공력을 들여야 했다. 하지만 이제는 그럴 필요가 없어졌다. 생성형 AI를 활용해서 필요한 이미지를 직접 생성받을 수 있는 시대가 되었기 때문이다. 머릿속에 이미 상상해 둔 이미지가 있다면 그 이미지를 설명한 뒤 [생성하기] 버튼만 누르면 이미지가 만들어진다. 이미지를 '찾는' 시간이라는 게 사라진 시대가 된 것이다.

음악이 필요한 경우에는 어떨까? 작곡에 대한 지식이나 기술은 가지고 있지는 못하지만 우리 가족을 위한 노래 또는 우리 반을 위한 노래가 한 곡 있으면 좋겠다고 생각해 보신 적이 있을 것이다. 그림의 경우와 마찬가지로 음악도 이제 즉각 생성받을 수 있다! 케이팝, 랩, 재즈 등 원하는 장르와 분위기, 특징 등을 입력하고 몇 번 클릭만 하면 너무나 손쉽게 노래가 만들어져 나온다. 원하는 가사를 기반으로 노래를 만들 수도 있다. 완성된 음악의 품질도 꽤 높은 편이어서, 학급이나 가족 등을 위한 노래를 만들거나 친구를 위한 특별한 생일 축하 노래를 만드는 등 여러 가지 특별한 일을 손쉽게 해낼 수 있게 되었다.

생성형 AI로 실로 대단히 편리해진 부분이 많은데 이런 변화를 아는 사람은 생각보다 많지 않다. 우리 생활을 크게 개선시켜 주고 있는 생성형 AI를 이제는 꼭 파악하고 더욱 제대로 사용하자. 다시 한번 말하지만 이제는 원하는 콘텐츠를 찾는 게 아니라 명령어 몇 줄로 즉각 만들고 바로 사용하는 시대다!

챗GPT 외에도 생성형 AI 서비스의 종류는 이미 굉장히 다양하다. Future Tools(https://www.futuretools.io)라는 사이트에 가 보면 얼마나 많은 생성형 AI 서비스들이 있는지를 확인할 수 있다. 2025년 2월 기준으로 약 3,200여 개의 서비스들이 이 사이트에 정리되어 있다. 서비스는 여럿이지만 활용법은 대동소이하기 때문에 주요 서비스 몇 개를 활용할 줄 알게 되면 이후에는 업무나 수업에 새로운 서비스를 찾아서 활용하는 데 대단한 어려움을 느끼지는 않을 것이다. 그런 의미에서 이 책에서는 다양한 서비스 가운데 교육에 활용성이 높은 서비스들을 선별해 소개했고 이 생성형 AI 기술을 활용해 수업을 어떻게 구상할 수 있는지를 누구나 따라해 볼 수 있도록 가급적 상세하게 설명해 두었다.

리터러시Literacy란 '문해력'이라는 용어로도 쓰이는데 표준국어대사전에 따르면 문해력이란 글을 읽고 이해하는 능력을 의미한다. 리터러시는 이해뿐만 아니라 표현 역량까지 포괄하는 개념이다.

이에 '디지털 리터러시'란 정보를 잘 찾아내고 활용할 수 있는 역량, 정보를 비판적으로 소비할 수 있는 역량, 다양한 디지털 콘텐츠를 만들고 활용할 수 있는 역량 등 다양한 역량을 포괄하는 개념으로 정의된다. 즉 컴퓨터와 인터넷을 활용하여 필요한 정보를 잘 찾아내고 이 정보를 활용하여 새로운 자료를 잘 생산하는 역량으로 요약해 볼 수 있다. 정보 사회 시민의 핵심역량이라고 보아도 과언이 아니다.

그렇다면 AI 리터러시는 무엇일까? 여러 학자들의 정의를 종합해 보면 'AI 기술 및 관련 개념을 이해하고 활용하며, 이를 비판적으로 볼 수 있는 역량' 정도로 정리해 볼 수 있다. 예를 들어 인공지능 스피커나 AI 기반 앱 같은 인공지능 서비스들을 이해하고 원활하게 활용하며 나아가 이를 비판적으로 파악할 줄 아는 사람을 AI 리터러시를 어느 정도 갖춘 사람이라고 표현할 수 있을 것이다.

AI 가운데서도 '생성형 AI'라는 개념은 2022년 11월 챗GPT가 등장한 이유로 일반에 널리 알려지게 되었다. 생성형 AI가 그 이전의 AI에 비해 새로운 활용 국면들을 열었으니 '생성형 AI 리터러시'라는 새로운 용어를 고려해 볼 만하다. 게다가 생성형 AI 기술은 이전에 비해 더욱 누구나 쉽게 사용할 수 있다. 이전에는 프로그래밍 등 기본적인 공부를 해야 기술을 원활하게 이용할 수 있었다면 이제는 그럴 필요조차 없어졌다. 새로운 서비스라도 10~20분이면 활용 방법을 쉽게 배울 수 있다. 엑셀이나 파워포인트보다 훨씬 쉽게 이용할 수 있는 서비스가 대부분이며 엑셀이나 파워포인트를 쉽게 이용할 수 있게 해 주기도 한다. 누구나 AI 리터러시를 갖추는 시대가 되었다는 것이다.

누구나 쉽게 챗GPT로 글을 쓰고, MS Designer로 멋진 그림을 그리고, Suno로 작곡가처럼 멋진 음악을 만들어 낼 수 있는 시대가 왔다. 이렇게 쉽게 활용할 수 있는 만큼, 이 기술을 활용하지 못한다면 어떨까? 전에 없이 신속하고 크게 시대의 흐름에 뒤처질 수밖에 없다. 따라서 생성형 AI 기술을 이해하고 활용하며, 이를 비판적으로 볼 수 있는 역량을 길러야 한다.

이는 디지털 역량을 학교에서 길러주어야 하는 이유이자, 교사인 여러분이 먼저 생성형 AI 리터러시를 갖추어야 하는 이유다. 코로나19 시기를 이겨낸 교사 여러분은 이미 디지털 리터러시를 어느 정도 갖추고 있다. 이에 생성형 AI 리터러시를 좀 더 보강하여 이를 기반으로 수업을 만들어 나갈 역량을 충분히 가지고 있는 분들이시다. 여러분들이 이 책을 통해서 여러 종류의 생성형 AI 기술을 익히고 이를 활용한 프로젝트 수업을 기획하고 진행해 보면서 학교 교육 현장 변화를 실천해 볼 수 있을 것이다.

생성형 AI를 수업에 활용해야 하는 이유

생성형 AI는 다양한 측면에서 교육을 변화시키기 시작했다. 학생들에게 특정 개념을 조사하고 도식화 등으로 정리해 오라는 일상적인 과제를 냈을 때 생성형 AI 기술을 이용하면 학생들은 이 과제를 단숨에 해낼 수도 있게 되었다. 그렇다고 해서 이런 과제가 의미가 없다는 말은 아니다. 다만 과제를 수행하는 과정과 그 과정을 통해 학생이 경험하고 학습하는 바가 꽤 달라졌다는 것은 사실이다. 이제 생성형 AI라는 기술이 다방면에서 변화를 야기하고 있다는 것을 전제로 두고 우리 교육의 변화가 바람직한 방향으로 진행되도록 할 방안을 고민해 봐야 하는 시대다. 그렇다면 생성형 AI란 어떤 바람직한 변화를 가져올 수 있는 도구인지에 대해 우선 생각해 보자.

강점과 가능성, 그리고 몇 가지 유의점

첫 번째 장점으로는 학생 개인별 맞춤형 교육이 보다 용이해질 수 있다는 점이다. 생성형 AI 기술이 도입되면 맞춤형 교육이 보다 제대로 실현될 수 있는 기술적 환경이 마련되는 셈이다. 학생들이 텍스트 생성형 AI 기술에 본인이 학습하고 있는 자료나 환경, 개인 특성 등 여러 정보를 입력하면 이 정보를 기반으로 한 자신만의 자료를 추천받거나 활용할 수 있기 때문이다. 게다가 자료는 문서뿐 아니라 각기 다른 생성형 AI가 만들어 준 이미지, 영상 등으로 다양하게 만들어낼 수 있는데 이는 학생들이 가지고 있던 다양한 학습 흥미를 반영한 결과물일 것이고, 학습 흥미를 충족시켜 주는 역할도 수행할 것이다.

둘째, 학생들의 수업 참여 및 흥미도가 높아질 것이다. 초중고생들을 40~50분 동안 하나의 주제에 몰입시키고 집중하도록 돕는 일은 정말 쉽지 않다. 수업의 내용이 아주 재미있거나, 수업 중 직접 해 보는 활동이 많거나, 또는 발표나 토론 수업 등 학생들이 직접 참여하는 수업의 경우 학생들은 많은 관심을 갖고 수업에 집중할 확률이 높아진다. 하지만 학생들의 참여를 이끌어 내는 것도 쉽지 않다. 프로젝트 기반 수업Project based Learning 또는 문제 중심 수업Problem based Learning과 같은 수업을 설계하여 운영하는 것이 이를 위한 시도인데 이 간단하지 않은 PBL 수업도 생성형 AI 기술로 훨씬 신속 간편해지고 즐거워진다. 학생들이 자신들만의 자료나 콘텐츠를 직접 만들어 보는 활동을 통해서 해당 수업에 더욱 집중하며 참여하게 되기 때문이다. 즉 수업 중 생성형 AI 기술을 활용해 보는 프로젝트 수업은 학생들로 하여금 학습 내용을 더욱 잘 이해하고, 자신의 일상생활에서 발생할 수 있는 문제에 이를 적용해 해결해 볼 수 있도록 하는 역량도 보다 크게 길러줄 수 있다.

셋째, 학생들은 생성형 AI 기술 활용 방법을 배움으로써 미래사회 대응 역량을 기를 수 있다. AI 기술의 활용 능력은 이미 필수적인 미래 역량으로 자리 잡았다. 예를 들어 기업들은 이미 고객 서비스 개선, 제품 개발, 시장 분석 등 다양한 분야에서 AI를 적극 활용하여 경쟁력을 강화하고 있다. 이러한 실제 사례들은 AI 기술을 배우고 이를 여러 방식으로 활용할 줄 아는 능력이 미래 사회에서 얼마나 중요한지를 잘 보여 준다. 학생들이 생성형 AI 기술을 이해하고 이를 자신의 학습과 업무에 적용하는 방법을 익히면 이는 곧 미래 사회의 구성원으로서 필수적으로 갖춰야 할 역량을 보다 강화시켜 나가는 셈이기 때문에 교육적 의미가 분명하다. 학생들이 충분한 경쟁력을 가질 수 있도록 학교에서 생성형 AI 기술을 적극적으로 활용하면서 생산성과 효율성을 높이는 방안을 모색하여 이를 통해 끊임없이 성장할 기회를 제공하는 것이 교육적이다.

넷째, 학생뿐만 아니라 선생님들의 업무 생산성 향상에도 상당한 도움을 줄 수 있다. 챗GPT로 대표되는 생성형 AI들은 교사의 업무에 아주 실제적인 도움을 제공한다. 수업 외에도 수행해야 하는 학습 자료 준비, 학교 업무, 공문 처리, 학생 지도 등등 수많은 업무에 지치지 않도록 도와주는 인공지능 비서에 해당하는 다양한 생성형 AI 서비스를 무료로도 이용할 수 있는 시대가 되었다. 우선 단순, 반복 업무를 쉽게 자동화할 수 있다. 예를 들어 생성형 AI 기술을 활용하여 학생 생활기록부나 가정통신문 등을 쉽게 작성할 수 있으며, 수업 지도안이나 여기에서 활용하는 다양한 토론 주제 등을 쉽게 만들어 낼 수 있다. 이 밖에도 간단한 공문이나, 보고서 작성도 생성형 AI로 아주 빠르고 쉽게 작성할 수 있다. 물론 모든 인공지능의 결과물은 초안 정도로 여기고 상세한 부분은 필히 교사가 직접 검토하고 다듬어야 한다. 하지만 인공지능이 만들어 주는 이 초안이 과거에 비해 업무 처리에 드는 시간과 노력을 획기적으로 감축시킨다. 행정 업무가 아니라 수업에 있어서도 수업자료 검색과 관련 자료 탐색, 아이디어 도출 등에 생성형 AI를 활용할 수 있는데 이는 곧 수업 자료의 다양성과 질을 향상시킬 가능성을 높인다. 이 밖에도 학생들과 소통할 수 있는 다양한 콘텐츠 제작이 용이하여 학습 활동을 더욱 즐겁게 진행할 수 있다. 예를 들어 학급에서 활용할 수 있는 학급 노래와 포스터 등을 생성형 AI를 활용하여 제작하도록 하면 훨씬 다양하고 재미있는 결과물들을 볼 수 있을 것이다. 학습 과정에서의 학생들의 즐거움은 곧 학습 효과로 이어지며 교사와 학생 간 유대감에도 긍정적인 영향을 미친다.

생성형 AI 서비스는 교육에서 활용할 때 좋은 점이 상당히 많지만 부작용이나 한계점도 명확하게 인식하고 활용해야 교육적으로 활용할 수 있고 각종 상황에 제대로 대응할 수 있다. 이런 점들을 학생들에게 제대로 가르치고 지도할 필요도 있다.

우선 가장 큰 문제가 될 수 있는 것은 활용하기에 따라 학생들이 깊게 사고할 수 있는 역량의 발달을 오히려 저하시킬 수도 있다는 점이다. 생성형 AI의 가장 큰 장점이 '프롬프트'만 잘 입력하면 비교적 빠르고 정확한 결과가 산출된다는 것인데 이 말을 다시 생각해 보면 '별다른 생각 없이' 입력하는 프롬프트만으로 양질의 결과물을 산출할 수도 있다. 오히려 생성형 AI 없이도 학생들은 각 과목을 공부하기 위해서 교과서, 참고서, 웹 등에서 다양한 자료를 수집하고, 이러한 자료를 기반으로 생각하고 고민하며 자신만의 개념을 형성해 나갔는데 프롬프트 입력만으로 결과를 얻을 수 있게 되니 오히려 생각을 깊게 하는 일을 피하는 일이 벌어질 수도 있다. 일명 '머리가 굳어 버리는' 현상이 발생할 수도 있는 것이다. 학습 과정이 이렇게 '결과 산출'에만 집중되면 학습 역량이 점점 저하되고, 어떤 문제에 대해 깊게 생각하는 사고력, 창의력 등 어린이 청소년 시절에 가져야 할 역량 신장의 기회를 잃는다.

둘째, 저작권 관련 문제가 발생할 수 있다. 이를 이해하기 위해 생성형 AI의 학습 원리를 간단히 살펴보면 챗GPT 등의 텍스트 생성형 AI는 기존의 텍스트 자료(뉴스, 블로그, 논문, 보고서 등)를 수집하여 학습하고 이 자료를 기반으로 유사한 형태의 텍스트 자료를 만들어 내기 때문에 과거 학습한 자료와 유사한 자료가 만들어질 수 있다. 예를 들어 만약 작가 무라카미 하루키의 작품들을 학습한 인공지능은 이 작가의 문체로 새로운 글을 작성할 수 있고 화가 빈센트 반 고흐의 작품들을 학습한 인공지능은 이 화가의 화풍을 상당 부분 재현할 수 있는데 이는 분명 인공지능 기술의 장점이지만 표절 문제가 발생할 가능성의 단초가 되기도 한다. 생성형 인공지능은 무無에서 유有를 창조하는 것이 아닌, 유有에서 유有를 창조하기 때문에 본래 이 논란에서 자유로울 수 없다.

그렇다면 학생들이 생성형 AI를 활용하여 보고서를 작성하고, 이미지를 생성하는 등의 행위를 했을 때 표절 문제에서 자유로울 수 있을까? 법적 개념인 저작권은 '인간의 사상과 감정의 창작적 표현'을 요체로 한다. 인공지능은 인간이 아니므로, 인공지능이 만들어 낸 결과물은 저작권을 부여받을 수 없는 것이 기본이다. 하지만 작품에 대한 소유권의 개념은 존재한다. 일반적으로 이 소유권은 프롬프트를 입력하여 콘텐츠를 생성한 사람에게 귀속된다. 즉 생성형 AI로 만든 콘텐츠에 아직은 저작권 문제가 적용되지는 않는 상황이지만 결과물이 기존에 있던 글이나 예술 작품과 상당 부분 유사할 수도 있다는 가정하에 생성형 AI를 사용해야 한다는 것이다. 따라서 생성형 AI로 생성한 콘텐츠는 반드시 생성형 AI로 만든 콘텐츠라는 것을 명시하는 것이 바람직하다.

셋째, 개인정보 문제가 발생할 수 있다. 2023년 국내 모 대기업의 반도체 관련 코드가 챗GPT를 통해서 유출되는 사건이 발생했다. 이 일을 벌인 직원은 단순히 코드의 오류나 개선점을 알기 위해서 챗GPT를 통해서 코드를 입력했을 것이다. 하지만 그 결과는 어마어마한 후폭풍으로 이어졌다. 해당 코드는 해당 회사에서 기밀로 분류되는 코드였기 때문에 한 번의 실수로 막대한 정보 유출이 되어 버린 것이다. 학생들도 이런 실수에 대한 경각심을 가져야 한다.

분명 학생들은 생성형 AI를 활용하면서 자신에게 잘 맞는 자료나 콘텐츠를 얻기 위해서 자신이 가진 여러 정보들을 입력할 것이기 때문이다. 자신의 학업 관련 정보뿐만 아니라 인구통계학적인 개인 정보를 입력할 것이며 심지어는 친구나 부모님의 개인 정보까지도 입력할 수 있다. 더 많은 정보를 입력해야 좋은 품질의 결과물을 내어 주는 생성형 AI의 특징상 일어날 수 있는 일인 건 맞지만 이렇게 입력된 정보가 어떻게 활용될지를 생각하면 학생들의 이런 행동은 사전에 지도하여 예방해야 한다. 인간이 입력하는 모든 정보는 생성형 AI를 개발한 회사의 서버로 들어가게 되며 이 정보들은 인공지능을 다시 학습시키는 데 활용되는데 인공지능의 특성상 저장소 안에 들어가 있으면 외부로 노출이 될 확률이 크게 높아진다는 점을 알려주어야 한다. 챗GPT와 같은 생성형 AI를 일명 '탈옥'하여 개인 정보 등을 노출하는 방법이 인터넷 게시글로 공유가 되기도 하는 등 실제로 여러 문제가 발생할 수 있다.

넷째, 생성형 AI는 생각보다 거짓말을 잘한다. 인공지능이 자신이 알고 있는 진실을 감추고 거짓을 드러내고자 의도하는 것은 아니지만 틀린 정보를 산출해 낼 위험이 항상 있다는 것이다. 이러한 현상을 일명 환각 현상, 할루시네이션 Hallucination이라고 한다. 인공지능은 자신이 아는 대로, 아는 만큼 대답하는 것뿐이다. 확률적으로 가장 높은 응답을 선택하여 답변을 내어 놓도록 학습되어 있으므로 자신이 내놓는 답에 주저함이 없다. 그래서 정답이 없는 질문을 던져도 정답을 확신하는 듯한 말투로 당당하게 답변을 만들어 내놓는다. 예를 들어, '부산광역시에 63빌딩 옆에는 어떤 건물이 있나요?'라는 질문을 던졌을 때 생성형 AI는 63빌딩이 존재하지 않는다고 답변할 수도 있지만, 부산에 있는 어떤 높은 건물을 63빌딩으로 여기고 답변을 해 버릴 수도 있다. 이미지 생성형 AI에서도 마찬가지의 현상이 발생한다. 사람의 이미지를 그려 달라고 요청하면 사람의 손가락을 6개나 7개로 표현하기도 하고 로봇과 사람을 같이 그려달라고 하면 사람의 얼굴과 로봇의 몸통을 합쳐서 표현하기도 한다. 프레젠테이션을 만들어내는 생성형 AI까지 대부분의 생성형 AI에서 환각 현상이 발생할 수 있기 때문에 항상 산출물을 초안으로 여기고 '팩트 체크'를 더해 검토하는 과정이 필수라는 점을 절대 잊지 말아야 한다. 물론 기술이 발달하면서 할루시네이션은 점차 줄어들 것이겠지만 말이다.

2장

생성형 AI
프로젝트 수업 디자인

2022 개정 교육과정, 깊이 있는 학습, 그리고 생성형 AI

- 디지털 소양의 의미

- 2022 개정 교육과정과 '깊이 있는 학습'

- 깊이 있는 학습과 생성형 AI

생성형 AI 활용, 프로젝트 수업 만들기

- 프로젝트 수업(PBL) 이해하기

- 프로젝트 수업 6단계

- 생성형 AI 프로젝트 수업이, 깊이 있는 학습 경험을 만든다

2022 개정 교육과정, 깊이 있는 학습, 그리고 생성형 AI

학령 인구 감소, 교육 기회의 불평등, 학력 격차, 정보기술의 발전 및 인공지능 기술의 급격한 발전 등 현재 한국의 교육은 빠르게 변화하는 사회적 상황에 직면해 있다. 세계경제포럼 회장 클라우스 슈밥^{Klaus Schwab}이 2016년 다보스포럼 기조연설에서 '4차 산업혁명'이라는 용어를 처음 사용한 이후 인공지능의 활용은 눈부시게 증가했고 2020년 전 세계에 영향을 준 코로나19 팬데믹은 이러한 변화를 더욱 가속화시켜 교육 환경의 변화는 아무도 피할 수 없는 현실 문제로 자리 매김했다.

이에 따라 교육의 모습은 기존에 교사가 주도하는 대면 수업 중심에서 벗어나 온라인 학습이나 인공지능을 활용한 맞춤형 교육으로 점차 변화했다. 국어 시간에는 시를 쓰고 인공지능을 활용하여 시에 어울리는 그림을 그려 시화전을 연다. 영어 시간에는 인공지능 스피커를 활용하여 영어 말하기 활동을 하고, 인공지능 번역기를 활용하여 영어 글쓰기 활동을 한다. 음악 시간에는 인공지능 음악 작곡 프로그램을 활용하여 생각을 음악으로 표현한다.

생성형 AI 사용 현황

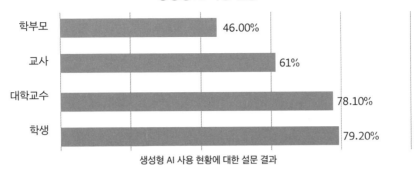

생성형 AI 사용 현황에 대한 설문 결과

2023년 7월 이화여자대학교 미래교육연구소가 실시한 '생성형 AI 활용 실태 조사'에 따르면 학생 10명 중 8명은 생성형 AI를 사용한 경험을 가지고 있었다. 이는 생성형 AI가 이미 학생들의 학습 환경에 꽤 깊숙하게 들어와 있으며, 교육 분야에서 이미 중요하고 영향력 있는 도구로 자리 잡았음을 의미한다. 이와 동시에, 생성형 AI가 내놓는 답변의 신뢰성, 표절 및 저작권 문제, 개인정보 유출 등의 부작용에도 불구하고 학생들 중 68%는 생성형 AI 기술의 기본적인 이해나 활용 방법, 윤리 등에 관한 교육을 받은 적이 없다고 응답했다. 이는 생성형 AI 기술의 활용과 관련된 윤리적·법률적 문제에 대한 충분한 교육이 아직 이루어지지 않고 있다는 것을 의미한다 .

AI에 대한 이해 없이는 AI 기술이 가져온 변화에 효과적으로 적응하고 참여하기 어렵다. 따라서 생성형 AI와 같은 혁신적인 도구의 잠재적 부작용 인식 및 해결 방안 모색이 필수적이며 AI 사용 시 발생할 수 있는 표절과 저작권 침해, 개인정보 유출 등의 문제에 대한 교육적 접근도 놓치면 안 된다.

이에 따라 학생들에게 체계적인 AI 교육을 실시하는 것이 중요해졌다. 적절하고 체계적인 AI 교육을 통해 학생들은 AI 기술 발달로 인해 변화한 사회에 적절히 대응할 수 있게 되고, AI 기술에 대한 깊이 있는 이해와 책임 있는 사용에 대한 교육으로 안전하고 윤리적인 방식으로 AI를 활용할 수 있게 된다. 학생들에게 사고력과 문제 해결 능력 등 미래 사회에 필요한 역량을 길러 주며 학생들이 시대의 복잡한 문제들을 해결하고 변화하는 사회에 적응하며 AI의 잠재력을 윤리적이고 효과적으로 활용할 수 있는 기반을 마련해 주는 것이 필요한 시점이 바로 지금이다.

디지털 소양의 의미

디지털 대전환, 기후 생태환경, 인구 구조 변화의 가속화, 미래 사회의 불확실성 증대 등 교육 내외적 변화를 학교 교육과정에 반영하여, 2022 개정 교육과정에서는 학생이 '포용성과 창의성을 갖춘 주도적인 사람'으로 성장하는 것을 중점으로 삼고 있다. 이와 관련하여 모든 학습의 토대가 되는 언어·수리·디지털 소양 등을 기초소양으로 강조하고 있으며 교과 학습과 실생활 문제를 다루는 과정에서 언어, 수학, 정보에 대한 지식과 기능을 적용할 수 있도록 총론 및 교과 교육과정을 구성했다. 2022 개정 교육과정에 처음 도입된 개념인 기초소양은 교과 학습을 포함한 모든 유형의 학습이 이루어지기 위해 반드시 갖추어야 할 조건이 되는 소양이다. 특히 자기주도학습과 평생 학습을 위해 그 중요성이 더욱 강조되었다.

기초소양	개념*
언어 소양	다양한 문화적·사회적 맥락에서 언어를 적절하게 사용하여 공동체 구성원과 소통하며 문제 해결에 함께 참여하는 능력
수리 소양	다양한 상황에서 수리적인 정보를 이해하고 해석하며 활용하는 능력
디지털 소양	다양한 디지털 도구와 기술을 사용하여 정보를 체계적으로 수집·분석·관리하고 소통하며 문제를 효과적으로 해결하는 능력

---

* 2022 개정 교육과정 총론

세 가지 기초소양 중 '디지털 소양'은 디지털 지식과 기술에 대한 이해와 윤리의식을 바탕으로, 정보를 수집·분석하고 비판적으로 이해·평가하여 새로운 정보와 지식을 생산하고 활용하는 능력이다. 2022 개정 교육과정에서는 모든 교과목을 통해 학생들의 디지털 이해 및 활용 능력을 발전시키는 데 중점을 두고, 교육과정에 밀접하게 연계된 디지털 소양 교육의 중요성을 강조한다. 즉 모든 교과교육을 진행하는 과정에서 디지털과 관련된 내용을 포함하도록 한 것이다. 예를 들어 사회 수업에서는 뉴스 빅데이터 분석 도구를 활용하여 자료를 수집하고, 에듀테크를 활용하여 토의하며, 생성형 AI 도구를 활용하여 리포트를 작성하는 등 디지털 도구를 활용하여 우리 주변 사회 문제를 깊이 있게 다룰 수 있도록 하고 있다. 또한 디지털 리터러시 및 논리력, 절차적 문제해결력 등의 함양을 위해 국어, 과학, 사회, 기술·가정, 예술 등 다양한 교과 특성에 맞게 디지털 기초소양 관련 내용을 반영했고 선택과목도 신설했다.

교과 연계
(국어) '디지털·미디어 역량' 및 매체 영역 신설
(사회) 지리·정보와 매체 활용, 미디어 메시지 분석과 생산
(과학) 데이터 이해와 활용, 디지털 탐구 도구의 이해와 활용 등

과목 신설
문학과 영상, 미디어 영어, 음악과 미디어, 미술과 매체, 문학과 매체 등

디지털 소양 관련 교과 및 과목

또한 디지털·인공지능(AI) 소양 함양 교육을 강화하기 위해 실과 교과(초) 내 정보 영역과 정보 교과목(중·고) 및 학교자율시간, 창의적체험활동 등을 활용하여 정보교육 시수를 증배·확보하여 운영하도록 했다. 이에 따라 초등학교에서는 최소 34시간, 중학교에서는 최소 68시간 이상의 정보교육을 실시하게 되었다.

구분	교과목 편제 및 교육과정 편성	교과 내용 재구조화
초등학교	- 정보관련 내용을 학생 수요 및 학교 여건에 따라 학교장 개설과목으로 편성 가능 ※ 실과 교과를 포함하여 학교 자율시간 활용을 통한 34시간 이상 시수 확보 권장	- 정보 관련 교과(실과) 내용에 인공지능(AI) 등 신산업기술 분야 기초 개념·원리 등 반영 - 놀이·체험 활동 중심으로 간단한 프로그래밍 등 디지털 역량 함양을 위한 과목 신설
중학교	- 학교 자율시간 및 교과(군)별 시수 증감을 통한 정보시수 확대 이수 권장 기준 마련 ※ (개선안) 정보 과목은 학교 자율시간을 확보하여 68시간 이상 편성·운영을 권장	- 인공지능에 대한 학습(learning about AI) 관련 내용 강화 - 디지털 기초 소양 함양 교육과 연계한 기본·심화를 위한 정보 과목 개설
고등학교	- 정보교과를 신설하고, 진로·적성에 따른 다양한 선택과목 편성 ※ (현행) 기술·가정교과군 → (개선안)기술·가정/정보	- 인공지능(AI) 및 빅데이터 등 다양한 신기술 분야 과목 신설

초·중등학교 교육과정에서의 정보교육 강화 방안 예시 출처: 교육부(2021). 2022 개정 교육과정 총론 주요사항

이처럼 2022 개정 교육과정은 미래 사회에 필요한 역량을 갖춘 인재 양성에 초점을 맞추고 있다. 그리고 이를 달성하기 위한 방법 중 하나로 생성형 AI 도구의 활용이 높은 관심을 받고 있다. 학습된 데이터를 기반으로 새로운 텍스트, 이미지, 음악 등의 콘텐츠를 생성하는 생성형 AI 도구의 대표적인 예로는 순서대로 챗GPT, 달리DALL·E, 아이바AIVA 등이 있으며 이미 그 종류가 다양하다.

"선생님, 저는 그림을 그리는 것에는 자신이 없어서 만화를 그리고 싶지 않아요."

국어, 사회, 과학 등의 수업 활동에서 만화 그리기 등의 표현 활동을 진행할 때 맞닥드릴 수 있는 반응이다. 상상하고 설명하는 활동을 얼마든지 할 수 있지만 그 생각을 그려서 표현하자니 결과물이 너무 초라해서 부끄러움을 느낀다는 것

은 실제로 적지 않은 아이들이 가지고 있는 고민이다. 이 학생들에게 이미지를 생성하는 AI 도구를 소개하고 활동을 이어 나가면 좋다. 학생은 아주 근사하고 멋진 작품을 만들어 보는 전에 없던 기회를 가지게 된다. 이처럼 생성형 AI를 교육 현장에 적용함으로써 교사와 학생은 개인화된 학습 자료를 생성하고 다양한 요구에 즉각적으로 답변을 얻으며, 창의적인 아이디어를 구상하는 데 도움을 받을 수 있다.

이처럼 생성형 AI는 학습 과정을 풍부하고 다양하게 만들어 준다. 학생들은 직접 동영상이나 포스터 등을 제작할 때 생성형 AI를 이용하여 이미지와 음악, 시나리오, 영상 등을 생성해 완성도가 상당한 결과물을 만들어 낼 수 있다. 이런 활동은 학생들의 디지털 리터러시를 높이는 동시에 AI 기술을 창의적으로 활용하는 방법에 대한 학습 기회라는 의미를 지닌다.

또한 생성형 AI의 활용은 학생들 사이의 협업을 장려한다. AI를 활용해 학습 과제를 수행하면서 학생들은 서로의 아이디어를 자연스럽게 공유하고, 함께 프로젝트를 수행하는 과정에서 의사소통 및 협업 능력을 기를 수 있다. 이렇게 길러지는 디지털 의사소통의 원활성 또한 미래 사회의 구성원으로서 학생들에게 필요한 역량이다.

2022 개정 교육과정과 '깊이 있는 학습'

2022 개정 교육과정에서는 올바른 학습의 상태를 '깊이 있는 학습'으로 요약하고 있다. 깊이 있는 학습은 더 많이 학습하거나 더 어려운 수준까지 진행하는 것보다는 핵심 개념과 원리를 명확하게 이해하고 내면화하는 과정을 강조한다.

예를 들어 '분수'를 처음 배울 때 단순히 분수를 계산하는 방법을 암기하고 연습문제를 반복하는 것이 아니라, 분수가 나타내는 '부분과 전체의 관계'를 이해하고 실생활에서 분수가 어떻게 활용되는지 탐구하도록 하는 것이다. 예컨대 요리할 때 재료의 분량을 측정하거나, 친구와 피자 조각을 똑같이 나누어 먹는 등의 예를 들어 분수의 의미를 내면화하도록 유도한다. 또는 '산소'에 대해 공부할 때, 단순히 산소의 특성을 외우는 것이 아니라, 산소 발생 실험을 통해 얻은 산소를 이용하여 과학 실험을 하여 실제 생활 속에서 산소가 어떻게 쓰이며 생명체에 어떤 영향을 미치는지를 탐구하도록 한다.

이렇게 '깊이 있는 학습'은 학생이 단순히 지식을 습득하는 것을 넘어, 핵심 개념과 원리를 깊이 이해하고 자신의 경험과 연결 지어 생각하는 능력을 기르도록 돕는다. 이를 통해 학생들은 일상에서 활용할 수 있는 실용적인 지식을 습득하고, 창의적이고 융합적인 문제 해결 능력을 향상시킬 수 있다.

2022 개정 교육과정은 교과 간 연계와 통합, 학생의 삶과 연계된 학습, 학습에 대한 성찰 등을 중요한 전략으로 채택하여 깊이 있는 학습을 통해 학생들의 역량을 함양할 수 있도록 지원하고자 한다. 이러한 과정에서 학생들이 스스로 학습의 의미와 가치를 깨닫고, 자신들의 학습 활동이 단순한 교실 안의 이론이 아니라 실생활의 문제를 해결하는 데에 유용한 도구임을 인식하도록 하는 것이다. 따라서 깊이 있는 학습은 학생들에게 더욱 의미 있는 학습 경험을 제공하고 창의적·융합적인 문제 해결 능력을 발전시킬 수 있도록 하는 중요한 접근 방식이다.

특히, 디지털 교육은 학생들에게 디지털 기기를 통해 다양한 학습 자료에 접근할 기회를 제공한다. 이는 학생의 학습 주도성을 높이는 데 기여하며 학생들이 자신의 관심사에 따라 학습을 탐구하도록 유도한다. 디지털 학습 자료의 활용은 학생들이 이론을 쉽게 이해하고 기억하는 데 도움을 줄 수 있으며 가상 실험이나 시뮬레이션, 게임 기반의 학습과 같은 디지털 교육 도구는 학생들에게 실제와 유사한 학습 경험을 제공하면서 깊이 있는 학습을 가능하게 한다.

예를 들어 과학 시간에 화산에 대해 학습할 때 디지털 교육 도구를 활용하면 가상현실VR 환경에서 실제 화산 탐험을 가상으로 체험하면서 학생들은 화산의 모습, 용암의 흐름, 화산재 분출 등을 직관적으로 이해할 수 있다. 깊이 있는 학습의 관점에서 보면 디지털 교육을 통해 단순히 화산에 대한 지식을 습득하는 것을 넘어서 화산 활동이 환경에 미치는 영향을 조사하고, 이를 바탕으로 화산 활동으로 인한 피해를 예방하거나 최소화하는 방안을 논의할 수 있게 되는 것이다.

결론적으로 디지털 교육은 학생들에게 보다 풍부하고 다양한 학습 경험을 제공하여 학생들의 참여와 상호작용을 촉진하며, 이를 통해 깊이 있는 학습을 가능하게 한다. 즉 디지털 교육은 깊이 있는 학습을 촉진하고, 깊이 있는 학습은 디지털 교육을 더욱 효과적으로 이끌어가는 역할을 한다.

깊이 있는 학습과 생성형 AI

생성형 AI를 이용하면 학습자를 격려하고 깊이 있는 학습을 촉진하는 과정에서 비판적 사고, 창의력, 그리고 협업 능력과 같은 중요한 역량을 개발할 수 있다. 학습 목표에 부합하는 다양한 활동을 가능하게 하는 생성형 AI는 학생들에게 핵심역량을 기를 수 있는 기회를 제공한다. 다음의 성취 기준들을 기반으로 생성형 AI를 활용하여 어떤 학습 활동을 할 수 있을지 생각해 보자.

[6국03-04] 독자와 매체를 고려하여 내용을 생성하고 표현하며 글을 쓴다.
[6국06-03] 적합한 양식과 수용자의 반응을 고려하여 복합양식 매체 자료를 제작하고 공유한다.

학생들은 생성형 AI 도구를 활용하여 창의적으로 글을 쓸 수 있다. 생성형 AI

로 학생들은 자신이 제시한 주제나 문장에서 출발된 한 편의 확장된 이야기를 제안받을 수 있고, 다양한 시나리오를 받을 수도 있다. 글뿐만 아니라 뉴스 영상이나 오디오북 등 다양한 형태의 매체 자료를 손쉽게 제작할 수도 있다. 이 과정에서 학생들은 AI가 제시한 다양한 아이디어를 바탕으로 자신만의 독창적인 작품을 완성할 수 있다.

[6영02-07] 일상생활 주제에 관한 담화나 글의 세부 정보를 간단한 문장으로 묻거나 답한다.
[6영02-09] 적절한 매체와 전략을 활용하여 창의적으로 의미를 생성하고 표현한다.

외국어 학습을 위한 도구로 생성형 AI를 활용하면 학생들의 깊이 있는 학습을 격려할 수 있다. 생성형 AI로 학생들은 자신이 작성한 글에 대한 괜찮은 수준의 피드백을 즉각적으로 제공받을 수 있고 다양한 언어로 번역 작업이 가능하므로 이를 이용해 언어 구사 능력을 향상시킬 수도 있다. AI와의 대화를 통해 실시간으로 언어를 학습하고 언어 능력을 발전시킬 수도 있다.

이처럼 생성형 AI의 특성을 잘 활용한다면 학생들은 주도성, 창의력, 비판적 사고력 등을 보다 적극적으로 기를 수 있다. 이처럼 생성형 AI는 미래 사회에서 요구하는 다양한 역량을 충분히 갖추는 데 중요한 역할을 할 수 있는 도구다.

생성형 AI 활용, 프로젝트 수업 만들기

프로젝트 수업(PBL) 이해하기

우리는 생활 속에서 다양한 목표를 설정하고 이를 달성하기 위해 프로젝트의 과정을 거친다. 여행 계획을 세우는 것부터 집 정리, 운동 계획 수립 및 건강한 식단 준비에 이르기까지 모든 활동이 문제를 해결하고 목표를 달성하기 위한 최적의 방법을 찾는 프로젝트 과정이라고 볼 수 있다. 이와 같은 접근 방식을 학교 교육에 적용한다고 생각해 보자.

이미 학생들이 실제로 당면한 문제 상황들을 해결하기 위해 프로젝트와 유사한 과정을 거치고 있을 것이다. 따라서 이 방식은 학생들에게 지식에 대한 이해를 넘어서는 특별한 학습 경험을 제공한다. 학생들은 문제를 해결해 나가는 과정에서 교사가 전달하고자 하는 학습 내용을 더욱 쉽게 이해하고, 그들 스스로 문제를 해결해 나가게 된다. 이러한 학습 방식이 바로 PBL이다.

'프로젝트 수업'이라고 불리기도 하는 PBL(Project Based Learning, 프로젝트 기반 학습)은 기존의 학교 교육에서 가르치는 내용과 범위에서 벗어나, 더 깊이 공부할 가치가 있는 내용, 특별히 관심 있는 내용에 대하여 학습자 스스로 자료를 찾고 의문을 해결하면서 학습하는 방법*이다. PBL에서는 실생활과 밀접한 문제를 해결하면서 학생 스스로가 학습 과정을 주도하고 협력하며, 경험을 통해 지속적으로 지식을 구성해 나가는 과정을 중요하게 다룬다.

예를 들어, 학생들과 텃밭 가꾸기 프로젝트를 진행하는 상황을 가정해 보자. 학생들은 텃밭에 어떤 작품을 심을지 계획하고, 흙을 준비하여 계획한 작물을 심을 것이다. 직접 텃밭에 작물을 기르면서 식물의 성장 과정을 관찰하고 물 주기와 제초작업, 병충해 관리 등 필요한 관리를 진행할 것이다. 성장한 작물을 수확하는 과정을 통해 노력의 결실을 직접 체험하고 수확한 결과물을 바탕으로 전체 프로젝트를 평가할 것이다. 수확물은 가족이나 지역사회와 나눔으로써 소속감과 책임감도 길러질 것이다.

이처럼 프로젝트 과정을 통해 학생들은 정보를 받아들이던 입장에서 벗어나 자신의 경험을 활용해 지식을 스스로 만들어 내고 그 안에서 의미를 직접 찾아내는 학습의 주인공이 된다.

프로젝트 학습은 참여하는 학습집단의 크기에 따라 학급 내 모둠별 프로젝트, 학급 전체 프로젝트, 학년 프로젝트, 학교 프로젝트 등으로 구별한다(이영만, 2001). 또 운영기간에 따라 1일 프로젝트, 주간 프로젝트, 월간 프로젝트, 학기 프로젝트, 연간 프로젝트 등으로 나눠진다. 프로젝트 학습이 이루어지는 주요한 장소가 어디냐에 따라 교실 안 프로젝트, 교실 밖 프로젝트 등으로 구별할 수도 있다(홍후조, 2002)

---

* 이명근, 오유진. (2011). 프로젝트 기반 초등 수학교육의 학습양식 효과분석. 한국컴퓨터정보학회 학술발표논문집, 19(2), 261-264.

학습자를 중심에 둔 다양한 교수·학습법이 주목받은 지 오래다. PBL 역시 이러한 교수·학습법 가운데 하나다. 전통적인 교사 중심, 교과서 중심, 암기 중심의 학습 방식에서 탈피하여, PBL은 학습자 중심, 맥락 중심, 문제 해결 중심의 접근을 지향한다. 이와 같은 학습자 중심의 교수·학습법들은 구체적인 적용 방식에 차이가 있을 수 있지만 모두 궁극적으로는 학습자가 학습의 주도권을 가지고, 학생들의 실생활과 밀접하게 연결된 복잡한 과제를 중심에 두고 자신의 학습 활동을 적극적으로 전개해 나가는 것을 목표로 한다는 점에서 동일하다.

특히 PBL은 학생들이 실생활과 밀접한 문제를 해결하며 지식을 적용하고, 비판적 사고와 협업 능력을 발전시킬 수 있도록 설계된 교육방식이다. 현실적이고 실제적인 문제를 중심으로 학생들은 개별 학습과 협동학습을 통해 해결책을 모색하며, 이 과정에서 학습 동기가 향상되고 문제 해결 능력과 의사소통능력 등 여러 가지 능력을 개발해 나간다. 이 방식을 통해 학생들은 능동적인 참여자가 되며, 교사는 지식을 단순히 전달하는 위치에서 벗어나 촉진자 및 코치의 역할을 하게 된다. 이러한 방식으로 수업이 학생들로 하여금 스스로 학습 과정을 더욱 심도 있게 탐색하고 의미를 찾아나갈 수 있도록 돕는다.

다음의 성취기준을 도달하기 위한 수업을 진행하는 데 PBL 교수·학습법을 적용한다면 학생들은 식물을 구성하는 세포에 대한 지식을 습득하는 데에서 학습을 끝내지 않고 이 지식으로부터 학습을 출발하여 식물의 다양한 부분과 각각의 기능을 이해하고 자연환경 속 생물들이 어떻게 유기적으로 연결되어 있는지를 파악하는 것까지를 하나의 프로젝트 안에서 학습할 수 있게 된다.

[6과11-01] 생물을 이루고 있는 기본 단위인 세포를 현미경으로 관찰할 수 있다.
[6과11-02] 식물의 각 기관의 구조를 관찰하고, 기능을 알아보는 실험을 수행하여 식물 각 기관의 구조와 기능을 설명할 수 있다.
[6과11-03] 여러 가지 식물의 특징을 설명하는 자료를 만들어 공유할 수 있다.

예를 들어 교사는 '만약 식물의 특정 부분이 없다면 어떻게 될까?'와 같은 질문을 던져 학생들이 식물과 생태계 사이의 복잡한 관계를 탐색하게 하고, 이로써 학생들이 생태계 내 순환 과정을 자연스럽게 이해하고 기후 위기 문제에 대해 깊이 생각하며, 생물학적 지식을 실생활의 문제에 적용하는 방법을 학습할 수 있게 한다. 이러한 탐구 활동은 학생들의 적극적 참여를 유도하고, 자연과 인간의 상호작용에 대한 깊은 이해를 바탕으로 비판적 사고 능력을 키워 준다.

이처럼 PBL 교수·학습법은 단순히 지식을 전달하는 것을 넘어서 학생들에게 실제 문제 해결 과정을 통해 학습하고 성장할 기회를 제공한다. 이를 통해 학생들이 미래 사회의 복잡한 도전에 대응할 준비를 하며, 창의적이고 비판적인 사고력을 가진 세대로 자라나도록 하는 데 중요한 역할을 할 수 있다. PBL 교수·학습법을 통해 학생들은 지식을 실생활에 적용하는 방법과 과정을 익힘으로써 더욱 유의미한 학습 경험을 가지게 된다.

프로젝트 수업 6단계

단계	단계명	내용
1	준비하기	교사가 주제 등을 잠정적으로 선정
2	주제 결정하기	교사와 학습자가 함께 주제에 대해 공유 및 구체화
3	활동 계획하기	학습 소주제 결정, 탐구활동 팀 구성, 질문목록 작성하기
4	탐구 및 표현하기	탐구/협의/표현 활동 진행= ① 문헌조사, ② 현상조사(현장활동/견학활동), ③ 현상실험, ④ 자원인사면담
5	마무리하기	앞선 활동의 결과를 문집, 그림, 구성물, 멀티미디어 자료 등의 형식으로 만들기 혹은 외부에 제시하기
6	평가하기	형성평가와 총괄평가

프로젝트 학습 절차
(홍후조, 2002*; 김대현 등, 1999**을 정리)

---

* 홍후조 (2002). 학습의 실제성 증진과 프로젝트 학습, 교육과정연구, 20(1), 155-182.
** 김대현, 왕경순, 이경화, 이은화 (1999). 프로젝트 학습의 운영. 학지사.

프로젝트 학습 과정은 연구자마다 다양하게 제시하고 있지만 크게 여섯 단계로 구분하여 (1) 준비하기, (2) 주제 결정하기, (3) 활동 계획하기, (4) 탐구 및 표현하기, (5) 마무리하기, (6) 평가하기 등의 6단계로 구분할 수 있다(홍후조, 2002; 김대현 등, 1999). 단, 각 단계가 필수적, 순차적 절차인 것은 아니어서 환경, 학습자, 주제, 시간 등 다양한 상황에 따라 일부 단계를 생략 혹은 통합하여 진행할 수 있고 순서를 바꿀 수도 있다. 일부 연구자들은 전체 단계를 간단하게 계획, 탐색활동, 전시와 평가 등 서너 단계로 압축 제시하기도 한다.

① 준비하기

교사가 프로젝트 학습을 하기로 결정하고 주제나 활용 가능한 자원을 어느 정도 선정하는 단계다. 학습자가 흥미를 가질 주제를 선정하고 동기 유발 방법을 모색해 둔다.

이 과정에서 교사는 생성형 AI를 다양한 방식으로 활용할 수 있다. 우선 주제선정에 필요한 트렌드 분석 및 자료 조사를 효율적으로 수행할 수 있고, 프로젝트와 연계 가능한 교과 및 단원을 체계적으로 분석받을 수 있다. 학생들의 관심사에부합하는 주제를 추천받고, 특정 주제와 관련된 최신 정보를 요약본이나 참고 자료 형태로 받을 수 있다. 또한 프로젝트 도입부에서 활용할 문제 상황이나 동기유발, 프로젝트 소개 등에 관한 영상을 생성형 AI를 활용하여 제작할 수 있다.

② 주제 결정하기

학습자와 함께 주제를 공유한 뒤 학습자가 가지고 있는 경험과 생각 등의 맥락을 끌어낸다. 이 과정을 통해 주제에 관한 학습자의 맥락을 확인하고 이를 바탕으로 프로젝트 주제를 실질적으로 확정하게 된다.

이 단계에서 생성형 AI로 주제 관련 질문을 생성하여 학생들이 주제를 탐구해 나가는 과정을 구체적으로 도울 수 있으며 학생들의 관심사를 분석하여 적합한 프로젝트 주제를 추천할 수 있다. TTV^{Text to Video} 기술을 활용하여 주제와 관련된 간단한 영상 콘텐츠를 생성하고 이를 학생들에게 제공함으로써 주제의 맥락과 중요성을 직관적으로 전달할 수 있다. 예를 들어, 환경 보호를 주제로 한 프로젝트를 진행할 경우, TTV 기반 AI를 활용하여 환경 오염의 심각성을 보여 주는 짧은 동영상을 제작해 수업에 활용할 수 있다.

또한 생성형 AI는 학생들이 제시하는 간단한 키워드나 설명을 기반으로 아이디어 브레인스토밍 과정을 지원하여 구체적인 방향을 설정하거나 새로운 아이디어를 떠올리도록 도울 수 있다.

③ 활동 계획하기

주제와 관련하여 학습할 소주제들을 결정하고 탐구활동을 함께할 모둠을 구성하며 탐구할 질문 목록을 작성하는 단계다. 질문 목록은 모둠별로 만들 수도 있고, 모둠을 꾸리기 전 학급 전체가 작성할 수도 있다. 그러고 나면 모둠별 탐구활동 계획을 세울 수 있다.

이 과정에서 생성형 AI를 활용해 탐구 질문 목록 및 기존 질문 보완사항을 받음으로써 학생들의 탐구 방향 설정에 도움을 줄 수 있다. 이를 통해 학생들은 보다 원활하게 스스로 구체적인 학습 목표를 수립하고 체계적인 활동을 계획할 수 있다.

④ 탐구 및 표현하기

탐구, 협의, 표현 활동을 진행하는 단계다. 각 활동은 서로 상호 연계되어 거의 동시에 진행된다. 탐구활동은 문헌조사, 현상조사(현장 활동과 견학활동), 현상실험, 자원인사 면담의 4가지로 이루어지는데 이는 탐구 자원을 문헌, 사람, 현상의 세

가지로 나누고 탐구 방법을 조사, 실험, 면접으로 구분하여 조합한 것이다. 생성형 AI를 활용한 탐구활동의 경우 방대한 자료로부터 결과값을 얻는 셈이므로 새로운 문헌조사의 일종이라 볼 수 있다.

토의 토론 등의 사회적 기술을 익히는 협의 활동과 언어, 그림, 신체 등 다양한 방식의 표현 활동은 탐구 활동과 함께 거의 병행하여 진행된다.

탐구 활동에서 학생들은 AI를 통해 방대한 데이터를 신속히 요약하거나 특정 주제에 대한 심층 정보를 얻을 수 있다. 또한 프로젝트 해결 방안에 대한 다양한 아이디어를 제안받아 창의적인 문제 해결 접근 방식을 개발할 수 있다.

협의 활동에서는 실시간 음성-텍스트 변환 AI를 활용해 학생들의 토의 토론 내용을 자동으로 기록하고 요약함으로써 학습의 효율성을 높일 수 있다.

표현 활동에서는 AI를 활용하여 이미지, 발표 슬라이드와 같은 시각 자료나 멀티미디어 콘텐츠를 제작할 수 있어, 학생들이 자신의 아이디어를 더 효과적으로 전달할 수 있도록 도울 수 있다.

⑤ 마무리하기

앞선 탐구, 협의, 표현 활동의 결과물을 신문, 스크랩, 잡지 등의 문집이나 그림, 사진, 오디오, 비디오 등의 멀티미디어 형식으로 만들고 학교나 지역 등 외부에 발표하는 단계다.

이 단계에서 생성형 AI는 탐구 결과물을 체계적으로 정리하고 문서화하는 데 활용될 수 있다. AI는 디자인 템플릿을 제공하거나 문서 레이아웃을 자동 생성하여 학생들이 탐구 내용을 신문, 잡지, 스크랩북 등의 형태로 효과적으로 표현할 수 있도록 돕는다. 발표 준비 과정에서는 프레젠테이션 디자인 AI를 활용해 일관성 있는 슬라이드를 빠르게 생성하거나, TTV AI를 통해 탐구 주제에 맞는 짧은 영상을 제작하여 발표 자료의 품질을 향상시킬 수 있다. 또한 AI는 생성된 영상에 애니메이션 효과나 자막, 내레이션 등을 추가하여 발표 자료를 더욱 전문적이고 설득력 있게 만들 수 있어, 전반적인 발표 자료 준비 시간을 단축하고 결과물의 완성도를 높일 수 있다.

⑥ 평가하기

평가는 형성평가와 총괄평가로 이루어진다. 형성평가는 프로젝트의 모든 과정이 목표 달성에 기여했는지를 평가하고 과정을 통제한다. 총괄평가는 결과물 분석, 체크리스트, 면접 등의 다양한 방식으로 학습 결과를 조사하고 프로젝트 학습 전 과정에 대해 진행하는 평가다.

AI 기반 평가 도구를 활용하면 체크리스트를 자동 생성하거나 루브릭에 따른 피드백을 제공할 수 있다. 이를 통해 평가 과정을 효율화하고 학생 개별 맞춤형 피드백을 제공할 수 있다.

프로젝트 학습 과정에서 생성형 AI의 활용은 학습 준비부터 평가까지 전 과정에 걸쳐 학습의 효율성과 효과성을 높일 수 있다. 이를 통해 학습자는 창의적이고 자기주도적인 학습 경험을, 교사는 효율적이고 체계적인 교육 활동을 지원받을 수 있다.

생성형 AI 프로젝트 수업이, 깊이 있는 학습 경험을 만든다

"선생님, 이 쓰레기는 어디에 버려야 해요?"
"선생님, 이거는 종이예요, 아니면 일반쓰레기예요?"

매년 쓰레기 분리배출에 대한 교육을 꾸준히 해 오고 있다는 사실이 무색하게도 당장 자신이 들고 있는 쓰레기를 어떤 통에 버려야 하는지를 스스로 판단하지 못하는 학생들을 마주하게 되는 경우가 있을 것이다. 그리고 가끔은 교사 자신도 어떤 쓰레기를 어디에 버려야 하는 것인지 헷갈릴 때가 있을 수 있다.

이와 관련하여 다음과 같은 AI 활용 PBL 수업을 진행할 수 있다. 물론 여기에서 제안하는 과정을 모두 따라서 수업을 진행할 필요는 없다. 하나의 예시일 뿐이다.

[예] AI 활용 PBL 수업 과정
: 쓰레기 분리배출

① 일상에서 마주치는 쓰레기 분류의 문제점을 발견하고 이를 조사합니다.
② 문제 해결을 위한 아이디어를 도출하고, 각자의 역할을 분담합니다.
③ AI란 무엇인지, 기본적인 원리와 사용 방법에 대해 학습합니다.
④ 쓰레기 분류를 위해 필요한 이미지 데이터를 수집하고, 라벨링 작업을 진행합니다. 여기에서 라벨링 작업은, 이미지 데이터에 이름을 붙이는 과정을 의미합니다. 예를 들면, 음료수 캔의 사진에 이 쓰레기는 '캔류'라고 이름을 붙이고 분류하는 것을 말합니다.
⑤ 수집된 데이터를 기반으로 모델을 학습시키고, 제대로 작동하는지 확인해 봅시다.
⑥ 완성된 '쓰레기 분류 도우미' 프로젝트 결과물을 발표하고, 학습 내용과 경험을 공유합니다.
⑦ 동료 학생들과 교사로부터 피드백을 받고, 프로젝트 개선점을 논의합니다.

이와 같은 AI 기반 PBL 수업을 통해 학생들은 새로운 AI 기술을 접할 수 있을 뿐만 아니라, 환경 문제에 대한 인식을 높이면서 실질적인 해결책을 모색해 보게 된다. 이 과정에서 학생들은 지식을 단순 암기하는 단계를 넘어서, 지식을 심도 있게 이해하고 실생활이나 문제 해결 상황에 적용하는 능력을 기를 수 있다. 즉 2022 개정 교육과정에서 강조하는 깊이 있는 학습을 자연스럽게 실현할 기회를 갖는 것이다.

이처럼 AI 기반 PBL 수업은 학생들에게 깊이 있는 학습을 경험하도록 함으로써 기술적 지식뿐만 아니라 협업, 비판적 사고, 창의성에 이르는 다양한 능력도 함께 길러 주는 교육적 효과를 만들어 낼 수 있다.

특히 생성형 AI 기반 PBL 수업은 창작 활동을 풍성하게 만들어 준다는 강점이 있다. 어린 시절 밤하늘 별자리에 얽힌 전설과 이야기들에 매료되었던 기억이 있을 것이다. 이처럼 별자리와 관련된 멋진 이야기들을 학생들이 직접 만들어 볼 수 있다면 어떨까. 이야기를 직접 만들어 보는 활동은 학습자의 창의적 사고와 상상력을 발전시킬 수 있는 훌륭한 방법이다.

아무것도 없는 상태에서 이야기 짓기를 시작하는 것은 막막하고 어렵게 느껴질 수 있지만, 이때 생성형 AI 도구를 활용하면 이 과정이 쉽고 흥미롭고 재미있는 과정이 된다. 별자리를 선정하고 그와 관련된 동화 만들기, 동화에 어울리는 그림과 음악까지 창작하기 등 종합적인 창작물을 만드는 일도 생성형 AI로는 대단히 어려운 일이 아니다. 예술 작품의 창작과는 거리가 멀었던 학생도 생성형 AI로는 괜찮은 창작자가 될 수 있다.

최근 AI 기술이 급격히 발전함에 따라 이처럼 생성형 AI 도구와 같은 최신 기술을 활용한 교육에 대한 시도가 더욱 다양해지고 있다. 텍스트, 이미지, 영상, 음악 등 다양한 형태의 콘텐츠를 만들어 낼 수 있는 생성형 AI로 다양한 창작물을 만들어 낼 수 있어서 활용 폭은 더욱 빠르게 넓어지고 있다. 예를 들어, 챗GPT나 뤼튼과 같은 모델을 활용하면 사용자의 질문이나 요구에 맞춰 자연스러운 대화 형식으로 텍스트를 생산할 수 있는데, 콘텐츠 제작을 위한 기초 텍스트가 필요한 경우라든가 특정 주제에 대해 설명할 필요가 있는 경우에 유용하게 사용할 수 있다. 달리Dall-E나 미드저니Midjourney, 스테이블 디퓨전Stable Diffusion과 같은 모델들은 텍스트 기반의 설명으로부터 이미지를 생성하게 해주어, 동화에 등장하는 캐릭터나 배경을 시각적으로 구현하는 작업을 간단하게 실행해 낸다. 학생들은 각자의 학습 속도와 스타일에 맞춰 AI와 상호작용하면서 자신만의 이야기를 만들어 내고 이야기를 바탕으로 한 추가 창작을 손쉽게 진행할 수 있으며 그 과정에서 다양한 지식을 적용하며 내면화한다.

이렇듯 생성형 AI 도구의 활용한 PBL 수업은 깊이 있는 학습을 가능하게 한다. 학생들이 직접 창작 활동에 참여하게 되면서 문제 해결 능력과 비판적 사고 능력을 동시에 향상시킬 수 있고, 더불어 이 과정은 학습자들에게 무한한 상상력을 발휘할 수 있는 기회를 제공하며, 학습에 대한 몰입을 높인다. 결과적으로 생성형 AI 기술을 활용한 PBL 수업은 학습자들이 지루할 틈 없이 창의력과 상상력을 발휘할 수 있는 교육 환경을 조성하는 데 큰 기여를 하며, 이를 통해 깊이 있는 학습이 이루어질 수 있게 한다.

이제, 교사와 학생이 AI PBL 수업에 더욱 쉽게 접근할 수 있도록 생성형 AI를 활용한 다양한 PBL 수업 사례를 소개할 것이다. 이 책에 소개된 사례들은 학교급별, 중심 교과별로 다양하게 설계되어 있으며, 실제 수업에 쉽게 적용할 수 있는 내용과 함께 에듀테크·생성형 AI 도구에 대한 소개, 프로젝트의 흐름, 교수·학습 활동 내용까지 자세하게 안내해 두었다. 이 사례들은 AI나 PBL에 대해 어렵고 딱딱한 지식이 아닌 실제 수업에 관한 이야기를 담고자 하였으며 이를 통해 교사들은 생성형 AI 도구를 활용하여 PBL 수업을 쉽게 시도해 볼 수 있게 될 것이다. 이 수업을 참고한 독자 선생님들의 수업을 통해 학생들이 단순한 지식 습득자의 위치에서 벗어나 적극적이고 창의적인 문제 해결자로 성장하고, 미래 사회에서 요구하는 핵심 역량을 알차게 갖추어 나갈 수 있기를 희망한다.

3장

생성형 AI
프로젝트 수업 사례
(1) 초등 프로젝트 수업 사례

| 과목명 | 과학, 미술 | 대상 학년 | 4학년 |

프로젝트 1

태양계 여행상품 만들기

관련 성취 기준

[4과13-02] 태양계 구성원을 알고, 태양과 행성을 조사할 수 있다.
[4미02-01] 관찰과 상상으로 아이디어를 떠올려 표현 주제를 구체화할 수 있다.
[4미02-05] 미술과 타 교과를 관련지어 주제를 표현하는데 흥미를 가질 수 있다.

프로젝트 개요

[준비하기] 우주 관광이라는 새로운 사회 현상이 생겨나는 시대, 학생들의 여행과 탐사에 대한 관심을 반영하여 '태양계 여행상품 만들기' 프로젝트를 계획하고 관련 자료를 준비한다.
[주제 결정하기] 지구와 상상 속 행성의 모습을 그리고 이름 붙이는 활동을 통해 학생들의 생각을 끌어낸 후, 태양계 행성 여행 안내서 제작을 프로젝트 주제로 제안한다.
[활동 계획하기] 태양계 행성 조사, 여행지 결정, 여행상품 기획, 안내서와 포스터 만들기 등 활동 전반에 대한 계획 설정을 돕는다.
[탐구 및 표현하기] 태양계 행성의 모습 및 정보를 조사하고, 여행 준비물과 일정 등을 계획하며, 여행상품 홍보물을 제작하는 활동을 진행한다.
[마무리 및 평가하기] 친구들에게 여행상품을 소개하고, 자기 평가 및 상호 평가를 통해 학습 성과를 공유하고 정리하도록 한다.

프로젝트 목적 & 목표

인공지능을 활용한 비판적 사고 능력 함양 및 생성형 인공지능 활용 능력 함양
· 에듀테크/생성형 인공지능 도구를 활용하여 상상 속 행성을 소개하며 태양계 천체에 흥미를 가진다.
· 에듀테크/생성형 인공지능 도구를 사용하여 태양계 행성의 특징을 조사하고 발표한다.
· 에듀테크/생성형 인공지능 도구를 사용하여 태양계 행성 여행상품을 계획하고 홍보자료를 제작한다.

Tools : 생성형 AI + Edutech

파이어플라이	Firefly	지구 및 내가 살고 싶은 행성의 모습을 이미지로 표현하는 데 활용
파파고	Papago	프롬프트 입력할 내용을 영어로 번역하는 데 활용
뤼튼	wrtn	상상한 행성에 이름붙이기, 행성 여행 준비물 탐색, 일정 계획, 여행 안내서에 필요한 내용 탐색에 활용
패들렛	Padlet	조사 내용 및 산출물 공유, 자기 평가 및 상호 평가에 활용
솔라워크	Solar Walk Lite	태양계 행성의 모습 관찰 및 정보 수집에 활용
감마	Gamma	태양계 행성 설명 발표자료 및 여행안내서 초안 마련에 활용
캔바	Canva	행성 여행안내서 작성에 활용

로그인! 생성형 AI 프로젝트 수업

대상	초등학교 4학년			
관련 교과	과학, 미술			
성취 기준	[4과13-02] 태양계 구성원을 알고, 태양과 행성을 조사할 수 있다. [4미02-01] 관찰과 상상으로 아이디어를 떠올려 표현 주제를 구체화할 수 있다. [4미02-05] 미술과 타 교과를 관련지어 주제를 표현하는데 흥미를 가질 수 있다.			
단계	차시	주요 학습 내용	관련 교과	활용 도구
준비하기	(수업 전)	• 제시할 프로젝트 주제 결정하기 • 동기유발용 자료와 발문 마련하기		
주제 결정 & 활동 계획하기	1	[내가 살고 싶은 행성 소개하기] • 우리가 사는 지구의 모습 이야기하기 • 내가 살고 싶은 행성의 모습 상상하기 • 내가 살고 싶은 행성에 이름 붙이기 • 친구들과 공유하기	과학	파이어플라이 파파고 뤼튼 패들렛
탐구 및 표현하기 (1)	2~3	[태양계 행성 조사하기] • 태양계 행성의 모습 관찰하기 • 태양계 행성 조사하기 • 태양계 행성의 특징 설명하기 • 여행 목적지 결정하기	과학	솔라워크 패들렛 감마
탐구 및 표현하기 (2)	4	[태양계 행성 여행상품 계획하기] • 태양계 행성 여행 준비물 탐색하기 • 태양계 행성 여행 일정 계획하기 • 태양계 행성 여행안내서에 필요한 내용 확인하기	과학	뤼튼
탐구 및 표현하기 (3)	5~6	[태양계 행성 여행상품 만들기] • 태양계 행성 여행안내서 만들기 • 태양계 행성 여행상품 포스터 만들기	과학, 미술	감마 캔바
마무리 & 평가하기	7~8	[태양계 여행상품 소개하기] • 태양계 행성 여행상품 소개하기 • 자기 및 상호 평가하기 • 프로젝트 마무리하기	과학, 미술	패들렛

지구와 우주, 특히 태양계는 학생들의 호기심을 자극하는 매력적인 주제입니다. 행성의 특성과 우주 탐사라는 소재는 자연스럽게 학습 동기를 유발하며, 이를 여행 상품 제작이라는 창의적 프로젝트로 연결하여 학생들은 과학적 탐구력과 협동심, 창의성을 기를 수 있습니다.

출처: YTN 사이언스(2015.04.30.).<임무 마친 메신저호가 보낸 마지막 수성 모습>
https://www.youtube.com/watch?v=-DljE_0_Fdw

프로젝트는 메신저호가 촬영한 수성의 생생한 영상으로 시작됩니다. 이를 통해 학생들은 우주 탐사의 경이로움을 체감할 것입니다. 학생들에게 "여러분이 태양계를 여행한다면 어떤 행성을 가 보고 싶나요?"라는 질문을 던져 다른 행성에 대한 관심이 자연스럽게 이어지도록 합니다. 상상력을 발휘하며 태양계 행성 여행을 계획하는 과정을 통해 학생들은 자연스럽게 지식을 습득하고 문제 해결의 즐거움을 경험하게 될 것입니다.

1단계 우리가 사는 지구의 모습 이야기하기

내가 살고 싶은 행성을 상상하기 전에 우선, 우리가 살고 있는 행성인 지구의 모습에 대해 이야기를 나눠 봅니다. 학생들에게 "우리가 사는 지구의 모습은 어떤가요?"라는 질문을 던져 봅시다.

학생들은 "지구는 푸릅니다.", "지구에는 높은 산이 있어요." 등의 대답을 내놓을 것입니다. 무엇을 이야기해야 할지 고민하다가 대답할 타이밍을 놓치는 학생도 있을 것입니다.

이미지 생성형 인공지능 도구인 파이어플라이Firefly의 프롬프트에 지구와 관련된 단어를 입력하여 지구의 모습을 표현한 그림을 만들면서 이 과정과 결과물을 학생들에게 보여 줍니다. "그림 속 지구의 모습은 어떤가요?"라는 질문을 더해 봅시다.

① 파이어플라이에 접속하여 가입 및 로그인한다. https://firefly.adobe.com
② 화면 중앙의 프롬프트에 생성할 이미지에 대한 설명을 입력한다.
③ 필요에 따라 [다운로드]를 클릭하여 생성된 이미지를 저장한다.

이 과정에서 교사는 파이어플라이를 통해 그림 자료를 편리하게 얻을 뿐 아니라 파이어플라이의 사용법에 대해서도 학생들에게 자연스럽게 안내할 수 있는 일거양득의 효과를 기대할 수 있습니다.

파이어플라이 이미지 생성 결과

2단계 내가 살고 싶은 행성의 모습 상상하기

이제 학생들이 각자 자신이 상상한 행성의 모습을 그림으로 그릴 차례입니다. 파이어플라이로 그림을 만들어 내기 위해 학생들에게 각자 자신이 상상한 행성의 모습을 설명할 단어를 나열해 보게 합니다.

예 아이스크림으로 이루어진 행성, 우주, 은하계, 행성, 초콜릿 강

파이어플라이 포함, 다양한 플랫폼에서는 보통 여러 언어를 지원하고 있어서 한글로 프롬프트를 입력해도 결과를 얻을 수 있는 경우가 일반적입니다. 하지만

최적의 결과를 얻기 위해서는 영어로 프롬프트를 작성하는 것이 더 효과적일 수 있습니다. 왜냐하면 대부분의 이미지 생성 AI 모델이 영어를 기반으로 훈련되었기 때문입니다. 학생들이 영어에 익숙하다면 바로 영어 단어를 프롬프트에 적으면 되지만 그런 경우가 아니라면 파파고를 이용하여 나열한 단어를 영어로 번역한 뒤에 이를 복사해 프롬프트에 붙여 넣고 [Generate] 버튼을 클릭합니다. 그러면 상상 속 행성의 모습을 간단하게 그림으로 나타낼 수 있습니다.

인공지능이 그린 그림이 마음에 들지 않는다면, 필터를 조절하거나 자신이 상상한 행성을 설명하는 단어를 조금 더 추가하고 다시 생성하도록 안내합니다.

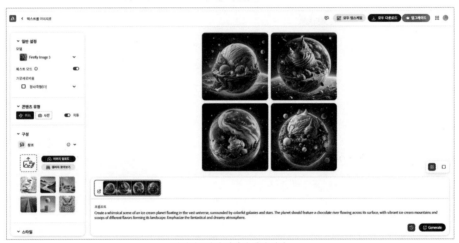

파이어플라이 이미지 생성 결과

3단계 내가 살고 싶은 행성에 이름 붙이기

행성의 특징을 바탕으로 뤼튼에게 질문을 하여 내가 살고 싶은 행성에 이름을 붙여 보게 합니다. 뤼튼에게 정확한 답변을 얻기 위해서는 질문을 명확하고 구체적으로 작성하는 것이 중요합니다. 요청하는 답변의 형식이나 길이, 필요한 정보의 개수 등을 명시하면 더욱 만족스러운 결과를 얻을 수 있다는 점을 학생들에게 안내해 줍니다.

내가 상상한 행성의 특징이야. 이 행성의 이름을 한국식으로 5개 지어줘. 이름의 의미도 함께 설명해줘. 1)길을 걷다가 아이스크림을 먹고 싶으면 바닥을 긁어 먹을 수 있다. 2)아이스크림이 녹지 않도록 행성 전체의 기온이 낮다. 3)높은 산에 오르면 땅콩과 초코시럽이 뿌려진 아이스크림을 먹을 수 있다.

🐾 답변

너가 상상한 행성의 특징을 바탕으로 한국식 이름 5개와 그 의미를 제안해볼게.

1. 빙설행성 (氷雪行星)
   - 의미: "얼음과 눈의 행성"이라는 뜻으로, 낮은 기온으로 아이스크림이 녹지 않는 특징을 강조한 이름이다.
2. 아이스길 (アイス길)
   - 의미: "아이스크림의 길"이라는 뜻으로, 바닥을 긁어 아이스크림을 먹을 수 있는 독특한 경험을 반영한 이름이다.
3. 산딸기별 (山딸기별)
   - 의미: "산에서 나는 딸기"를 의미하며, 높은 산에서 땅콩과 초코시럽이 뿌려진 아이스크림을 먹을 수 있는 점을 나타낸다.
4. 차가운미소 (차가운미소)
   - 의미: "차가운 미소"라는 뜻으로, 낮은 기온과 아이스크림의 즐거움을 상징적으로 표현한 이름이다.
5. 설빙행성 (雪氷行星)
   - 의미: "눈과 얼음의 행성"이라는 뜻으로, 전체적으로 차가운 기온과 아이스크림을 연상시키는 이름이다.

이 이름들이 너의 상상한 행성과 잘 어울리길 바란다!

뤼튼으로 내가 살고 싶은 행성에 이름 붙이기

🤖 잠깐!

뤼튼은 만 14세 미만의 사용자에게 보호자의 동의하에 서비스를 제공하고 있습니다. 따라서 초등학생이 뤼튼 서비스를 사용하려면 법적 보호자의 서비스 이용 약관 및 개인정보 보호 정책 검토와 동의가 필요합니다. 또한, 학생들이 서비스를 이해하고 올바르게 사용하도록 연령 제한을 고려하여 지도하는 것이 중요합니다.

플레이그라운드, 파파고, 뤼튼을 활용하여 내가 살고 싶은 행성에 대한 세부적인 모습과 정보를 정리했다면 이 결과물을 이제 패들렛을 이용하여 친구들과 공유하는 시간을 가져 보도록 합니다. 패들렛은 사용이 쉽고 직관적이어서 이미지와 같은 시각적 자료뿐만 아니라 다양한 형태의 내용을 효율적으로 게시하고 공유할 수 있습니다. 학생들은 자신들이 상상해 낸 행성을 패들렛에 공유하고, 친구들이 만든 행성도 살펴볼 수 있으며, 이를 통해 아이디어를 나누고 피드백을 주고받을 수 있습니다. 이 과정을 통해 학생들은 창의력과 상상력, 협업 능력과 의사소통 능력을 기를 수 있습니다.

학생들이 패들렛에서 서로의 아이디어를 공유한 후, 교사는 태양계 행성 여행 안내서 제작이라는 프로젝트 주제를 제안합니다. 이와 함께 프로젝트 활동 과정 전반에 대한 개요를 소개하며, 학생들이 앞으로 진행될 활동의 흐름과 목표를 이해하고 계획을 설정할 수 있도록 돕습니다. 이를 통해 학생들은 프로젝트에 대한 명확한 방향성을 가지고 학습에 적극적으로 참여할 준비를 할 수 있습니다.

탐구 및 표현하기 (1) 2~3차시	태양계 행성 조사하기

1단계 태양계 행성의 모습 관찰하기

과학 시간에 '지구와 우주' 영역이 어렵게 느껴진다면, 그 이유는 우리가 실제로 보지 못하는 것에 대해 알아 가는 과정이기 때문일 수 있습니다. 학생들은 솔라워크Solar Walk Lite를 활용하여 태양계 각 행성의 위치, 형태, 내부 구조 등 다양한 정보를 확인하고 이를 시각적으로 직접 살펴보면서 태양계 행성을 쉽게 이해할 수 있습니다.

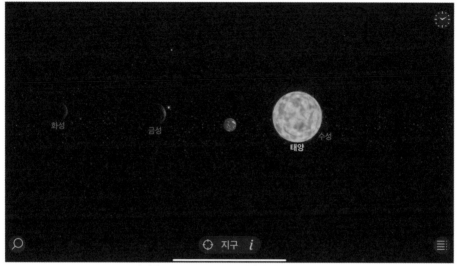
솔라워크(Solar Walk Lite)로 태양계 행성 살펴보기

2단계 **태양계 행성 조사하기**

학생들은 모둠별로 협의하여 태양계 내에서 여행하고 싶은 행성을 정합니다. 1단계에서 살펴본 태양계 행성의 모습을 포함하여 행성의 온도, 행성을 이루는 물질, 행성의 크기 등 행성에 관한 여러 가지 정보를 수집할 수 있습니다.

솔라워크 안에서 여러 행성의 일반 정보를 포함한 여러 가지 정보를 조사할 수 있으니 우선 활용해 보도록 안내합니다. 추가적인 내용이 필요하다면 인터넷 검색을 더하여 태양계 행성에 관한 여러 가지 정보를 수집할 수 있습니다. 각자가 조사한 정보를 패들렛으로 공유하고 모둠원들은 서로가 조사한 내용을 비교하며 정보가 정확한지를 확인합니다.

감마Gamma를 이용하면 태양계 행성을 설명하는 프레젠테이션 발표 자료 초안을 손쉽게 만들 수 있습니다. '생성' 화면에서 [프레젠테이션]을 선택하고 프롬프트에 생성하고 싶은 내용을 적습니다. '개요 생성' 버튼을 누르면 슬라이드 생성을 위한 개요가 만들어집니다. '계속' 버튼을 누르면 프레젠테이션 발표 자료가 생성됩니다.

① 감마 접속한 뒤 가입 및 로그인한다. https://gamma.app

② [+ 새로 만들기] > [생성] > [프레젠테이션] 선택 > 카드 개수와 언어(한국어) 선택 > 발표 주제를 프롬프트에 입력 > [개요 생성]

③ 자동 생성된 카드 개요 확인 > [+카드 추가] 등 이용하여 변형 > [설정] 항목들을 선택 및 입력 > 하단의 [생성]

④ 상단 바 가운데 [공유] 선택 > [내보내기] > PDF, 파워포인트 등 원하는 형식을 선택하여 다운로드

발표 주제 입력으로 감마(Gamma)에서 자동 생성한 카드 개요

생성형 AI로 만든 결과물은 반드시 정확도를 검증하는 사실 확인 과정이 필요합니다. 발표 자료의 모든 슬라이드 내용을 학생들이 꼼꼼히 확인하면서 감마에서 제공한 정보가 학생들이 조사한 태양계 행성에 관한 정보와 일치하는지를 점검하도록 합니다. 발표 자료의 오류를 모두 확인하고 수정 보완한 뒤 이를 실제 발표 자료로 사용하는 과정을 차근차근 밟아 나갈 수 있도록 안내합니다.

또한 꼭 잘못된 내용이 아니더라도 학습자 본인이 이해하기에 어렵거나 불필요한 내용이 있다면 적절히 삭제하고 개선하도록 지도합니다. 슬라이드에 포함된 내용이나 이미지가 틀린 것은 아니더라도 좀 더 낫다고 생각하는 다른 사진이나 아이콘 등으로 내용을 바꾸어 각 슬라이드의 내용을 학생들이 자기화할 수 있도록 합니다. 이로써 학생들이 인공지능 도구의 도움을 받아 발표 자료를 손쉽게 준비하지만 최종적으로는 학생들이 자신의 생각과 의도를 반영한 발표 자료를 완성하도록 합니다.

4단계 여행 목적지 결정하기

학생들이 태양계 행성의 정보를 조사하고 발표 자료를 제작한 뒤, 여행 목적지를 결정하는 과정은 모둠별 협의를 통해 진행됩니다. 이 단계에서 학생들은 조사한 행성의 특징과 환경을 바탕으로 어떤 행성을 여행할지 결정하며, 각 행성이 가진 매력적인 요소와 현실적인 제약 조건을 비교하고 분석합니다.

모둠원들은 자신들이 조사한 정보를 공유하며, 각 행성의 장단점과 여행 가능성을 논의합니다. 예를 들어 금성의 뜨거운 환경이나 화성의 얇은 대기와 같은 과학적 정보를 바탕으로 해당 행성이 여행 목적지로 적합한지에 대한 근거를 제시하고 토론합니다. 이를 통해 학생들은 논리적으로 사고하고 타인의 의견을 존중하며 협업 능력을 키울 수 있습니다.

결정된 여행 목적지는 모둠의 최종 합의에 따라 선택되며, 이후 활동에서 계획을 구체화하는 기반이 됩니다. 교사는 학생들이 토론을 통해 다양한 시각을 탐구하도록 돕고, 여행 목적지 결정 과정에서 과학적 사실을 바탕으로 합리적인 결정을 내릴 수 있도록 적절히 안내합니다. 이 과정은 학생들이 정보 분석과 의사 결정 과정을 체험하며 비판적 사고와 문제 해결 능력을 기를 수 있는 중요한 기회가 됩니다.

탐구 및 표현하기 (2)	4차시	태양계 행성 여행상품 계획하기

1단계 태양계 행성 여행 준비물 탐색하기

뤼튼에게 질문하여 모둠별로 선택한 행성을 여행하는 데 필요한 준비물을 탐색하게 합니다. 원하는 답변이 한 번에 나오지 않더라도 프롬프트에 요구 사항을 추가해 가면서 추가 답변을 몇 번 더 받는 과정을 거치도록 안내합니다.

실제로 어떤 조건을 제시하는지에 따라 뤼튼의 답변은 크게 달라집니다. 일례로 마지막 문장으로 "초등학생이 챙길 수 있는 물건으로 알려줘."를 넣으니 뤼튼은 초등학생이 상상 속에서 금성 여행을 준비하는 상황을 전제로 하고 그에 알맞은 준비물을 안내해 주었습니다. 이 문장이 없을 때는 실제로 금성을 탐험하기 위한 생존 장비에 초점을 맞추어 준비물을 안내해 주었습니다. 준비물 외에도 학생들이 만들고 싶은 여행 안내서 내용 항목을 구성하고 이에 대해 뤼튼에 질문하며 내용을 작성할 수 있도록 합시다.

금성을 여행할 수 있다면 다음과 같은 준비물이 필요할 것입니다:

1. **우주복**: 금성의 극한 환경(높은 온도와 압력)에 견딜 수 있는 특수한 우주복.
2. **산소 공급 장치**: 금성의 대기는 주로 이산화탄소로 구성되어 있으므로, 호흡을 위한 산소가 필요합니다.
3. **온도 조절 장치**: 금성의 표면 온도가 약 465도에 달하므로, 이를 견딜 수 있는 장치가 필요합니다.
4. **방사선 보호 장비**: 금성의 대기에서 방사선이 존재하므로 이를 차단하는 장비.
5. **통신 장비**: 지구와의 연락을 위한 통신 장비.
6. **생존 키트**: 장기 체류를 위한 식량, 물, 의약품 등의 생존 장비.
7. **측정 및 연구 장비**: 금성의 환경을 조사하기 위한 다양한 과학 장비(온도계, 압력계 등).
8. **이동 수단**: 금성의 지형을 탐험할 수 있는 탐사 로봇이나 차량.

이러한 준비물들은 금성의 극한 환경을 견디고 탐사하기 위해 필수적입니다.

금성을 여행할 수 있다면 초등학생이 챙길 수 있는 물건으로 다음과 같은 것들을 생각해볼 수 있습니다:

1. **우주복 모형**: 상상력을 자극할 수 있는 우주복 모형이나 그림.
2. **물병**: 물을 담아갈 수 있는 물병(상징적으로).
3. **간식**: 여행 중에 먹을 수 있는 간단한 간식(예: 초콜릿, 과자).
4. **노트와 펜**: 금성에서의 경험을 기록할 수 있는 노트와 펜.
5. **지도**: 금성의 가상의 지도(상상력을 발휘할 수 있도록).
6. **장난감 로봇**: 탐사를 도와줄 수 있는 장난감 로봇.
7. **모형 비행기**: 금성으로 가는 우주선의 모형.
8. **햇볕 차단제**: 태양의 강한 열을 상징적으로 대비할 수 있는 차단제(놀이용).

이 물건들은 실제로 금성을 여행할 수는 없지만, 상상력을 발휘하며 재미있게 준비할 수 있는 아이디어들입니다.

[위] '초등학생이 챙길 수 있는 물건'이라는 조건 없이 질문했을 때 뤼튼의 답변
[아래] 조건 부여하고 질문했을 때 답변

2단계 태양계 행성 여행 일정 계획하기

여행 일정을 계획하는 과정은 모험의 시작부터 관찰과 학습까지 모든 것을 포함하는 창의적인 활동입니다. 1단계에서 태양계 행성 여행 준비물을 뤼튼에게 물어본 것처럼, 여행 일정 계획에서도 생성형 AI를 활용하면 정보 수집과 초안 작성 등을 효과적으로 진행하여 매력적인 여행을 계획할 수 있습니다. 뤼튼은 학생들이 우주여행을 구상하는 데 필요한 정보와 조언을 제공하고, 일정을 최적화하여, 가장 효율적인 여행 경로를 제시하는 데 도움을 줄 것입니다.

상상력을 발휘하여 3박 4일 금성 여행 상품을 만들려고 해. 실제로 금성으로 여행을 간다면 무엇을 체험하고 볼 수 있을지, 초등학생이 재미있을만한 여행 일정으로 간단하게 만들어줘.

🔔 답변

금성으로의 3박 4일 여행 상품을 상상해보겠습니다! 초등학생이 재미있게 체험할 수 있는 여행 일정을 아래와 같이 만들어 보았습니다.

3박 4일 금성 여행 일정

1일차: 출발 및 도착

- 오전: 우주선 탑승 및 출발 준비!
- 오후: 우주 여행 관찰 (지구와 달, 별들을 바라보며 우주에 대해 배우기)
- 저녁: 금성에 도착! 금성의 아름다운 구름을 감상하며 사진 찍기.

2일차: 금성 탐험

- 오전: 금성의 표면 탐사 (가상의 탐사 로봇을 이용해 지형 탐험)
  - 화산과 산맥을 관찰하고, 다양한 지형을 그려보기.
- 오후: 금성의 대기 실험 (가상의 실험실에서 대기 구성에 대해 배우고 실험하기)
- 저녁: 금성의 저녁 하늘 감상 (별들과 구름을 바라보며 이야기 나누기)

3일차: 금성 생명체 상상하기

- 오전: 금성에서 살고 있을 수 있는 생명체 그리기 (상상 속 생명체를 만들어보기)
- 오후: 금성의 과학자와 인터뷰하기 (상상 속 과학자와의 대화)
- 저녁: 금성의 전통 음식 만들기 (가상의 금성 요리 만들기)

4일차: 귀환 및 소감 나누기

- 오전: 금성의 아름다운 풍경 마지막으로 감상하기
- 오후: 우주선에 탑승하고 지구로 출발!
- 저녁: 도착 후 여행 소감 나누기 (여행 중의 사진과 경험을 공유하고, 금성에 대한 발표하기)

이 일정은 초등학생들이 상상력을 발휘하고, 과학에 대한 흥미를 느낄 수 있도록 구성되었습니다. 금성의 신비로운 환경을 탐험하며 재미있는 경험을 쌓을 수 있을 것입니다!

뤼튼으로 여행 일정 계획하기

단 학생들이 뤼튼에게 조언을 구하기 전에 여행 계획을 우선 스스로 수립해 보는 시간을 가질 필요가 있습니다. 각자의 상상력을 발휘하여 기본적인 여행 일정을 우선 구성해 보게 하면, 학생들의 창의력을 촉진하고 과제에 대한 독립적인 사고를 독려하는 효과가 있습니다. 그런 뒤 뤼튼에게 질문하고 답변을 받으면서 여행 계획을 수정하고 발전시켜 보도록 합니다. 뤼튼에게 "태양계 행성 여행 계획을 세우고 싶은데 어떤 면에서 나를 도와줄 수 있어?"라고 물으니 다음과 같은 답변을 주었습니다.

1. 행성 정보 제공: 태양계 각 행성의 특징, 환경, 탐사 역사 등 자세한 정보를 제공해 드릴 수 있습니다.

2. 여행 경로 및 일정 수립: 행성 간 이동 시간, 최적의 경로, 체류 기간 등을 고려하여 여행 일정을 수립하는 데 도움을 드릴 수 있습니다.

3. 필요 장비 및 준비물 안내: 행성 탐사에 필요한 장비와 준비물을 안내해 드릴 수 있습니다.

4. 위험 요소 및 안전 대책 제공: 행성 탐사 시 발생할 수 있는 위험 요소와 대응 방안을 알려 드릴 수 있습니다.

5. 관련 정보 및 자료 검색: 태양계 행성 여행과 관련된 최신 정보와 자료를 찾아 제공해 드릴 수 있습니다.

뤼튼의 도움을 받아 학생들은 더욱 풍부하고 실용적인 태양계 행성 여행 계획을 완성할 수 있을 것입니다. 그리고 이 과정을 통해 행성의 특징을 더욱 깊이 있게 이해하게 될 것입니다.

3단계 태양계 행성 여행 안내서에 필요한 내용 확인하기

태양계 행성 여행 안내서를 작성하는 활동에서는 여행 준비물과 일정 외에 추가로 고려해야 할 항목을 꼼꼼히 생각해 보고 이를 조사하고 상상해 넣음으로써 완성도 높은 여행 안내서를 제작할 수 있습니다. 여행 안내서 작성 시 고려해야 할 대표적인 몇 가지 사항은 아래와 같습니다.

- 어떤 행성으로 여행을 가나요?
- 여행 기간은 얼마나 되나요?

- 체험 비용이나 관람 비용이 있나요?

- 여행에서 불편하거나 염려가 되는 부분이 있을까요? 있다면 어떻게 해결할 수 있을까요?

- 이외에 여행안내서에서 어떤 정보를 제공하면 좋을까요?

물론 태양계 행성 여행안내서에 포함되어야 하는 내용을 생각할 때도 뤼튼의 도움을 받을 수 있습니다. 이때에도 앞서와 마찬가지로 우선 직접 세심하게 고민하며 초안을 작성해 보고 이를 바탕으로 뤼튼의 도움과 조언을 구하는 순서로 진행하는 것이 좋습니다.

태양계 여행 상품을 만들고 있어. 여행안내서에 여행 기간과 여행 코스, 여행자가 준비할 준비물, 상비약, 체험 비용에 대한 정보를 담으려고 해. 이외에 여행객에게 제공할 여행안내서에 포함되어야 하는 내용 알려줘.

🐦 답변

태양계 여행 상품 안내서에 포함해야 할 내용을 아래와 같이 정리했습니다:

태양계 여행 안내서 포함 내용

1. **여행 기간**: 전체 기간 및 각 행성별 일정
2. **여행 코스**: 주요 방문 행성 및 활동
3. **준비물**: 우주복, 개인 용품, 식량 등
4. **상비약**: 기본 의약품 및 응급처치 키트
5. **체험 비용**: 전체 비용 및 각 행성 체험 비용
6. **안전 수칙**: 우주 여행 중 안전 지침
7. **여행 일정 요약**: 주요 일정 정리
8. **여행 팁**: 유용한 팁 및 정보
9. **여행 후기**: 이전 여행자 후기
10. **비상 대처 안내**: 비상 상황 대처 방법
11. **기념품 안내**: 구매 가능한 기념품 목록
12. **연락처 및 지원 서비스**: 긴급 연락처 및 도움 요청 방법
13. **식사 옵션**: 각 행성에서 제공되는 식사 정보
14. **기후 정보**: 각 행성의 기후 및 환경 설명

이러한 내용을 포함하면 여행 안내서가 더욱 유용하고 완전해질 것입니다!

뤼튼으로 여행안내서에 포함되어야 하는 내용 확인하기

1단계 태양계 행성 여행 안내서 만들기

앞서 4차시 활동을 통해 계획했던 태양계 행성 여행안내서를 감마^{Gamma}를 이용해 만들어 봅시다.

[생성] > [프레젠테이션] > 프레젠테이션 제목 입력 > [개요 생성]

㉠ 프레젠테이션 제목 : 초등학생을 위한 상상의 금성 여행 안내서

감마가 생성해 준 여행안내서 개요

감마가 만든 안내서에 여행 준비물, 여행 일정, 여행 기간과 코스 등 여행 안내서에 필요한 내용들이 빠짐 없이 적절하게 포함되어 있는지를 확인하게 합니다. 내용이 부족하거나 빠진 정보가 있다면 세심하게 추가하고 수정하는 과정을 거쳐야 완성도 있는 태양계 행성 여행 안내서를 제작할 수 있다는 점을 다시 한번 강조합니다.

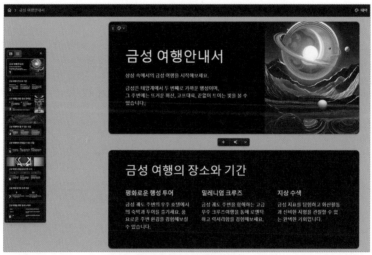

감마로 만든 금성 여행 안내서

2단계 **태양계 행성 여행 상품 포스터 만들기**

앞서 만든 태양계 행성 여행 안내서의 내용을 바탕으로 여행상품 포스터를 만들어 봅니다. 포스터는 캔바Canva를 활용하여 만들어 봅니다. 구성한 내용을 바탕으로 캔바의 다양한 요소와 텍스트 등을 활용하여 포스터를 창의적으로 제작할 수 있습니다.

　원하는 이미지를 찾기가 어렵다면 캔바에서 매직미디어Magic Media 앱을 이용하여 원하는 그림을 쉽게 얻을 수 있습니다. 매직미디어 앱은 플레이그라운드나 달리DALL-E, 미드저니Midjourney 등과 마찬가지로 텍스트를 입력하면 이미지를 생성해 주는 도구입니다. 이미지에 대한 설명을 입력하면 이미지를 생성해 줍니다. 캔바는 5개 이상의 단어를 입력하여 설명하는 것을 권장하고 있으며 이미지 스타일을 고르면 사용자의 생각과 좀 더 가까운 이미지를 얻을 수 있습니다. 한글 인식이 가능하고, 생성한 이미지를 바로 캔바 작업에 활용할 수 있다는 점이 장점입니다.

캔바로 만든 금성 여행안내서

마무리 & 평가하기	7~8차시	태양계 여행 상품 소개하기

1단계 태양계 행성 여행 상품 소개하기

앞서 캔바로 만든 태양계 행성 여행 상품 포스터를 패들렛을 이용해 서로 소개하고 감상하는 시간을 가지면서 학생들의 창의력 향상과 상호작용을 도모합니다. 패들렛을 사용할 때는 학생들에게 다음과 같이 몇 가지 유의점을 안내할 수 있습니다.

패들렛 사용 유의점

· 자신의 개인정보를 게시하지 않습니다.

· 타인의 저작물을 사용할 때는 저작권을 확인하고 이를 존중합니다.

· 친구들의 생각과 의견, 작품을 존중하고 활동을 격려합니다.

그리고 패들렛에 소개 글을 작성하도록 안내할 때는 "각자 자기 작품을 패들렛에 올려 공유하세요."라고 단순히 안내하는 것이 아니라, 소개 글을 작성하는 방법을 명확하게 제시합니다. 이때 교사가 패들렛에 소개 글을 작성해 올리는 첫 번째 사람이 되어 보면 좋습니다. 예시로 소개 글을 작성해 두면 학생들이 좋은 길잡이로 활용하여 혼돈이 적습니다.

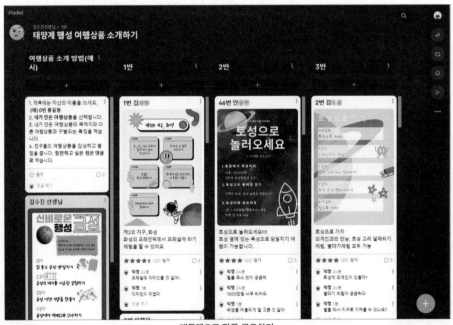

패들렛으로 작품 공유하기

패들렛은 다양한 상호작용이 가능한 도구입니다. 그래서 학생들이 자기 평가와 상호 평가를 하는 데에도 유용합니다. 자신이 작성한 태양계 행성 여행 상품 소개 글이 기준에 부합하는지를 스스로 확인하고 느낀 점을 작성하도록 합니다. [설정] 〉 [레이아웃] 〉 [참여도] 〉 [반응]에서 '좋아요', '별점', '댓글' 기능 등의 기능을 활용하여 서로 피드백할 수도 있습니다.

상호 평가를 할 때는 서로를 존중하고 모두의 의견에 열린 마음을 가지도록 장려합니다. 친구의 글을 피드백할 때는 상대방의 감정이 상하지 않도록 유의하며 존중하는 언어를 골라 사용하고 아쉬운 점을 언급할 때는 개선 방향의 예를 구체적으로 제시하도록 안내합니다. 자기 평가 및 상호 평가를 통해 학생들이 서로의 생각을 공유한 뒤에는 주고받은 아이디어를 바탕으로 각자의 결과물을 수정하고 보완할 수 있도록 안내합니다.

패들렛으로 자기 평가 및 상호 평가 하기

프로젝트 수업을 마무리할 때는 학생들이 자신의 학습 성과를 여러 사람과 나누고 축하할 기회를 제공하는 것이 좋습니다. 이런 활동을 통해 학생들은 자신의 노력을 되돌아보고 동료들의 작업을 통해 새로운 관점을 발견할 수도 있습니다. 뿐만 아니라 그동안의 학습을 종합하고 유사한 프로젝트나 실생활에서 마주할 문제들에 대해 준비할 수 있는 경험을 얻게 됩니다.

예를 들어, 각자 또는 모둠별로 만든 태양계 행성 여행 안내서나 태양계 행성 여행 상품 포스터를 학교에 전시하여 다른 반 학생들과 공유하거나, 학생들의 작품을 바탕으로 태양계 행성 여행에 대해 발표하는 시간을 가질 수 있습니다.

프로젝트를 마치는 활동으로 '성찰 일기' 활동을 추천합니다. 간단히 연필과 종이만 있으면 진행할 수 있는 이 활동은 프로젝트를 의미 있게 마무리 짓는 데 큰 도움이 됩니다.

"태양계 행성 여행안내서 만들기 프로젝트를 진행하며 가장 기억에 남는 순간은 어떤 것이었나요? 이유와 함께 적어 봅시다."

학생들이 프로젝트 진행 과정에서 알게 된 새로운 정보, 느꼈던 감정과 생각 등을 상세히 기록하도록 격려합니다. 프로젝트를 성공적으로 마친 학생들에게 격려와 칭찬을 아끼지 마시기 바랍니다.

⟡ 부록

수업 운영의 Tip

Tip 1. 사용이 간편한 도구를 반복해서 사용하세요.

인공지능 챗봇 도구로는 뤼튼, 챗GPT, 아숙업(AskUp) 같은 여러 가지가 있습니다. 초등학생이 수업에서 사용하기에 적합한 생성형 인공지능 도구는 다음의 특징을 갖추어야 합니다.

- 로그인이 필요 없거나 간편해야 한다.
- 사용 방법이 쉽고 직관적이어야 한다.
- 다운로드 없이 바로 사용할 수 있어야 한다.

초등학생을 대상으로 인공지능 도구를 활용한 수업을 할 때는 여러 가지 도구를 이용하는 것보다는 한두 가지의 도구를 선택해 반복적으로 사용하는 것이 좋습니다. 이를 통해 학생들이 생성형 인공지능 도구에 익숙해지고, 효율적으로 학습에 집중할 수 있습니다.

Tip 2. 생성형 인공지능의 답변을 비판적으로 접근하도록 지도해 주세요.

생성형 인공지능의 답변을 무조건 신뢰하지 말고, 다른 신뢰할 수 있는 출처들로부터의 정보와 비교 검토해야 합니다. 생성형 인공지능을 사용하기 전에 학생들이 어떤 정보를 찾고자 하는지, 어떤 도움이 필요한지를 분명히 해야 하며, 결과물에 대한 형식, 개수, 분량 등을 명확하게 지정할 때 더욱 정확하고 유용한 답변을 얻을 수 있습니다.

예를 들어 학생들이 기후 변화에 대한 보고서를 쓰고 있다고 가정한다면 인공지능에 "기후 변화가 뭐야?"라고 단순하게 묻기보다는 "최근 50년 동안의 기후 변화 통계 데이터 및 그 영향에 대한 신뢰할 수 있는 학술적인 자료 5개를 요약하여 초등학생이 이해하기 쉽게 설명해 줘."라고 구체적으로 요청할 수 있도록 연습시켜 줍니다. 그러면 학생들은 더 명확하고 풍부한 정보를 얻을 수 있습니다.

| 과목명 | 창체, 국어, 미술 | 대상 학년 | 5, 6학년 |

초등

프로젝트 2
알록달록 마을을 구하라!

관련 성취 기준

[6미02-02] 디지털 매체 등 다양한 표현 재료와 용구를 탐색하여 작품 제작에 활용할 수 있다.
[6국03-04] 독자와 매체를 고려하여 내용을 생성하고 표현하며 글을 쓴다.
[6미03-04] 다양한 방법을 활용하여 작품을 감상하며 작품에 관한 서로 다른 관점을 존중할 수 있다.

프로젝트 개요

[준비하기] 스토리텔링 기반 '알록달록 마을 구하기' 프로젝트의 주제를 선정하고 시각자료를 제공해 학습동기를 자극한다.
[주제 결정하기] 알록달록 마을에 벌어진 문제 상황을 살펴보면서 마을의 문제를 발견하고 탐구 주제를 스스로 정의하도록 유도한다.
[활동 계획하기] 학생들이 마을의 문제를 해결하기 위해 탐구 계획을 세우고, 다양한 표현 방법을 통해 문제 해결 과정을 구체화하도록 지원한다.
[탐구 및 표현하기] 다양한 생성형 AI 도구의 활용을 통해 알록달록 마을의 문제를 해결한다. 이미지 프롬프트, 이미지, 동영상을 생성하여 동화 형태로 완성한다. 홍보 문구와 캐릭터 비디오를 제작하여 프로젝트 성과를 알린다.
[마무리 및 평가하기] 프로젝트 산출물을 메타버스 기념관에 전시하고 과정 중심 평가 및 피드백을 통해 프로젝트를 마무리한다.

프로젝트 목적 & 목표

생성형 AI 도구를 활용한 창의적 문제 해결 능력 함양
· 이야기의 안타고니즘(Antagonism)적 요소를 활용하여 학습의 긴장감과 몰입감을 느끼도록 하고, 이야기를 통해 감성적 체험을 할 수 있도록 한다.
· 생성형 AI 도구 사용법을 익히고, 알록달록 마을의 문제를 해결할 수 있다.
· 생성형 AI 도구를 활용한 산출물을 에듀테크 플랫폼과 메타버스 공간에 공유하고, 서로의 잘한 점, 개선할 점 등을 과정 중심 평가한 후, 피드백 및 의사소통할 수 있다.

Tools : 생성형 AI + Edutech

클립드롭	Clipdrop	손쉬운 이미지 생성, 변형 등을 체험하는 데 활용
어도비 익스프레스	Adobe Express	손쉬운 이미지 생성, 생성형 채우기, 텍스트 효과 등을 체험하는 데 활용
애니메이티드 드로잉스	Animated Drawings	이미지를 움직이는 애니메이션으로 바꾸는 데 활용
구글 슬라이드	Google Slides	5컷 동화 제작을 위한 캔버스 및 작품 링크 공유에 활용
퍼플렉시티	Perplexity	필요한 문구 및 동화를 위한 이미지 프롬프트 초안 제작에 활용
젠2	Gen-2	5컷 동화 제작을 위해 텍스트를 짧은 동영상으로 바꾸는 데 활용
스페이셜	Spatial	산출물 전시를 위한 알록달록 마을 메타버스 기념관을 만드는 데 활용
트라이디스	Trythis	프로젝트 안내 및 산출물 수합, 각종 자료 및 링크 연결, 과정중심평가에 활용

로그인! 생성형 AI 프로젝트 수업

대상	초등학교 5, 6학년
관련 교과	주과목: 창의적 체험활동 / 융합과목: 국어, 미술
성취 기준	[6미02-02] 디지털 매체 등 다양한 표현 재료와 용구를 탐색하여 작품 제작에 활용할 수 있다. [6국03-04] 독자와 매체를 고려하여 내용을 생성하고 표현하며 글을 쓴다. [6미03-04] 다양한 방법을 활용하여 작품을 감상하며 작품에 관한 서로 다른 관점을 존중할 수 있다.

단계	차시	주요 학습 내용	관련 교과	활용 도구
준비하기	(수업 전)	• 제시할 프로젝트 주제 결정하기 • 동기유발용 자료와 발문 마련하기		
주제 결정하기 & 활동 계획하기	1	[알록달록 마을의 문제 상황 살펴보기] • 알록달록 마을에 벌어진 일 탐색하기 • 알록달록 마을의 문제 발견하기 • 알록달록 마을의 문제 정의하기	창의적 체험활동	트라이디스
탐구 및 표현하기 (1)	2~4	[알록달록 마을의 색깔 도둑 찾기] • 클립드롭 실습으로 색깔 도둑 단서 획득하기 • 어도비 익스프레스 실습으로 색깔 도둑 단서 획득하기 • 애니메이티드 드로잉스 실습으로 색깔 도둑 단서 획득하기	창의적 체험활동, 미술	클립드롭 어도비 익스프레스 애니메이티드 드로잉스 트라이디스
탐구 및 표현하기 (2)	5~7	[알록달록 마을을 위한 5컷 동화 만들기] • 퍼플렉시티로 5컷 동화 이미지 프롬프트 초안 만들기 • 어도비 익스프레스로 5컷 동화 이미지 그리기 • 젠2로 텍스트를 짧은 동영상으로 만들기 • 구글 슬라이드에 글, 이미지, 동영상 요소 넣어 5컷 동화 만들기	국어, 미술	퍼플렉시티 어도비 익스프레스 젠2 구글 슬라이드 트라이디스
탐구 및 표현하기 (3)	8	[알록달록 마을의 기쁜 소식을 세상에 전하기] • 어도비 익스프레스로 알록달록 마을의 기쁜 소식을 알리는 문구 만들기 • 어도비 익스프레스로 알록달록 마을의 기쁜 소식을 알리는 캐릭터 비디오 만들기	창의적 체험활동, 국어, 미술	퍼플렉시티 어도비 익스프레스 트라이디스
마무리 & 평가하기	9~10	[알록달록 마을 메타버스 기념관 전시하기] • 프로젝트 산출물 전시하기 • 과정 중심 평가 및 피드백 주고 받기 • 프로젝트 마무리하기	국어, 미술	스패이셜 트라이디스

플레이! 생성형 AI 프로젝트 수업

학생들이 일상의 문제를 해결하기 위한 창의적인 표현활동에 인공지능을 활용하는 프로젝트 학습을 기획 구성하고 프로젝트에 몰입감과 재미를 느낄 수 있도록 특별한 스토리텔링을 준비합니다. 프로젝트 주제는 '알록달록 마을 구하기'로 정합니다.

동기 유발을 위해 생성형 AI로 이미지(시각 자료)를 제작해 둡니다. 색깔을 잃어버린 알록달록 마을과 동화책이 사라져 버린 알록달록 마을의 모습을 담은 시각 자료를 준비하여 학생들의 몰입감을 높이고 학습 의욕을 자극하도록 합니다.

| 색깔을 잃어버린 알록달록 마을 | 동화책이 사라져 버린 알록달록 마을 |

1단계 사건 탐색하고 문제 발견하기

"여러분, 알록달록 마을에 어떤 일이 벌어진 걸까요?" 수업 전에 생성형 AI로 아래와 같은 이미지를 만들고 학생들에게 보여 주면서 발문으로 수업을 시작해 봅니다. 이미지를 본 학생들은 "알록달록한 색깔이 사라지고 온통 흑백이에요.", "책장에 책들이 듬성듬성 있어요." 등의 답을 어렵지 않게 해낼 것입니다.

주의해야 할 점은 문제 상황과 범인을 시각 자료로 제시한 후, 교사가 일방적으로 문제를 제시하는 일을 피해야 한다는 점입니다. 프로젝트 기반 학습[PBL]을 진행할 때 문제 해결에 너무 초점을 맞춘 나머지, 문제 상황 안에서 학생들이 스스로 문제를 발견하는 과정을 소홀히 여기는 경우가 있습니다.

교사는 적절한 발문을 통해 학생들이 문제 상황에 대해 스스로 파악하고, 해결해야 할 문제를 정의하여, 공동의 문제로의 합의에 다다를 수 있도록 안내해야 합니다. 이 과정을 이끌어 나갈 때 교사의 초점화된 발문이 매우 중요합니다.

* 초점화된 발문의 기본 (예)

[문제 1] 색깔을 훔친 도둑 찾기
"여러분, 알록달록 마을의 이 그림을 보세요. 무엇이 이상한가요?"
"마을의 색깔이 어떻게 변했나요? 왜 그렇게 되었을까요?"
"색깔을 되찾으려면 우리가 어떤 문제를 해결해야 할까요?"
"색깔을 되찾기 위해서 누구를 찾아야 할까요?"

[문제 2] 사라진 동화책 다시 만들기
"빈 선반을 보고 어떤 생각이 드나요? 무엇이 문제일까요?"
"동화책들이 어디로 갔을까요? 왜 사라졌을까요?"
"사라진 동화책들을 어떻게 대신할 수 있을까요?"
"동화책을 다시 만들려면 우리가 어떤 과제를 해결해야 할까요?"

2단계 알록달록 마을의 문제 정의하기

교사의 초점화된 발문으로 학생들은 문제를 다음과 같이 정의하고 이를 해결해야 할 공동의 문제로 합의하는 데 다다를 수 있습니다.

- 해결해야 할 문제 1: 알록달록 마을에 색깔을 훔치고 달아난 도둑 찾기
- 해결해야 할 문제 2: 알록달록 마을에 사라진 동화책 다시 만들기

프로젝트의 문제가 정의된 이후에는 학생들이 문제 1을 해결할 학습 동기를 바로 가질 수 있도록 유도해 줍니다. 이를 위해, 달아난 도둑 용의자를 그림으로 제시해 보여 줍니다.

CCTV를 통해 알게 된 외부 출입 용의자들

너구리   여우   코끼리   기린

사자   얼룩말   코알라   펭귄

원숭이   앵무새   거북이   토끼

탐구 및 표현하기 (1) 2~4차시	알록달록 마을의 색깔 도둑 찾기

1단계   색깔 도둑의 단서 획득하기 : 클립드롭 실습

학생들은 단계별 퀘스트를 깨 가며 레벨업을 해 나가거나 문제 해결의 실마리가 되는 단서들을 하나씩 얻어가는 과정에서 몰입감을 느낍니다. 알록달록 마을의 색깔 도둑 찾기에서는 기본적인 이미지 생성형 AI 도구 사용법을 익혀나가면서 실습에 성공하면 색깔 도둑의 단서를 하나씩 제공하여 퀘스트를 깨는 성취감을 얻도록 합니다. 이 과정은 클립드롭Clipdrop을 자연스럽게 실습하는 과정이기도 합니다. 클립드롭의 다양한 기능 가운데 다음의 네 가지를 실습할 수 있도록 진행합니다.

· Remove background : 배경 지우기

· Cleanup : 그림 속 필요한 부분 지우기

· Reimagine : 원본 이미지와 비슷한 이미지 만들기

· Generative Fill: 이미지의 부분 요소 수정(교체, 제거, 추가)하기

학생들의 실습 예시는 다음과 같습니다. 모두 성공 시, 첫 번째 단어 힌트 'YOU'를 획득합니다.

Remove background (배경 지우기)	Cleanup (그림 속 필요한 부분 지우기)
원본 이미지와 비슷한 이미지 생성	Generative Fill (이미지의 부분 요소 수정)

2단계 색깔 도둑의 단서 획득하기 : 어도비 익스프레스 실습

이번에는 어도비 익스프레스Adobe Express에서 제공하는 이미지 생성형 AI 도구를 다뤄 봅니다. 마찬가지로 실습에 성공할 경우, 범인에 대한 단서를 하나 제공하여 퀘스트를 깨는 성취감을 얻도록 합니다. 어도비 익스프레스 실습은 다음의 세 가지 기능을 익히도록 진행합니다.

· 이미지 만들기(AI로 생성하기-생성형 AI): 자세한 텍스트 설명으로 이미지 생성하기

· 개체 삽입(AI로 생성하기-생성형 AI): 영역을 지정하고, 추가하고 싶은 것을 설명하기

· 텍스트 효과 만들기(AI로 생성하기-생성형 AI): 텍스트 프롬프트로 텍스트에 스타일 및

텍스쳐 적용하기

학생들의 실습 예시는 다음과 같습니다. 모두 성공 시, 두 번째 단어 힌트 'Nine'를 획득합니다.

이미지 만들기(AI로 생성하기-생성형 AI): 자세한 텍스트 설명으로 이미지 생성하기

개체 삽입(AI로 생성하기-생성형 AI): 영역을 지정하고, 추가하고 싶은 것을 설명하기

개체 삽입(AI로 생성하기-생성형 AI): 영역을 지정하고, 추가하고 싶은 것을 설명하기

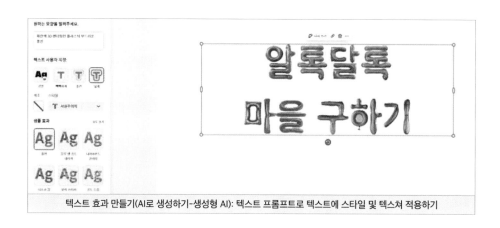

텍스트 효과 만들기(AI로 생성하기-생성형 AI): 텍스트 프롬프트로 텍스트에 스타일 및 텍스쳐 적용하기

3단계 색깔 도둑의 단서 획득하기 : 애니메이티드 드로잉스 실습

도둑의 마지막 단서를 얻기 위해 애니메이티드 드로잉Animated Drawings을 활용하여 이미지를 움직이는 애니메이션으로 바꿔보도록 합니다. 이 서비스의 연령 약관에 따라 18세 이하는 자신의 이미지를 업로드하지 않고, 샘플 이미지를 활용하는 것을 추천드립니다. 애니메이션 만들기를 성공적으로 수행하면 학생들은 세 번째 단어 힌트 '2'를 획득합니다.

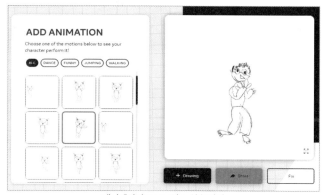

애니메이티드 드로잉스 실습 장면

세 가지 힌트를 모두 모아 조합해 보니 'YOU, Nine, 2'가 되었습니다. 색깔 도둑은 바로 '너구리'였습니다.

1단계 5컷 동화 이미지 프롬프트 초안 만들기 : 퍼플렉시티 실습

이제 알록달록 마을의 두 번째 문제, '사라진 동화책 다시 만들기'를 해결해 볼 차례입니다. 활동의 개연성을 좀 더 높이기 위해 다음과 같은 스토리텔링을 추가합니다.

5컷 동화를 만들기 위해서는 5컷 장면에 해당하는 이야기와 그에 어울리는 이미지가 필요합니다. 여기에서 이야기를 만드는 활동은 국어과 성취 기준인 '독자와 매체를 고려하여 내용을 생성하고 표현하며 글을 쓴다.'와 직접적으로 관련된 핵심 활동이라 볼 수 있습니다. 따라서 각 장면별 이야기는 생성형 AI의 도움을 받지 않고 학생이 직접 작성해 볼 수 있도록 합니다. 각 장면마다의 내용을 학생들이 직접 생각해 구상하도록 하고, 자신이 원하는 이미지를 머릿속에 그려 보게

합니다.

그런 뒤, 장면별 이야기에 어울리는 이미지를 실제로 제작할 때 생성형 AI를 활용하도록 합니다. 이미지를 그릴 때는 지난 차시에서 다룬 어도비 익스프레스를 활용해 봅니다. 이때 완성도 높은 이미지를 효과적으로 얻기 위해 동화 5컷 이미지 프롬프트 초안을 생성형 AI로 우선 생성해 본 뒤, 내가 스스로 만든 프롬프트와 비교해 보는 과정을 밟도록 합니다.

컷별 프롬프트를 만드는 데 퍼플렉시티Perplexity를 활용하도록 합니다. 퍼플렉시티에 질문을 하여 5컷 동화 이미지 프롬프트 초안을 얻고, 이것과 학생이 스스로 만든 프롬프트를 비교해 보면서 최종안을 만들어 보도록 합니다. 더불어 두 가지 방법의 장단점에 대해 깊이 생각해 보도록 지도하는 것도 추천합니다. 다음은 퍼플렉시티를 통해 얻은 컷별 이미지 프롬프트의 예입니다.

신비한 숲 속에서 길을 찾고 있는 어느 한 소년을 그리고 싶어. 이미지 프롬프트를 한글로 제안해줘

출처

사실주의를 위한 50개 미드저니 프롬프트(Midjourne…	AI로 환상적인 풍경 사진 만들기: 미드저니 프롬프트 -…	인공지능 혁명 인공지능이 가져올 미래세상을 그리다…	
blog.naver · 1	kr.linkedin · 2	careerly.co · 3	2개 더 보기

답변

"신비한 숲 속에서 길을 찾고 있는 어린 소년. 소년은 호기심 가득한 눈빛으로 주변을 탐색하며, 빛나는 이끼와 반짝이는 작은 곤충들 사이를 걷고 있습니다. 숲은 마법 같은 분위기를 풍기며, 고대 나무들 사이로 햇빛이 살짝 비치고 있습니다. 소년의 옷은 모험을 떠난 듯한 느낌을 주며, 그의 손에는 작고 오래된 나침반을 들고 있어 길을 찾는 데 도움을 줍니다. 배경에는 신비로운 동물의 그림자가 보이며, 숲의 깊은 곳에서 불러오는 듯한 소리가 들립니다."

공유   다시 쓰기   GPT-4 TURBO

이제 프롬프트를 입력하여 컷별 이미지를 만들어 볼 차례입니다. 다음 이미지는 앞서 퍼플렉시티에서 얻은 이미지 프롬프트를 어도비 익스프레스에 넣어 생성한 이미지입니다. 프롬프트의 내용과는 달리 손에 나침반이 없다는 점이 아쉽지만 프롬프트의 신비한 느낌이 어느 정도 잘 반영되어 생성되었음을 확인할 수 있습니다.

이제 학생들은 5컷 동화를 위한 컷별 이야기와 이미지를 가지고 있습니다. 이대로도 5컷 동화를 제작할 수 있지만 생성형 AI를 이용한다면 이대로 끝내기는 아쉽습니다. 간단히 한발 더 나아가 볼 수 있기 때문입니다. 5컷 동화에 짧은 동영상을 하나 넣는다면 작품의 입체감이 보다 살아나고 몰입감 또한 크게 높아질 것입니다. 그렇다면 이제 5컷 동화에 넣을 짧은 동영상을 만들어 보도록 합니다. 이를

위해 젠2(Gen-2)를 활용합니다.

젠2에 5컷 이미지를 하나씩 각각 넣고 어떤 효과가 들어가면 좋을지 프롬프트를 적어 줍니다. 단 젠2는 프롬프트를 한국어보다 영어로 입력하는 편이 훨씬 잘 작동되니 파파고나 구글 번역기 등을 이용해 학생들이 영어로 프롬프트를 입력하도록 안내합니다. 예시로 입력한 영어 프롬프트는 다음과 같습니다.

Genie looking forward in the shape of a smoky lamp and hot gas.
(연기 자욱한 램프, 뜨거운 기체와 같은 형상으로 정면을 바라보고 있는 지니)

이 프롬프트를 젠2에 컷 이미지와 함께 넣은 뒤 [Generate 4s]를 누르면 이미지를 기반으로 한 4초 분량의 영상이 만들어집니다[*].

생성된 동영상

---

[*] 샘플 영상 URL : joo.is/Gen-2샘플

이제 학생들은 자신이 만든 5컷의 텍스트, AI 생성 이미지, 짧은 동영상을 가지고 있습니다. 이 요소들을 구글 슬라이드Google Slides에서 조합하여 5컷 동화를 만듭니다.

구글 슬라이드는 웹 기반의 프레젠테이션 제작도구입니다. 제작 및 공유 방법이 직관적이고 간단하여 5컷 동화를 제작하고 배포하는 데 매우 효과적입니다. 만약 어떻게 시작할지 몰라 머뭇거리는 학생이 있다면, 예시 한 컷의 이야기와 이미지를 주고 뒷부분을 이어가도록 하면 좋습니다.

교사가 주는 예시 1컷 이야기와 이미지

학생들이 이 과정에서 마주하는 가장 대표적인 어려움이 있습니다. 바로 이미지의 일관성을 유지하는 것입니다. 캐릭터나 중심 사물의 모습이 일관되어야 하는데 이미지를 생성할 때마다 다른 모습으로 생성되니 일관성이 유지되지 못합니다.

이러한 문제를 학생이 활동 과정 중에 자연스레 인지할 수 있도록 하고, 왜 이런 현상이 발생하며, 이를 극복하기 위해서 어떻게 하면 좋을지 생각해 보도록 합니다. 생성형 AI 도구를 단순히 활용하는 데만 그치는 것이 아니라 AI 모델의 한계점에 대해서도 탐구해 볼 수 있는 계기가 될 수 있습니다.

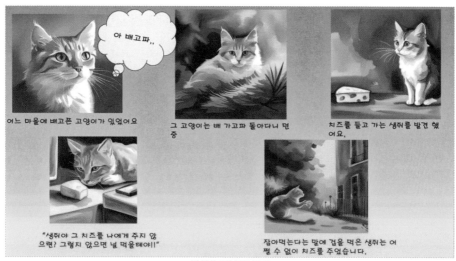

완성된 5컷 동화 예시

탐구 및 표현하기 (3)   **8차시**   **알록달록 마을의 기쁜 소식을 세상에 전하기**

1단계 **알록달록 마을의 기쁜 소식을 알리는 문구 만들기**
            : 퍼플렉시티 실습

학생들의 활동으로 인해 알록달록 마을에 색깔을 되찾았고 동화책도 확보했습니다. 이를 칭찬하며 프로젝트의 막바지에 다다른 학생들을 격려합니다.

8차시에서는 알록달록 마을의 기쁜 소식을 세상에 알리기 위한 콘텐츠를 어도비 익스프레스로 만들어 봅니다.

먼저, 퍼플렉시티로 기쁜 소식을 세상에 알리는 문구를 만듭니다. 이전 차시에서 활용했던 퍼플렉시티를 활용하면 몇 가지의 문구를 초안으로 추천받을 수 있습니다. 다음은 퍼플렉시티가 제안해 준 문구의 예입니다.

> 알록달록 마을에 색깔과 동화책이 사라졌지만, 이내 색깔과 동화책을 되찾게 되었고 알록달록 마을에 평화가 찾아왔다. 아직 이 사실을 모르는 마을 주민들에게 이 기쁜 소식을 공식적으로 알리고 축제의 시작을 선언하는 문구를 작성해줘
>
> ✳ 답변
>
> 알록달록 마을의 소중한 주민 여러분,
>
> 기쁨의 순간을 함께 나누고자 이 편지를 전합니다. 우리의 마음을 채우고, 상상력을 자극하는 색깔과 동화책이 잠시 우리 곁을 떠나갔지만, 이제 다시 찾아왔음을 기쁜 마음으로 알려드립니다. 우리의 노력과 희망이 모여, 마침내 알록달록 마을은 다시금 생기를 되찾았습니다.
>
> 이 기쁨을 마을 전체와 나누기 위해, 우리는 축제의 시작을 선언합니다. 이 축제는 우리 마을의 색깔과 이야기가 다시 살아난 것을 기념하며, 우리 모두가 하나되어 즐기는 시간이 될 것입니다. 축제는 오늘부터 일주일간 계속될 예정이며, 다채로운 행사와 활동이 준비되어 있습니다.
>
> 마을 광장에서는 색깔을 주제로 한 미술 전시회가 열리고, 도서관에서는 아이들을 위한 동화책 낭독회가 진행됩니다. 또한, 우리의 색깔과 이야기를 담은 퍼레이드가 마을 거리를 수놓을 예정이니, 가족과 친구들을 데리고 나와 함께 즐겨주시길 바랍니다.
>
> 이 축제가 우리 모두에게 기쁨과 화합의 시간이 되길 바라며, 알록달록 마을이 앞으로도 더욱 풍성한 색채와 이야기로 가득 차길 기원합니다.
>
> 평화와 기쁨이 가득한 축제의 시작을 선언합니다!
>
> 알록달록 마을장 드림

퍼플렉시티로부터 처음 제안받은 문구

생성형 AI에게 문구를 제안받았을 때는 이를 그대로 붙여 넣어 바로 사용하는 게 아니라 상황과 맥락, 듣는 이를 고려하여 수정하고 보완하는 과정을 반드시 거쳐야 합니다. 즉, 완성물이 아니라 초안으로 활용하는 지혜가 필요함을 강조합니다. 물론 직접 손을 대기에 앞서 생성형 AI에게 몇 차례 세부적인 요구를 하여 초안을 갱신해 나가는 것이 효율적일 것입니다. 예를 들어, 앞서 퍼플렉시티로부터 받은 문구를 초등학생 수준을 고려해 수정해 줄 것을 요청할 수 있습니다.

초등학교 수준으로 좀 더 쉽고 알아듣기 쉽게 문구를 작성해줘

⧉ 출처

써도써도 모자란 초등학생   초등학교 생활통지표 해석   우리 아이 생활통지표 쉽게   ⧉ ⧉
노트 모음! - 네이버블로그   하는 방법   이해하는 꿀팁(feat. 초등...
ⓑ blog.naver · 1   ⓤ upgrade-yourself... · 2   ⓟ post.naver · 3   2개 더 보기

✺ 답변

알록달록 마을 친구들에게,

안녕하세요! 우리 마을에 정말 기쁜 소식이 있어요. 기억나나요? 우리 마을에서 색깔과 동화책이 잠깐 사라졌었죠. 하지만 이제, 우리가 다시 찾았어요! 그래서 오늘부터 우리 마을은 다시 색깔이 가득하고, 동화책으로 가득 차게 될 거예요.

이 기쁜 날을 모두와 함께 축하하고 싶어서, 우리 마을에서는 큰 축제를 열기로 했어요. 이 축제는 오늘부터 일주일 동안 계속될 거예요. 마을 광장에서는 예쁜 그림 전시회가 열리고, 도서관에서는 재미있는 동화책을 읽어줄 거예요. 또, 우리 마을 거리에서는 멋진 퍼레이드도 볼 수 있어요.

친구들, 가족들과 함께 축제에 참여해서 즐거운 시간을 보내요. 우리 모두가 함께라면, 알록달록 마을은 더욱 아름답고 행복한 곳이 될 거예요.

축제가 시작됩니다! 모두 함께 즐겨요!

알록달록 마을장 드림

퍼플렉시티에게 수정 요청하여 받은 문구 : 초등학생 수준을 고려하여 수정

2단계 알록달록 마을의 기쁜 소식을 알리는 캐릭터 비디오 만들기
: 어도비 익스프레스 '애니메이션 캐릭터' 실습

앞서 만든 문구를 활용한 캐릭터 비디오를 만든다면 홍보 효과가 더욱 높아질 것입니다. 어도비 익스프레스의 [애니메이션 캐릭터] 기능을 활용하여 캐릭터 비디오를 간편하게 만듭니다.

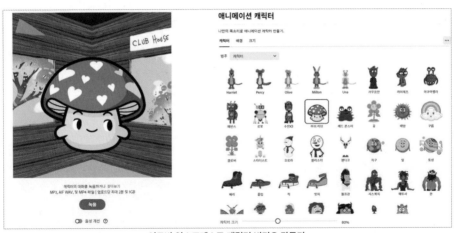
어도비 익스프레스로 캐릭터 비디오 만들기

애셋Asset으로 제공되는 캐릭터와 배경 등을 선택하고 학생의 목소리를 직접 녹음하도록 합니다. 이때 음성 개선 토글을 활성화하면 좀 더 깨끗한 목소리가 녹음되며, 녹음을 마치면 내 음성에 맞추어 말하는 캐릭터 비디오를 얻을 수 있습니다. 알록달록 마을의 기쁜 소식을 정말 재미있고 유쾌하게 알릴 수 있을 것 같습니다.

마무리 & 평가하기 **9~10차시** **알록달록 마을 메타버스 기념관 전시하기**

1단계 **프로젝트 산출물 전시하기 + 과정중심평가하기**

트라이디스Trythis를 통해 안내된 스패이셜Spatial 링크로 들어가, 지난 활동을 통해 생성한 AI 산출물들을 전시하고 창의적인 아이디어와 피드백을 주고 받는 시간을 가집니다.

단순히 메타버스 전시관을 꾸민다고 하기보다는 스토리텔링을 활용하여 알록달록 마을이 색깔과 동화책을 되찾게 된 것을 두고두고 기억하기 위해 특별한 기념관을 열게 되었다는 상황을 설정해 주면 학생들의 학습 참여도와 몰입도를 한층 더 높일 수 있습니다. 즉, 알록달록 마을의 축제와 더불어 메타버스 기념관을 전시하게 되었다는 개연성을 스토리텔링으로 부여하면 학생들의 학습 동기를 프로젝트 마지막까지 유지시키는 데 효과가 좋습니다. 메타버스 기념관 전시하기 활동 시, 유의점은 다음과 같습니다.

유의점

· 스패이셜은 무료 계정일 경우에는 기본 콘텐츠 용향 제한은 100MB, 참가자 수 제한은 10명이며, 유료(Pro) 계정일 경우에는 콘텐츠 용향 제한은 500MB, 참가자는 50명까지 허용합니다.

· 공간을 구성할 때, 전시관 템플릿을 적극 활용하도록 하여, 메타버스 공간을 꾸미는 데 불필요한 초점을 두지 않도록 주의합니다.

· 스패이셜Spatial은 사진과 동영상 콘텐츠 업로드가 가능하며 웹 링크 등은 포털의 형태로 연결시켜 놓을 수 있습니다. 필요할 경우 트라이디스Trythis나 패들렛Padlet, 기타 에듀테크 및 생성형 AI 도구들을 포털로 연결하여 교육적 경험 공간을 연결·확장할 수 있습니다.

· 단순히 전시하고, 마무리하는 것이 아니라 과정 중심 평가를 실시하고, 대화창이나 포털로 연결된 트라이디스를 통해 피드백을 주고 받으며 학생 자신의 부족함을 개선하는 유의미한 활동이 이루어질 수 있도록 합니다.

· 학생들이 온라인 예절을 지키고, 자신과 타인의 개인정보를 보호할 수 있도록 합니다.

· 교사는 메타버스 플랫폼의 특성에 따라 스패이셜 이외에 다양한 종류의 메타버스 플랫폼을 고려할 수 있습니다.

스패이셜에서 산출물에 대한 상세 정보를 추가로 넣을 수 있다면 과정중심평가를 진행하기에 더욱 좋습니다. 액자 속 게시물을 클릭하면 자물쇠 버튼이 나타나는데 이를 누르면 Unlock(잠금 해제) 되어 게시물의 위치, 크기, 내용 등을 수정할 수 있습니다. 두 번째에 Info가 나타나는데, 이를 선택하면 [Information Panel(정보판)]이 나옵니다. 여기에 산출물의 제목Name과 자기 이름Creator을 표기하고, 작품에 대한 설명Description 및 웹 링크Link 등을 추가로 넣게 하면 과정중심평가에 활용하기 좋습니다. 수정을 완료하면 다시 자물쇠 버튼을 클릭하여 게시물이 의도치 않게 수정되지 않도록 잠금 설정해 줍니다.

스페이셜로 프로젝트 산출물 전시 및 웹링크 연결하기

스페이셜에는 각 작품에 대한 평가 기록을 남길 수 있는 기능이 없습니다. 또한 가상 공간에서 채팅으로 서로 이야기는 나눌 수 있지만 각 산출물별로 피드백을 별도로 나누고, 이를 기록해 둘 수 있는 기능이 없기 때문에 스페이셜만으로 과정중심평가를 진행하기에는 제약이 있습니다.

따라서 최초평가와 최종평가 기록을 남길 수 있고, 좋아요와 댓글 피드백, 다양한 링크 연결을 지원하는 트라이디스를 스페이셜 내 링크나 포털로 연결하여

[Info]와 함께 피드백 및 과정중심평가에 활용한다면 교육적 효과가 높아질 것입니다.

2단계 프로젝트 마무리하기

2022 개정교육과정에서는 깊이 있는 학습과 교과별 주제 통합 학습, 삶과의 연계뿐만 아니라 배움에의 '성찰'을 강조합니다. 프로젝트를 마칠 때 학생들은 자신의 지식·이해, 과정·기능, 가치·태도 등을 포함하는 문제해결역량에 어떠한 변화가 있었는지 성찰해 보는 시간을 가질 수 있어야 합니다.

프로젝트의 의미는 지식과 개념을 습득하고 내재화하며, 이를 실생활의 문제 해결에 활용하는 경험을 쌓는 것에 있습니다. 이 프로젝트는 실생활에의 전이를 염두에 둔 프로젝트이며, 학생들이 다양한 상황에서 생성형 AI를 확장성 있게 활용할 수 있는 역량 또한 기를 수 있도록 설계되었습니다.

그러한 의미에서 알록달록 마을 구하기 프로젝트를 마무리하며, 학생들에게 스스로 배움의 과정을 성찰하며, 새롭게 알게 된 점, 느낀 점, 더 알고 싶은 점 등을 트라이디스에 추가로 기록하게 합니다. 이러한 지식과 경험의 기록들이 모여 새로운 학습과 배움의 연결점이 되어 학생들에게는 종합적인 역량의 총체로 발전하고, 교사들에게는 교육 포트폴리오를 구축하고 개별화된 교육과정을 실현하는데 도움이 될 것입니다.

수업 운영의 Tip

Tip 1. 수업의 설계자이자 디자이너로서 성취 기준과 역량 중심 수업에 집중하세요.

생성형 AI는 이미지나 동영상 생성 등의 영역에서 괄목할 만한 성능의 향상을 보이고 있습니다. 콘텐츠를 만드는 것이 그만큼 쉽고 간편해졌다는 말입니다.

하지만 구슬이 서 말이라도 꿰어야 보배이듯 다양한 도구의 나열식 사용이 교수·학습이 의도하는 성취 기준 달성과 학생들의 역량 신장을 담보하지는 못합니다.

〈알록달록 마을 구하기〉 프로젝트에서 활용하는 다양한 도구들 가운데 어도비 익스프레스Adobe Express와 클립드롭Clipdrop의 경우에는 다양한 이미지 생성형 AI 기능들로 학생들의 흥미와 관심을 자아내기에 충분합니다. 그러나 배움의 핵심인 성취 기준과 핵심역량을 고민하고, 이를 중심으로 필요한 기능만 선택·집중하여 수업에 활용하는 지혜와 안목이 있어야겠습니다.

Tip 2. 학생들의 동기유발과 학습에의 몰입 요인을 이야기에서 찾으세요.

학생들은 이야기를 좋아합니다. 탁월한 스토리텔러는 이야기 하나만으로 한 시간은 너끈히 사람들을 자신의 눈에서 떼지 못하게 만들기도 합니다. 기술과 기능의 새로움이 주는 흥미와 관심은 한시적입니다. 그렇다면 학생들의 동기유발과 학습에의 몰입 요인을 이야기에서 찾아보면 어떨까요?

〈알록달록 마을 구하기〉 프로젝트는 스토리텔링 기반으로 설계되었습니다. 약간의 상상력과 창의력이 가미된 알록달록 마을의 이미지가 주는 색감과 감성적인 측면은 학습의 유인 소재로서 학생들의 관심을 끌기에 충분합니다. 스토리텔링은 학생들로 하여금 내가 왜 이 활동을 해야 하는지에 대한 논리적 개연성과 이유를 부여하고, 학습에의 몰입감과 흥미를 더하여 준다는 장점이 있습니다. 인문학적 이야기 중심의 생성형 AI 활용 교육의 패러다임의 기조 아래 개발된 〈알록달록 마을 구하기〉 프로젝트는 기술과 도구 사용법에 집중하기보다는 학생들의 학습 동기 부여와 확장을 위해 이야기 상황을 적극 활용합니다.

Tip 3. 생성형 AI 검색 서비스는 환각이 덜합니다.

생성형 AI 검색 서비스인 퍼플렉시티Perplexity는 챗GPT나 클로드Claude, 제미나이Gemini와 같은 거대언어모델 서비스와는 차이가 있습니다. 그것은 인터넷 검색으로 언어모델 자체의 정보 부족을 보완하고, 답변을 낼 때 어느 곳을 참고하였는지 출처를 밝혀 준다는 점입니다. 이미지와 동영상 웹 검색도 동시에 수행합니다. 단 13세 이상인 경우에만 보호자 동의하에 사용하도록 권장하고 있으므로, 학생들이 서비스를 적절하게 이해하고 올바르게 사용하도록 연령 제한을 고려해 지도하는 것이 중요합니다.

이 프로젝트에서 퍼플렉시티는 문구 제작과 5컷 동화를 위해 필요한 이미지 프롬프트 초안을 만드는 데 활용되었습니다. 환각이 덜 한 AI 언어 모델의 역할을 한다는 점에서 신뢰할 만하나 인터넷에 있는 자료들이 신뢰롭지 못한 경우도 많으므로, 반드시 팩트 체크를 해야 합니다. 아울러 학생들이 퍼플렉시티를 활용해 지식 검색을 한 후, 의식 없이 복사 후, 붙여넣기를 하지 않도록 지도해야 합니다. 퍼플렉시티로 생성한 글은 반드시 초안으로만 활용하도록 하고, 팩트 체크를 하며, 나의 것으로 소화하여 이해한 것을 글로 바꾸어 표현할 수 있도록 합니다. 이러한 과정 속에서 학생들은 생성형 AI를 활용하는 데 필요한 비판적 사고력, 논리적 사고력 등을 기를 수 있습니다.

 **과목명** 국어, 미술  **대상 학년** 6학년

프로젝트 3
공익광고 만들기

관련 성취 기준

[6미02-01] 다양한 방법으로 아이디어를 연결하여 확장된 표현 주제로 발전시킬 수 있다.

[6미03-04] 다양한 방법을 활용하여 작품을 감상하며 작품에 관한 서로 다른 관점을 존중할 수 있다.

[6국01-05] 자료를 선별하여 핵심 정보를 중심으로 내용을 구성하고 매체를 활용하여 발표한다.

프로젝트 목적 & 목표

인공지능과 미술을 융합하여 창조적 표현력을 함양하고, 공익에 대한 인식 재고

· 인공지능의 이미지 생성 기능을 활용하여 자신만의 공익광고 메시지를 시각적으로 표현한다.

· 인공지능이 제공하는 다양한 아이디어 중에서, 자신의 의견과 가치를 반영하여 선택한다.

· 작품을 통해 다른 사람들에게 공공의 이익과 사회 문제에 대한 메시지를 전달한다.

프로젝트 개요

[준비하기] 사회 문제 해결을 위한 공익광고 만들기를 프로젝트 잠정적 주제로 선정하고, 실제 공익광고와 생성형 인공지능으로 제작한 이미지를 준비한다.

[주제 결정하기] 공익광고의 대상이 된 사회 문제를 확인하고 사회 문제 해결을 위한 '공익광고 만들기' 주제를 제안한다.

[활동 계획하기] 사회 문제를 조사하고 이미지, 동영상 형태의 광고를 기획 및 제작하는 계획 설정을 돕는다.

[탐구 및 표현하기] 생성형 인공지능을 활용해 이미지를 제작하고 다양한 광고 기법을 적용하여 공익광고를 제작한 뒤 동영상 시나리오를 제작하여 홍보 영상을 제작하는 활동을 진행한다.

[마무리 및 평가하기] 나만의 공익광고를 친구들에게 소개하고 전시회를 개최한다. 자기 평가 및 상호 평가를 통해 학습 성과를 공유하고 정리한다.

Tools : 생성형 AI + Edutech

뤼튼	wrtn	동영상 및 캠페인 활동 시나리오 작성에 활용
캔바	Canva	자료를 모아 공익광고를 만들고 웹사이트 형태로 작품과 설명을 게시
릴리스AI	Lilys AI	자료조사를 위한 유튜브 영상 요약노트 생성
감마	Gamma app	사회 문제를 발표하는 프레젠테이션 발표 초안 작성
스테이블오디오	StableAudio	공익광고를 동영상 형태로 만드는 경우 배경음악 생성
패들렛	Padlet	공익광고 작품 공유 및 상호 평가에 활용
스패이셜	Spatial	3D 메타버스 형태의 공익광고 작품 전시회 및 상호 평가에 활용
브루	Vrew	Text to Video 기능을 활용하여 주제에 맞는 공익광고 생성

로그인! 생성형 AI 프로젝트 수업

대상	초등학교 6학년			
관련 교과	미술, 국어, 사회			
성취 기준	[6미02-01] 다양한 방법으로 아이디어를 연결하여 확장된 표현 주제로 발전시킬 수 있다. [6미03-04] 다양한 방법을 활용하여 작품을 감상하며 작품에 관한 서로 다른 관점을 존중할 수 있다. [6국01-05] 자료를 선별하여 핵심 정보를 중심으로 내용을 구성하고 매체를 활용하여 발표한다.			
단계	차시	주요 학습 내용	관련 교과	활용 도구
준비하기	(수업 전)	• 제시할 프로젝트 주제 결정하기 • 동기유발용 자료와 발문 마련하기		
주제 결정 & 활동 계획하기	1	[우리 주변 사회 문제 살펴보기] • 우리 주변에서 볼 수 있는 공익광고 살펴보기 • 공익광고에서 볼 수 있는 사회 문제 확인하기 • 공익광고로 만들 수 있는 사회 문제 조사하기 • 친구들과 공유하기	국어, 사회	뤼튼 감마 캔바
탐구 및 표현하기 (1)	2	[광고 알아보기] • 광고의 특징 알아보기 • 광고의 발상 방법 알아보기 • 기존의 공익광고 패러디 작품 만들기 • 공유하기	미술	캔바 패들렛 스페이셜 릴리스AI
탐구 및 표현하기 (2) & 마무리 & 평가하기	3~4	[공익광고 동영상 만들기] • 동영상 시나리오 만들기 • 주제에 맞는 동영상 광고 만들기 • 다양한 방법으로 게시 및 공유하기	미술	뤼튼 브루 캔바

플레이! 생성형 AI 프로젝트 수업

우리가 사는 사회에서는 주변을 조금만 둘러봐도 수많은 광고를 접할 수 있습니다. 상품을 판매하거나 특정 대상을 홍보하기 위해 사진, 그림, 영상 등 다양한 형식으로 제작된 광고가 넘쳐납니다. 이러한 광고 중 교육적 가치와 목적이 분명한 공익광고는 우리 사회를 더 나은 방향으로 이끌기 위해 중요한 역할을 합니다.

다음 이미지는 보건복지부의 금연 공익광고와, 생성형 인공지능으로 제작한 금연 광고의 예입니다. 학생들이 사회적 문제에 대해 스스로 고민하고 생성형 인공지능을 활용해 광고를 제작함으로써 문제의 해결에 기여하는 사회 참여 경험을 제공하도록 합니다. 이러한 활동을 통해 학생들은 창의력과 문제 해결 능력을 기르고 건강한 사회를 만드는 데 기여하는 시민으로서의 경험을 가질 수 있습니다.

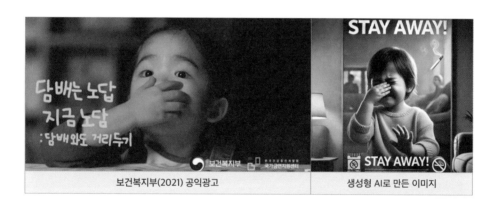

| 보건복지부(2021) 공익광고 | 생성형 AI로 만든 이미지 |

1단계 공익광고 살펴보기

우리 주변에서 쉽게 볼 수 있는 공익광고에 대해 이야기를 나눕니다. "기억에 남는 공익 광고가 있나요?"라고 질문을 던져 봅니다. "층간소음 광고가 생각나요.", "음식물 쓰레기를 줄이자는 광고가 기억납니다." 등의 대답이 돌아올 것입니다. 학생들이 다양한 광고에 대해 이야기를 나눠 보는 과정을 통해 사고를 촉진할 수 있도록 합니다.

그런 뒤 뤼튼wrtn으로부터 학생들에게 보여 줄 만한 공익광고에 어떤 것이 있을지 물어 추천받고 해당 내용을 학생들과 공유하며 이야기를 나눕니다. 뤼튼에 프롬프트를 입력할 때는 구체적이며 대상 등을 적어 주면 원하는 바에 가까운 답을 얻을 가능성이 높아집니다.

공익광고는 한국방송광고진흥공사kobaco나 유튜브 플랫폼을 활용하여 다양한 공익광고를 보고 학생들과 이야기를 나눕니다. 구글 등에서 "공익광고"를 검색하면 이미지 탭에서 많은 공익광고 포스터도 확인할 수 있습니다.

공익광고 자료실

· 한국방송광고진흥공사 페이지 : kobaco.co.kr > [주요사업] > [공익광고] > [공익광고] > [공익광고 자료실]

· 한국방송광고진흥공사 유튜브 채널 : https://www.youtube.com/@Kobacoac

구글 공익광고 이미지 검색

개인별, 모둠별로 스마트 기기를 활용하여 학생들이 많은 공익광고를 살펴볼 수 있게 합니다. 그리고 각 광고가 만들어지게 된 원인. 즉, 사회 문제를 확인하고 정리해 보게 합니다.

캔바Canva 슬라이드를 학생 전체에게 공유하여, 학생들로 하여금 자신이 배정받은 슬라이드에 본인이 살펴본 공익광고의 사진을 올리고 이와 관련된 사회 문제와 본인의 생각을 적어 올리고 공유할 수 있게 합니다. 캔바의 공유 슬라이드는 학생들끼리 서로 작업한 내용을 실시간으로 확인할 수 있다는 장점이 있습니다.

캔바 슬라이드 예시

3단계 공익광고로 만들 사회문제 조사하기

앞서 친구들이 정리한 내용을 서로 살펴보고 본인이 공익광고를 제작하고자 하는 사회 문제를 하나 정하게 합니다. 그리고 해당하는 주제로 프레젠테이션을 만들 준비를 합니다.

프레젠테이션 초안 작성을 위해 감마Gamma app를 활용하여 프레젠테이션을 생성합니다. 슬라이드는 10장까지 무료이고 언어는 한국어를 선택하고 진행합니다.

① 감마 접속한 뒤 가입 및 로그인한다. https://gamma.app
② [+ 새로 만들기] > [생성] > [프레젠테이션] 선택 > 카드 개수와 언어(한국어) 선택 > 발표 주제를 프롬프트에 입력 > [개요 생성]
③ 자동 생성된 카드 개요 확인 > [+카드 추가] 등 이용하여 변형 > [설정] 항목들을 선택 및 입력 > 하단의 [생성]
④ 상단 바 가운데 [공유] 선택 > [내보내기] > PDF, 파워포인트 등 원하는 형식을 선택하여 다운로드

주제를 넣어 감마로부터 생성받은 개요가 마음에 들지 않는다면 개요의 내용과 순서 등을 수정하도록 합니다. 감마에서 프레젠테이션을 생성한 뒤에는 그대로 사용하는 것보다 캔바로 옮겨 디자인을 편집하기를 추천합니다. 내용도 발표자의 목적에 맞게 수정해야 하고 디자인도 수정이 필요하기 때문입니다.

감마에서 프레젠테이션으로 내보내기

이렇게 받은 프레젠테이션도 캔바로 옮겨와서 사용자의 목적에 맞게 수정할 수 있습니다. 감마에서 만들어 주는 내용 및 디자인을 그대로 사용하기에는 어려운 점들이 있을 것입니다.

감마에서 생성한 프레젠테이션   이를 캔바로 편집 수정한 프레젠테이션

앞서 다양한 공익광고를 살펴보았고 거기에서 찾을 수 있는 사회 문제를 정리하여 조사했습니다. 이렇게 작성한 내용을 정리하여 다른 친구들 앞에서 발표하고 공유할 수 있습니다. 교사와 학생들의 상호 피드백을 통해 아이디어를 나눌 수 있도록 지도합니다. 이 과정을 통해 서로의 창의적인 생각을 공유하고 학습할 수 있으며, 이는 다양성과 협업 및 의사소통 능력을 향상하는 데 도움이 됩니다.

탐구 및 표현하기 (1)	**2차시**	**광고에 대해 알기**

1단계 **광고의 특징 알아보기**

광고는 포스터, 사진 등의 이미지와는 다른 특징들이 있습니다. 광고도 공익광고와 상업광고로 나뉘는데 서로 특징이 다릅니다. 공익광고는 상업광고와 달리 공공의 이익을 위한다는 점이 기본입니다. 이외에도 어떤 특징이 있을지에 대해 뤼튼wrtn으로 살펴봅니다.

프롬프트로 "공익광고의 특징을 알려주세요. 초등학교 6학년 수준에서 이해가 쉽도록 알려 주세요." 등으로 입력하게 합니다. 이처럼 현재 정보가 필요한 사람이 어떤 사람인지를 명시하면, 해당 내용을 독자에 맞추어서 생성합니다.

프롬프트에서 독자를 명시한 경우와 그렇지 않은 경우 결과가 어떻게 다르게 나오는지 다음 예를 통해 확인해 봅시다.

뤼튼이 제시한 내용을 참고하여 공익광고의 특징을 캔바에 정리해 적고 이를 발표해 보도록 합니다.

공익광고의 특징을 알려줘. 초등학교 6학년 수준에서 이해가 쉽도록 알려줘

🐿️ **답변**

공익광고는 사회에 도움이 되는 메시지를 전달하는 광고입니다. 초등학교 6학년 친구들이 이해하기 쉽게 몇 가지 특징을 설명해 볼게요.

1. **사회적 문제 해결**: 공익광고는 환경 보호, 건강, 안전 등 사회의 문제를 해결하려고 해요. 예를 들어, 쓰레기를 줄이자는 광고가 있을 수 있어요.
2. **감정적인 메시지**: 공익광고는 사람들의 마음에 감동을 주려고 해요. 슬픈 이야기나 재미있는 장면을 통해 사람들을 생각하게 만들죠.
3. **정보 제공**: 공익광고는 사람들이 알아야 할 중요한 정보를 알려줘요. 예를 들어, 올바른 손 씻기 방법이나 재활용하는 법을 설명할 수 있어요.
4. **행동 촉구**: 공익광고는 사람들에게 "이렇게 해주세요!"라는 메시지를 전달해요. 예를 들어, "쓰레기를 버릴 때 분리수거를 합시다!"라고 말하죠.
5. **비영리 목적**: 공익광고는 이익을 추구하지 않아요. 돈을 벌기 위한 것이 아니라, 사회를 더 좋게 만들기 위해 만들어집니다.

이렇게 공익광고는 우리 사회를 더 나은 곳으로 만들기 위해 중요한 역할을 해요!

청자 수준을 언급했을 때 뤼튼의 대답

공익광고의 특징을 알려줘.

🐿️ **답변**

공익광고는 사회적 메시지를 전달하고 공공의 이익을 증진하기 위해 제작된 광고입니다. 이러한 광고의 주요 특징은 다음과 같습니다:

1. **사회적 가치 강조**: 공익광고는 특정 사회 문제나 이슈에 대한 인식을 높이고, 사회적 책임을 촉구하는 내용을 담고 있습니다. 예를 들어, 환경 보호, 건강 증진, 안전 운전 등을 주제로 합니다.
2. **감정적 호소**: 공익광고는 종종 감정적인 요소를 활용하여 사람들의 관심을 끌고 행동을 유도합니다. 슬픈 이야기나 감동적인 이미지가 사용되어, 관객의 감정을 자극하여 메시지를 효과적으로 전달합니다.
3. **정보 제공**: 공익광고는 특정 문제에 대한 정보와 해결책을 제시합니다. 이를 통해 사람들이 문제의 심각성을 이해하고, 필요한 행동을 취하도록 유도합니다.
4. **비영리 목적**: 공익광고는 수익을 목적으로 하지 않고, 일반적으로 정부 기관, 비영리 단체, 또는 사회적 기업에 의해 제작되어 무료로 방송되거나 배포됩니다.
5. **대중 참여 유도**: 공익광고는 사람들에게 특정 행동을 촉구하거나 참여를 유도하는 내용을 포함하고 있습니다. 예를 들어, 자원봉사, 기부, 캠페인 참여 등을 권장합니다.
6. **시각적 요소 강조**: 강렬한 이미지나 슬로건을 사용하여 메시지를 효과적으로 전달합니다. 시각적으로 눈에 띄는 디자인이 중요합니다.

이러한 특징들을 통해 공익광고는 사회적 변화를 촉진하고, 공동체의 건강과 안전을 증진하는 데 기여합니다.

청자 수준을 언급하지 않았을 때 뤼튼의 대답

광고를 표현하는 방법은 매우 다양합니다. 유튜브에 '광고 발상 방법' 등의 검색어를 넣으면 광고의 발상 방법을 소개한 영상들을 여럿 확인할 수 있습니다. 그런데 이러한 영상들을 다 보기에는 긴 시간이 필요하고 내용이 정리되어 있다기보다는 자세히 설명하는 데 초점을 맞추고 있다는 점이 단점으로 느껴질 수 있습니다. 이때 릴리스AI^{Lilys AI} 플랫폼을 활용하면 좋습니다. 릴리스AI로 유튜브 영상의 내용을 요약할 수 있고 채팅을 통해 해당 내용에 대한 조사를 빠르게 진행할 수도 있습니다. 릴리스AI를 이용하면 대단히 긴 영상도 요약본을 즉각 받아볼 수 있어서 신속한 내용파악에 유용합니다.

유용한 기능으로는 요약 노트, 녹취 스크립트, 타임스탬프, 블로그 글 등이 있습니다. 더욱 좋은 기능은 해당 영상에 대해 궁금한 점이 생겼다면 [AI에게 질문하기]를 통해 챗GPT처럼 질문하듯 물어보고 답을 들을 수 있는 기능입니다.

릴리스AI에 유트브 영상의 주소를 입력하여 내용 요약하기

릴리스AI 요약 메뉴

릴리스AI에게 질문하기

이렇게 릴리스AI를 활용하면 짧은 시간 동안 많은 영상의 내용을 파악할 수 있습니다. 이 장점을 이용해 광고의 발상 방법에 대한 영상들을 정리하고 이 방법들이 적용된 광고를 찾아 가며 학습할 수 있습니다.

3단계 기존 공익광고 패러디 작품 만들기

각자 원하는 공익광고 이미지를 선택하게 하고, 앞서 2단계에서 학습한 광고의 발상 방법 등을 적용하여 패러디 작품을 만들어 보도록 합니다. 캔바의 매직미디어MagicMedia를 이용하여 이미지를 생성하고 사진 편집의 배경 제거와 같은 인공지능 툴을 사용해 편집하도록 안내합니다.

캔바 매직미디어의 작업 결과물

거꾸로 기법을 적용하여 하늘과 땅이 바뀌었습니다.
땅을 오염 시키면 결국 하늘. 온 세상을 오염 시키는 것을 표현하고 싶었습니다.

편집 결과물 예

앞서 3단계에서 만든 작품을 친구들과 공유하며 발표하는 시간을 갖습니다. 작품을 패들렛Padlet이나 스패이셜Spatial 플랫폼에 게시합니다. 여기에서는 스패이셜을 이용한 수업의 예를 제시합니다.

우선 교사가 플랫폼을 열고 학생들이 각자 자신의 광고 패러디 작품을 올리도록 합니다. 그리고 자유롭게 감상하고 잘한 점, 아쉬운 점, 보완할 점을 기록하여 생각을 나누는 시간을 갖도록 합니다. 그리고 이러한 피드백을 바탕으로 다음 차시에서 자신만의 광고를 만들도록 안내합니다.

스패이셜에 작품을 게시하고 감상하는 모습

탐구 및 표현하기 (2) & 마무리 & 평가하기	3~4차시	공익광고 동영상 만들기

1단계 동영상 시나리오 만들기

뤼튼에게 각자가 설정한 주제에 맞는 내용을 물으면서 동영상 시나리오를 만들어 봅니다. 다양한 조건을 제시하며 답변을 여러 번 다시 받아 보고 원하는 답변이 어느 정도 나오면 이를 초안으로 두고, 이것을 자신의 의도에 맞게 수정하여 완성하도록 합니다.

뤼튼이 생성한 시나리오는 학생 자신이 애초에 설정한 의도가 충분히 담기지 않았을 가능성이 높습니다. 따라서 이를 그대로 복사해 붙여넣기 하지 않고, 꼭 제 손으로 수정하고 조정하여 최종본을 만들어 내도록 안내합니다.

층간소음을 예방하자는 주제로 동영상을 작성하려고 해. 시나리오 만들어줘

답변

층간소음 예방에 관한 동영상 시나리오는 다음과 같이 구성할 수 있습니다.

[오프닝]
- 배경음악: 잔잔한 음악
- 화면: 아파트 단지 전경
- 나레이션: "안녕하세요! 오늘은 많은 사람들이 고민하는 층간소음 문제에 대해 이야기해보겠습니다. 층간소음이란 무엇인지, 그리고 이를 예방하기 위한 방법들을 함께 살펴보겠습니다."

[1. 층간소음의 정의]
- 화면: 아파트 내부, 위층과 아래층의 모습
- 나레이션: "층간소음은 위층에서 발생한 소음이 아래층으로 전달되어 발생하는 소음을 말합니다. 주로 발소리, 가구 이동 소리, 음악 소리 등이 이에 해당합니다."

[2. 층간소음의 원인]
- 화면: 다양한 생활 소음의 예시 (아이들이 뛰어노는 모습, 가구를 옮기는 모습 등)
- 나레이션: "층간소음의 주요 원인은 여러 가지입니다. 특히, 아이들이 뛰어놀 때, 가구를 움직일 때, 그리고 음악을 크게 틀 때 소음이 발생합니다."

[3. 층간소음이 주는 영향]
- 화면: 스트레스를 받는 사람들, 잠 못 이루는 모습
- 나레이션: "층간소음은 단순한 불편함을 넘어 스트레스와 불안감을 유발할 수 있습니다. 특히 밤 시간에 소음이 발생하면 수면 장애를 초래하기도 합니다."

[4. 층간소음을 예방을 위한 방법]
- 화면: 다양한 예방 방법을 보여주는 장면
  1. 바닥재 선택: 방음 효과가 좋은 바닥재를 선택하세요.
  2. 소음 완화 제품 사용: 카펫, 러그, 방음 매트를 활용하세요.
  3. 가구 배치: 가구를 벽에 붙여 배치하여 소음 전달을 줄이세요.
  4. 소음 관리 규칙: 가족과 함께 소음 관리 규칙을 정하고 지키세요.
- 나레이션: "이제 층간소음을 예방하기 위한 몇 가지 방법을 알아볼까요?"

[5. 이웃과의 소통]
- 화면: 이웃과 대화하는 모습
- 나레이션: "소음 문제로 인해 갈등이 생길 수 있습니다. 이웃과의 원활한 소통이 중요합니다. 서로의 입장을 이해하고, 필요할 경우 대화를 통해 문제를 해결해 나가세요."

[6. 마무리]
- 화면: 아늑한 아파트 내부, 편안한 분위기
- 나레이션: "층간소음 문제는 모두가 함께 해결해야 할 과제입니다. 작은 노력으로 서로의 생활을 배려하고, 더 나은 주거 환경을 만들어 나갑시다. 감사합니다!"

[엔딩 크레딧]
- 화면: "좋아요와 구독 부탁드립니다!"
- 배경음악: 잔잔한 음악

이 시나리오는 층간소음 문제를 이해하고 예방하기 위한 다양한 방법을 시청자에게 전달하는 데 중점을 두고 구성되었습니다. 동영상 제작에 도움이 되길 바랍니다!

뤼튼이 생성한 층간소음 공익광고 동영상 시나리오

2단계 주제에 맞는 동영상 광고 만들기

동영상을 만들기는 사실 꽤 어려운 활동입니다. 기획, 조사, 촬영, 편집 등 많은 과정을 거쳐야 하는 활동이기 때문입니다. 이때 생성형 인공지능과 1단계에서 완성한 시나리오를 활용하여 동영상을 만들면 훨씬 쉽고 효과적인 영상을 제작할 수 있습니다. 브루^{Vrew}는 Text to Video를 만드는 플랫폼으로 동영상 초안을 간단히 만들어 내는 데 아주 유용합니다.

[텍스트로 비디오 만들기] 메뉴 〉 1단계에서 완성한 시나리오 입력으로 동영상을 제작할 수 있습니다. 만약 대본이 사전에 없는 경우라면 주제를 입력해 넣은 뒤 'AI 글쓰기 메뉴'를 활용하면 입력한 주제에 맞는 대본을 받아볼 수 있습니다. 이렇게 대본을 생성하여 영상을 만들 수도 있습니다.

브루의 텍스트로 비디오 만들기 메뉴

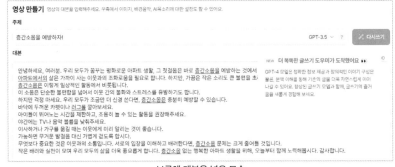

브루에 대본을 넣은 모습

이사하거나 가구를 옮길 때는 이웃에게 미리 알리는
것이 좋습니다

▶ 00:55 / 01:22   1x ⊙ ⊞ ▭

브루로 생성한 동영상

생성한 영상을 확인하며 수정할 내용의 유무를 학생들이 확인하게 합니다. 만약 텍스트에 어울리는 이미지나 영상이 아닌 경우 [교체하기]를 눌러 이미지를 교체하도록 합니다. 이미지 교체는 인공지능으로 이미지를 생성할 수도 있고 이미 가지고 있는 이미지나 영상으로 교체할 수도 있습니다.

3단계 공유하기

앞서 2단계에서 만든 동영상을 친구들과 캔바로 공유하며 발표하는 시간을 갖습니다. 캔바에 웹사이트 형식을 만들고 학생들에게 슬라이드 번호를 부여하여 학생들이 각자 자신이 만든 영상을 업로드하도록 안내합니다. 그런 뒤 영상에 대한 간단한 설명을 작성하여 캔바의 도메인을 활용한 웹사이트 형태로 게시합니다. 고유 URL 주소가 생성되므로 공유 및 배포하기가 좋습니다. 이를 통해 학생들이 친구들의 작품을 서로 공유하며 감상하도록 합니다.

캔바로 생성한 웹사이트

캔바의 웹사이트 메뉴

수업 운영의 Tip

Tip 1. 학생 개인별 작업 영역에 이름을 남기세요.

모둠이나 학급 전체가 하나의 프레젠테이션에서 작업할 경우 슬라이드가 섞이거나 내용이 섞이는 등의 어려움이 있습니다. 우선 학급의 번호에 맞게 슬라이드 작업 영역을 약속하고 지정받은 슬라이드의 옵션에서 이름을 바꾸면 이름이 지정되어 관리하기가 쉽습니다.

캔바 슬라이드에 이름 쓰기

Tip 2. 실시간 피드백을 활용하세요.

캔바의 댓글 기능을 활용하여 교사와 학생, 학생과 학생간의 실시간 피드백을 활용하면 수업에 대한 집중력을 높이고 다른 학생들의 작품을 실시간으로 참고할 수 있어 더 높은 수준의 작품을 만드는 것이 가능합니다. 이런 기능을 사용하기 위해서는 하나의 작업 영역에 학급 학생들을 모두 초대하여 협업의 형태로 작업을 해야 합니다. 학생별로 색깔이 다르게 표시되고 마우스와 커서의 움직임에 따라 이름이 표시되고 있습니다. 이를 학생들이 볼 수 있는 전체화면에 공유하면 수업에 집중하지 못하거나 장난치는 학생들이 줄어들고 집중력이 높아집니다.

Tip 3. 동영상 해상도를 낮추세요.

브루Vrew에서 작업한 영상의 해상도를 너무 높인 경우 용량이 커져 캔바에 불러오는 데 시간이 걸립니다. 이럴 경우 웹사이트로 변환하는 데도 시간이 많이 듭니다. 학급 전체 학생의 영상을 동시에 업로드할 경우 인터넷이 순간 느려질 수 있으니 이 점을 주의해야 합니다.

| 과목명 | 사회, 국어, 미술 | | 대상 학년 | 5학년 |

프로젝트 4
역사 신문 만들기

관련 성취 기준

[6사04-02] 역사 기록이나 유적과 유물에 나타난 고대 사람들의 생각과 생활을 추론한다.
[6국01-04] 면담의 절차를 이해하고 상대와 매체를 고려하여 면담한다.
[6미02-02] 디지털 매체 등 다양한 표현 재료와 용구를 탐색하여 작품 제작에 활용할 수 있다.

프로젝트 목적 & 목표

인공지능을 활용한 역사적 사고력 신장 및 생성형 인공지능 활용 능력 함양
· 에듀테크/생성형 인공지능 도구를 활용해 역사적 사건이나 인물을 조사하고 소개한다.
· 에듀테크/생성형 인공지능 도구를 사용하여 역사적 사건이나 인물에 대한 역사적 사실을 해석·종합·편집 등 재구성한다.
· 에듀테크/생성형 인공지능 도구를 사용하여 역사적 사건이나 인물에 대한 역사 신문을 제작한다.

프로젝트 개요

[준비하기] 역사적 사건을 다양한 관점으로 이해하고 흥미를 높이기 위해 역사신문 만들기를 프로젝트 주제로 잠정 선정하고 동기유발 영상을 준비한다.
[주제 결정 & 활동 계획하기] 삼국의 통일 과정을 교과서로 학습한 뒤 흥미로운 인물이나 사건을 인공지능을 이용해 세부 인과관계를 조사하도록 하고 역사신문 만들기 계획 설정을 돕는다.
[탐구 및 표현하기] 삼국 통일 과정을 정리해 스토리보드를 만들고 가상 인터뷰를 진행하여 정리하도록 한다.
[마무리 & 평가하기] 역사 신문을 온라인으로 발행하여 공유하고 자기 평가 및 상호 평가를 진행하며 마무리한다.

Tools : 생성형 AI + Edutech

뤼튼	wrtn	역사적 사건과 인물 조사 활동, 이야기 요약, 가상 인터뷰를 위한 질의 응답에 활용
패들렛	Padlet	조사 내용 및 모둠별 프로젝트 진행상황 공유, 역사신문 발표와 자기 및 상호평가에 활용
아이작	AiSAC	AiSAC
이디오그램	Ideogram	프로젝트 진행 중 필요한 이미지 생성에 활용
믹스오디오	MIxAudio	프로젝트 진행 중 필요한 배경음악 생성에 활용
마이헤리티지	Myheritage	가상 인터뷰 대상의 사진에 살아 움직이는 효과를 적용하여 실제 대상처럼 하는 데 활용
캔바	Canva	온라인 역사 신문 제작에 활용

대상	초등학교 5학년			
관련 교과	사회, 국어, 미술			
성취 기준	[6사04-02] 역사 기록이나 유적과 유물에 나타난 고대 사람들의 생각과 생활을 추론한다. [6국01-04] 면담의 절차를 이해하고 상대와 매체를 고려하여 면담한다. [6미02-02] 디지털 매체 등 다양한 표현 재료와 용구를 탐색하여 작품 제작에 활용할 수 있다.			
단계	차시	주요 학습 내용	관련 교과	활용 도구
준비하기	(수업전)	• 제시할 프로젝트 주제 결정하기 • 동기유발용 자료와 발문 마련하기		
주제 결정하기 & 활동 계획하기	1	[삼국의 통일 과정 학습하기] • 교과서를 읽고 삼국의 통일 과정 정리하기 • 생성형 인공지능 도구를 이용해 정리하기	사회	패들렛 뤼튼
탐구 및 표현하기 (1)	2~3	[삼국 통일 만화 스토리보드 만들기] • 삼국의 통일 과정 중 인상 깊은 장면 선택하기 • 인상 깊었던 장면을 역사적 순서에 따라 정리하기 • 생성형 인공지능 도구를 이용해 스토리보드 만들기	사회 미술	아이작 패들렛 뤼튼 칼로 믹스오디오
탐구 및 표현하기 (2)	4	[역사적 인물 가상 인터뷰 준비하기] • 삼국의 통일 과정에서 등장하는 역사적 인물 중 인터뷰하고 싶은 인물 선정하기 • 역사적 인물과 가상 인터뷰 준비하기	사회 국어	뤼튼 마이헤리티지
탐구 및 표현하기 (3)	5~6	[역사적 인물 가상 인터뷰 진행하기] • 생성형 인공지능 도구를 이용해 가상 인터뷰 진행하기 • 가상 인터뷰 내용 정리하기	사회 국어	뤼튼
마무리 & 평가하기	7~8	[역사 신문 발표하기] • 온라인 역사 신문 발행하기 • 지기 및 상호 평가하기 • 프로젝트 마무리하기	사회 국어 미술	패들렛 캔바

플레이! 생성형 AI 프로젝트 수업

모든 역사적 사건은 다양한 사건들이 서로 영향을 주고 받는 거대한 흐름 안에 있습니다. 삼국시대의 통일 과정을 살펴보면 신라의 삼국통일을 위한 노력만으로 이루어진 것이 아니라 주변국과의 다양한 상호작용 속에서 전혀 관계 없을 것 같은 사건들의 영향을 받으며 통일이 이루어졌음을 알 수 있습니다. 역사적 사건의 순서를 숙지하도록 하는 강의식 수업보다는 학생들이 역사신문을 만들면서 삼국통일과 관련된 사건과 인물들을 조사하고, 이를 바탕으로 기사, 인터뷰나 만화 등을 직접 구상하게 하면 역사적 사실을 더 깊이 있게 이해할 수 있습니다.

특히 생성형 인공지능 기술을 활용하면 과거의 먼 이야기로만 느껴졌던 역사적 사실과 인물을 실감나게 체험할 수 있습니다. 이렇게 생성형 인공지능 도구를 활용하면 학생들은 더욱 재미있고 의미 있게 역사 공부를 할 수 있도록 합니다.

출처: KBS (2024.08.16.). <첨단 기술로 되살아난 영웅들... AI로 완성한 대한독립만세>
https://youtu.be/YXJMzfd3uZc?si=NlIOO-Yya26CYL6N

1단계 교과서를 읽고 삼국의 통일 과정 정리하기

삼국 통일이 일어난 시기를 범위로 하여 역사 뉴스를 제작하도록 학생들을 안내합니다. 학생들은 스스로 사회 교과서의 해당 내용을 읽으며 삼국의 통일 과정을 학습하는데 이 과정에서 교과서의 내용뿐만 아니라 교과서에 제시된 역사적 사건이나 사실에 대한 자료를 수집하며 학습하도록 합니다.

이 과정은 학생들이 시간의 흐름에 따라 사건이 일어나는 과정을 파악하는 과정인데 특히 역사적 사실에 대한 인과관계를 파악하도록 강조합니다. 역사적 사실에 대한 단순 암기에 머무르지 않고 학생들이 스스로 역사 의식을 가지고 역사적 사고력을 발휘할 수 있도록 하며, 삼국의 통일 과정에서 일어난 여러 역사적 사건 및 인물 중심의 일화를 발견하는 기회를 갖도록 안내합니다.

학생들은 스스로 자료를 수집하고 해석하는 수준에 이미 이른 경우도 있지만 그러지 않은 경우도 있으니 수업 전에 사료 및 자료를 준비하여 어려움을 겪는 학생들이 학습을 진행시켜 나갈 수 있도록 발판을 제공해 주도록 합니다.

학습한 내용은 정리하여 패들렛으로 공유하도록 하고 이를 바탕으로 자신과 타인의 생각을 서로 비교하고 분석해 보도록 함으로써 학생들이 역사적 탐구 기능을 기를 수 있도록 합니다.

삼국의 통일 과정 정리하기

신라의 삼국통일 과
- 660년: 신라는 당의 지원을 받아 백제 멸망에 성공
- 661년: 신라와 당 연합군이 고구려 침공하여 평양성 점령
- 668년: 신라 김인문과 당 장수 유인궤가 고구려 본영 안시성 함락
- 670년: 신라-당 연합군이 고구려 북부 본영 평양성 점령
- 671년: 혜성 점령으로 고구려 멸망, 삼국통일 완성
- 676년: 신문왕이 당에 대한 독립 선언, 삼국통일의 주인공으로 등장

백제의 멸망
백제 멸망 과정
- 642년: 백제 세종이 죽고 문주왕이 즉위하며 국력 약화
- 660년 3월: 신라는 당나라와 연합군을 구성하여 백제 침공
- 660년 7월: 연합군의 공격으로 백제 수도 사비성 함락, 문주왕이 달아남
- 660년 9월: 백제 장수 검모잠이 요동에서 당나라군 격퇴하는 등 저항 시도
- 663년 2월: 검모잠이 전사하며 백제의 항전력 상실
- 668년: 백제 유민들이 복신의 난 일으키나 진압됨
- 이로써 백제 완전 멸망과 고구려·신라의 통일 전쟁 시작

고구려의 멸망
- 642년: 고구려 보장왕이 죽고 영류왕(유원경)이 즉위하며 국력 약화
- 661년: 나당 연합군이 고구려 침공, 평양성 점령
- 668년: 고구려 안시성(길림성) 함락, 영류왕이 달아남
- 669년: 고구려 장수 안승의 저항 시도 실패
- 670년: 신라와 당의 연합군이 고구려 북부 본영 평양을 점령
- 671년: 고구려의 마지막 본영 혜성이 함락되며 멸망
- 이후 고구려 유민들의 복신의 난 일어남

나당동맹 성립 과
나당동맹은 신라와 당나라가 백제와 고구려를 멸망시키기 위해 만든 군사 동맹입니다.
- 642년: 신라는 당에 사신을 보내 동맹을 제의하였으나 당시에는 이루어지지 않음
- 653년: 신라 김춘추가 다시 당에 파견되어 나당동맹 체결 논의
- 654년: 요동성 전투에서 고구려군이 당군에 대승을 거두며 동맹 무산
- 658년: 보장왕 사망으로 고구려가 혼란에 빠지자 신라가 다시 동맹 제의
- 660년: 마침내 신라 김유신과 당나라 수나라장군이 동맹 조인

패들렛: 삼국의 통일 과정 정리하여 공유하기

2단계 생성형 인공지능 도구를 이용해 정리하기

앞서 학생들이 서로의 학습 내용을 공유했다면 이제 챗GPT와 유사한 생성형 AI인 뤼튼wrtn을 이용하여 삼국의 통일 과정을 다시 한번 정리해 보도록 안내합니다.

역사 분야는 초·중·고에 걸쳐 동일 주제에 대해 서로 다른 수준과 깊이의 내용을 학습하도록 하고 있습니다. 따라서 뤼튼에 질문할 때 극히 일반적이고 포괄적인 성격의 질문을 던지면 너무 쉽거나 반대로 너무 어려운 수준의 답변을 얻을 수 있습니다. 요구하는 답변의 수준에 대한 조건을 지정하지 않았기 때문입니다. 그래서 프롬프트에 질문 혹은 요청사항을 입력할 때는 내가 원하는 답변의 수준 등의 조건을 상세하게 입력하는 것이 중요합니다. 예를 들어 "나는 초등학교 5학년 학생이야."라는 내용만 추가로 언급해 주어도 뤼튼은 읽는 이의 수준을 고려하여 알맞은 깊이와 표현으로 대답을 출력해 줄 것입니다. 물론 아주 일반적인 질문을 우선 한번 직접 던져보게 함으로써 포괄적인 질문은 효율적이지 않다는 사실을 학생들이 직접 체감해 보도록 해도 좋습니다.

나는 한국사를 공부하는 초등학교 5학년 학생이야. 신라가 삼국을 통일하는 과정을 알려줘.

🗨 답변

안녕! 한국사를 공부하는 건 정말 멋진 일이야. 신라가 삼국을 통일하는 과정에 대해 알려줄게.

우선, 삼국 통일이란 7세기 후반, 신라가 고구려와 백제, 그리고 후에 발해를 제외한 한반도 대부분을 통일한 역사적 사건을 말해. 이 과정은 복잡하고 여러 단계를 거쳤어.

1. **동맹의 시작**: 신라는 처음에는 고구려와 백제에 비해 상대적으로 약한 국가였어. 하지만 신라는 지혜롭게도 당시 강대국이었던 당(당나라)과 동맹을 맺었어. 이 동맹은 신라에게 군사적 지원을 받을 수 있는 기회를 제공했지.
2. **백제 정복**: 660년, 신라와 당나라 연합군은 백제를 공격해 결국 백제를 멸망시켰어. 이 전투에서 백제의 마지막 왕 의자왕은 포로가 되었고, 백제 영토는 신라와 당나라에 의해 나누어졌어.
3. **고구려 정복**: 백제를 멸망시킨 후, 신라와 당나라는 고구려를 정복하기 위해 힘을 합쳤어. 여러 차례의 전투 끝에 668년 고구려도 멸망했어. 하지만 고구려 정복 과정은 매우 힘들었고, 많은 시간과 노력이 필요했어.
4. **당나라와의 갈등과 신라의 독립**: 고구려와 백제를 정복한 후, 신라와 당나라 사이에는 한반도 지배권을 둘러싼 갈등이 생겼어. 신라는 당나라에 대항하여 독립적인 행동을 취하기 시작했고, 결국 676년에 당나라 군대를 한반도에서 몰아내는 데 성공했어. 이로써 신라는 한반도의 대부분을 자신의 영토로 통합하는 데 성공했지.

이렇게 신라는 약 1000년간 지속된 삼국 시대를 마감하고, 한반도의 통일을 이뤘어. 물론 이 과정에서 많은 전투와 변화가 있었지만, 신라는 다양한 전략과 동맹을 통해 한반도의 통일을 달성할 수 있었어.

신라의 삼국 통일 과정에 대해 더 궁금한 점이 있거나, 다른 역사적 사건에 대해 알고 싶으면 언제든지 물어봐!

뤼튼: 삼국의 통일 과정에 대해 물어보기

이 과정에서 학생들이 뤼튼에게 여러 가지 추가 질문을 더해 보도록 안내합니다. 앞선 1단계에서 진행했던 자료조사보다 빠르고 손쉽게 결과물을 얻을 수 있다는 것을 우선 경험할 것입니다. 또한 앞서 학생들이 스스로 조사했던 내용, 즉 삼국의 통일 과정 속에서 일어난 여러 역사적 사건 및 인물 관련 일화를 뤼튼에게 질문해 보게 하고 내가 조사한 내용과 뤼튼의 답을 비교해 보도록 합니다. 뤼튼이 알려준 내용이 때로는 잘못된 것이기도 하고, 최신의 내용에 대해서는 언급하지 못할 수 있다는 점 등을 파악하게 될 것입니다. 이 과정을 통해 학생들은 뤼튼이 제공하는 답변을 신중하게 검토하는 과정을 경험하게 됩니다.

1단계 　삼국의 통일 과정 중 인상 깊은 장면 선택하기

역사 신문 안에는 보도, 사설, 인터뷰, 만화, 퀴즈 등 여러 형태의 기사가 들어갈 수 있습니다. 이 가운데 요즘 학생들이 쉽게 접하고 만들 수 있는 만화 형식을 선택하여 역사적 사실을 재구성해 보도록 합니다.

이번 차시에서는 신라의 삼국 통일 과정 중 주요 사건을 만화 형식으로 만드는 활동을 진행합니다. 신문에 들어가는 만화는 재미도 중요하지만 사건의 순서 등 역사적 정보를 전달하는 것도 중요합니다. 따라서 우선 어떤 정보를 담을 것인지 중요한 역사적 사건을 선택하고 그에 대한 핵심 내용을 정리해야 합니다.

학생마다 사건을 바라보는 관점과 시선이 다르기 때문에 선택하는 장면이 각기 다를 수 있습니다. 삼국 통일 과정의 흐름에 벗어나지 않는다면 학생들의 다양한 선택을 허용하되 왜 그런 선택을 했는지 말할 수 있도록 지도합니다. 이 활동에서부터 모둠 활동이 이루어지도록 합니다.

각 모둠에서 핵심 사건 또는 인상 깊은 장면을 선택하면서 모둠원들이 서로 의견을 나누고 결정하는 과정을 통해 비판적 사고력, 창의적 사고력, 의사 결정력을 신장하는 기회를 충분히 가지도록 안내합니다. 모둠별 의견의 결정되었다면 이를 패들렛에 작성하도록 하고 다른 모둠과 우리 모둠의 의견을 비교해 보는 과정을 거쳐 최종 의견을 수정 및 확정할 수 있게 합니다. 이 결정이 각 장면의 주요 인물을 가상 인터뷰하는 이후의 활동으로 이어진다는 점을 고려하여서 장면을 최종 선정하도록 안내합니다.

2단계 역사적 순서에 따라 정리하기

각 사건을 순서에 따라 뉴스로 소개하기 위해, 모둠별로 선정한 장면을 역사적 순서에 따라 몇 단계로 나열하도록 합니다. 이 과정에서 각 사건에 대해 자세히 조사하는 시간을 가지도록 안내합니다.

각 사건이 일어난 시기와 주요 인물들의 행적 그리고 이 사건으로 인해 일어난 다음 사건들과 그 영향 등을 파악하도록 합니다. 이 과정에서 다양한 자료와 검색을 통해 학생 스스로 정보를 조사해 보도록 한 뒤, 뤼튼을 이용하여 알아낸 결과와 비교해 보게 합니다. 뤼튼에게 질문할 때 "자세하게 설명해 줘." 등의 조건을 명시하고 각 사건에 대해 알고 싶은 항목을 구체적으로 질문하도록 지도합니다.

3단계 삼국 통일 만화 스토리보드 만들기

뤼튼을 이용하면 주요 장면을 선정하는 것부터 스토리보드에 담을 내용까지 모두 대답을 얻을 수 있습니다. 하지만 처음부터 생성형 인공지능을 사용하여 활동을 진행하면 학생이 스스로 생각하고 활동할 학습 기회가 사라지기 때문에 교사의 적절한 지도가 필요한 상황입니다. 뤼튼에게 스토리보드를 작성해 줄 것을 요구한 뒤 그 내용을 모둠원들이 함께 읽으며 검토해 보도록 안내합니다. 이 과정을 거쳐 스토리보드를 수정하고 확정하도록 합니다.

신라가 삼국통일 하는 과정을 만화로 그리고 싶어. 중요한 사건을 선택하고 이를 만화로 그리기 위한 스토리 보드까지 작성해줘

🪨 답변

신라의 삼국 통일 과정을 만화로 그리는 것은 역사와 이야기를 혼합해 매력적인 방식으로 전달할 수 있는 멋진 프로젝트가 될 것입니다. 중요한 사건들을 선택하고 간략한 스토리 보드 아이디어를 제시하겠습니다.

1. 황산벌 전투 (660년)

- **장면 1:** 신라 군대와 백제 군대가 황산벌에서 마주하며 대치하는 모습.
- **장면 2:** 신라의 장군 김유신이 군대를 격려하는 장면.
- **장면 3:** 전투가 시작되고 양측이 치열하게 싸우는 모습.
- **장면 4:** 결국 신라와 당나라 연합군이 승리하는 모습과 백제가 멸망하는 장면.

2. 안시성 전투 (645년)

- **장면 1:** 당나라의 대군이 안시성을 포위하며 공격 준비를 하는 모습.
- **장면 2:** 고구려의 장군 양만춘의 결연한 표정과 함께 성을 지키기 위한 준비.
- **장면 3:** 안시성을 둘러싼 치열한 전투와 고구려 군의 용맹한 방어.
- **장면 4:** 당나라 군이 물러나고 고구려의 승리로 끝나며 양만춘의 영웅적 모습을 강조.

3. 평양성 함락 (668년)

- **장면 1:** 신라와 당나라 연합군이 평양성을 포위하는 모습.
- **장면 2:** 고구려와 연합군 사이의 치열한 전투.
- **장면 3:** 평양성이 불타오르는 장면과 함께 고구려의 마지막 왕 보장왕의 슬픔과 절망.
- **장면 4:** 신라와 당나라 연합군의 승리와 삼국 통일을 향한 신라의 야망을 나타내는 모습.

4. 신라의 당나라와의 관계 변화

- **장면 1:** 신라와 당나라 관계의 긴장이 시작되는 모습.
- **장면 2:** 신라가 당나라의 영향력에서 벗어나려는 계획을 세우는 김유신과 다른 지도자들의 모임.
- **장면 3:** 신라가 독자적으로 후백제와 후고구려를 제압하는 모습.
- **장면 4:** 새롭게 통일된 신라의 모습과 평화롭고 번영하는 국가의 이미지로 마무리.

뤼튼: 스토리보드 초안 받기

스토리보드의 텍스트를 확정했다면 이제 이것을 그림으로 표현해 볼 차례입니다. 그림 그리기에 능숙하거나 기능이 뛰어난 학생들은 직접 그릴 수도 있지만 한국방송광고진흥공사(KOBACO, 코바코)에서 운영하는 생성형 인공지능 아이작 AiSAC을 활용해 그림이 들어간 스토리보드를 쉽고 멋지게 완성할 수 있습니다.

① 아이작 접속하여 가입 및 로그인한다. https://
aisac.kobaco.co.kr

② 상단 [스토리보드 제작] > 좌측 [생성 이미지] >
[기본형] > 프롬프트 입력 반에 이미지 설명 입력
후 엔터 키 누름.

③ 하단에 생성된 몇 개의 이미지 가운데 하나를
클릭하여 선택 > 우측으로 이동한 이미지 하단
[Video]에 장면설명 문구 입력, [Audio]에 인물의
대사나 분위기에 맞는 음악 입력

④ 이미지 좌상단 혹은 우상단 [+]를 눌러 원하는 만
큼 장면 개수 추가

아이작: 이미지 생성 프롬프트 입력하기

만약 원하는 그림이 생성되지 않거나 추가하고 싶은 이미지 또는 소스가 있다
면 [캐릭터] 메뉴를 이용해 직접 캐릭터를 만들거나 [오픈소스]에서 검색한 뒤
선택할 수 있고 [업로드] 메뉴를 통해 내가 가지고 있는 이미지를 업로드하거나
[그리기]로 직접 그려 입력할 수 있습니다. 이때 저작권에 주의하도록 합니다.

스토리보드 작성이 완료 되었으면 화면 우측 상단의 [저장]을 클릭하여 스토
리보드를 지장합니다. 이때 [나만 보기]를 체크한 뒤, [저장하고 메인화면으로]를
클릭합니다. 이후에는 상단 메뉴 [스토리보드 제작] 〉[마이 스토리보드]로 이동
하면 방금 작성한 스토리보드를 확인할 수 있습니다.

작성한 스토리보드를 클릭하면 스토리보드를 컷 순서대로 볼 수 있습니다. 그
리고 [다운로드]를 클릭하여 파일 형태로 다운로드 할 수 있습니다. 확인하는 과

정에서 수정을 하고 싶다면 [편집]을 클릭하여 다시 스토리보드 편집으로 돌아갈 수 있습니다.

아이작: 스토리보드 상세 보기

만약 아이작AI에서 제공하는 메뉴에서 원하는 그림을 얻을 수 없다면 외부 생성형 인공지능의 도움을 받을 수 있습니다. 이미지를 생성하는 여러 생성형 인공지능 중에서 이디오그램(Ideogram, https://ideogram.ai)을 이용하면 전문적인 이미지 생성이 가능합니다사용법 178p. 의도한 이미지를 정확하게 얻기 위해서는 영문 프롬프트 입력을 추천하지만 한글 프롬프트 입력도 지원하니 손쉽게 이미지를 생성할 수 있습니다. 2025년 1월 기준으로 이미지 생성에 대해 하루 10크레딧이 제공됩니다. 하나의 프롬프트에 2크레딧이 사용되고 4개의 이미지를 생성합니다. 하루 20장의 이미지 생성이 가능하므로 학생들은 이를 활용해 프로젝트에 필요한 그림을 생성할 수 있습니다.

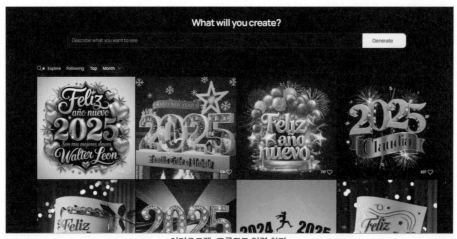

이디오그램: 프롬프트 입력 화면

1단계 가상 인터뷰 하고 싶은 인물 선정하기

지금까지 삼국의 통일 과정을 학습하면서 인상 깊었던 인물을 학생들 각자 개인별로 한 명씩 선정하도록 합니다. 필요하다면 추가 조사도 진행하게 합니다. 생성형 인공지능을 활용하면 역사적 인물 가상 인터뷰를 손쉽게 개별활동으로 진행할 수 있습니다. 몇 학생이 동일한 인물을 선택하더라도 각자가 어떤 질문을 하는지에 따라 인터뷰 결과물이 달라지기 때문에 결과물 공유 활동을 재미있게 신행할 수 있습니다.

가상 인터뷰 대상을 선정했다면 실감 나는 인터뷰 진행을 위해 생성형 인공지능 기술을 이용하여 가상 인터뷰용 캐릭터를 만들어 보도록 합니다. 이를 위해 우선 검색을 통해 선정한 인물의 초상화 등의 이미지를 찾고 다운로드하도록 안내합니다.

126

구글: 기본 이미지 검색하기

생성형 AI를 이용해 사진 등의 이미지에 움직임을 부여할 수 있습니다. 마이헤리티지Myheritage의 딥노스탤지아 기능을 이용합니다. 이때 정면을 바라보고 얼굴의 눈, 코, 입이 명확하게 드러나는 사진이나 이미지를 사용하면 더욱 효과적입니다.

① 마이헤리티지 접속하여 가입 및 로그인한다. https://www.myheritage.co.kr/deep-nostalgia

② 사진을 업로드한다.

③ 얼굴 등을 분석, 인식한 AI가 인물의 눈코입 등 얼굴이 움직이는 동영상을 만들어 준다.

④ [Download video]를 눌러 동영상을 내려받는다.

마이헤리티지: 얼굴이 움직이는 동영상 생성 완료

2단계 가상 인터뷰 준비하기

사회 교과 학습을 위해 역사적 인물을 인터뷰를 진행한다면, 인터뷰 활동은 국어 교과와 연관되어 있는 활동입니다. 인터뷰 과정은 6학년 국어 교과에 등장하는 내용이므로 5학년 학생들이라면 다소 생소하거나 어렵다고 느낄 수도 있습니다. 따라서 교사는 학생들에게 인터뷰 과정과 목적, 방법에 대해 직접 지도할 수도 있지만 학생들이 스스로 인터뷰에 대해 학습하도록 안내하는 것도 좋습니다. 이 과정에서 뤼튼을 활용하여 학생들이 인터뷰의 의미, 절차를 파악하고 인터뷰 계획을 수립하도록 할 수 있습니다.

인터뷰 절차를 알고 싶어.

🐢 **답변**

인터뷰 절차는 일반적으로 다음과 같은 단계로 진행됩니다:

1. **목적 설정**: 인터뷰의 목적과 주제를 명확히 합니다. 어떤 정보를 얻고자 하는지 정리합니다.
2. **대상 선정**: 인터뷰할 대상을 결정합니다. 이 경우에는 김유신 장군과 같은 역사적 인물의 역할을 맡을 수 있습니다.
3. **질문 준비**: 인터뷰에서 사용할 질문을 미리 준비합니다. 질문은 명확하고 구체적이어야 하며, 대화의 흐름에 따라 추가 질문을 고려할 수 있습니다.
4. **인터뷰 진행**: 인터뷰를 시작합니다. 질문을 하고, 답변을 듣고, 필요 시 추가 질문을 통해 대화를 이어갑니다.
5. **기록**: 인터뷰 내용을 기록합니다. 이는 나중에 분석하거나 요약하는 데 도움이 됩니다.
6. **마무리**: 인터뷰가 끝난 후 감사의 인사를 전하고, 필요한 경우 후속 연락을 약속합니다.
7. **분석 및 정리**: 인터뷰 내용을 분석하고, 필요한 정보를 정리하여 보고서나 결과물로 작성합니다.

이러한 절차를 따르면 효과적인 인터뷰를 진행할 수 있습니다. 추가적인 질문이나 세부 사항이 필요하시면 말씀해 주세요!

🗌   💬 원하는 답변이 아닌가요?   🔖 저장하기

나는 역사인물을 인터뷰하고 싶은 초등학교 5학년 학생이야. 인터뷰를 진행할 수 있을까?

🐢 **답변**

물론입니다! 역사 인물을 인터뷰하는 것은 매우 재미있고 유익한 경험이 될 것입니다. 제가 김유신 장군 역할을 맡아 여러분의 질문에 답변할 수 있습니다. 어떤 질문이든 마음껏 해보세요!

뤼튼: 인터뷰의 절차 등에 대해 묻기

인터뷰 절차에 대해 파악했다면 이제 인터뷰 대상에게 물어볼 질문을 만들어 보도록 합니다. 질문을 하기 위해서는 그 인물에 대한 충분한 이해가 선행되어야 합니다. 따라서 앞선 인물 선정 활동에서 학생들의 조사 활동이 충분히 이루어졌 어야 합니다. 그렇다면 학생들은 뤼튼이 만들어 준 질문의 초안과, 자신이 스스로 만든 질문을 비교하면서 실제 인터뷰에서 던질 질문을 최종적으로 골라 인터뷰 준비를 마무리할 수 있습니다.

> 신라시대 김유신 장군과 인터뷰를 하고 싶어. 김유신 장군에게 물어볼 수 있는 질문 5개만 골라줘.
>
> 🌀 **답변**
>
> 김유신 장군과의 인터뷰에서 물어볼 수 있는 질문 5가지를 아래와 같이 제안합니다:
>
> 1. 장군님, 신라에서 군사로서 가장 중요한 가치나 원칙은 무엇이었나요?
> 2. 황산벌 전투에서의 경험이 장군님에게 어떤 교훈을 주었나요?
> 3. 당나라와의 나당동맹을 맺을 때 어떤 고민이 있었나요?
> 4. 신라의 통일을 위해 가장 힘들었던 순간은 언제였나요?
> 5. 후대 사람들에게 남기고 싶은 메시지가 있다면 무엇인가요?
>
> 이 질문들은 김유신 장군의 생각과 경험을 깊이 있게 이해하는 데 도움이 될 것입니다. 인터뷰를 진행해 보세요!

뤼튼: 인터뷰 질문 초안 받기

탐구 및 표현하기 (3)　6차시　역사적 인물 가상 인터뷰 진행하기

앞선 4~5차시 활동을 통해 계획했던 가상 인터뷰를 진행해 봅니다. 가상 인터뷰는 뤼튼으로 진행합니다. 우선 뤼튼에게 가상 인터뷰 대상의 역할을 해 줄 것을 요청합니다.

> 신라 김유신 장군과 인터뷰를 하고 싶어. 김유신 장군 역할을 해 줄 수 있니?
>
> **답변**
>
> 물론입니다. 김유신 장군의 역할로 인터뷰에 응하겠습니다. 궁금하신 점을 마음껏 물어보세요.

뤼튼: AI에게 인터뷰 대상 역할을 요청하기

뤼튼과 서면 형태의 인터뷰를 진행할 수도 있지만 조금 더 실감나는 인터뷰를 위해, 4차시에 제작했던 김유신 장군의 움직이는 초상화를 화면에 재생한 뒤 2인 1조가 되어 한 명은 인터뷰 대상이 되고, 다른 한 명은 인터뷰어를 맡아 역할놀이처럼 가상 인터뷰를 진행하면 학생들의 상호작용이 더욱 풍성해집니다.

예를 들어 첫 번째 질문이 "황산벌 전투에서 가장 힘들었던 점은 무엇인가요?"

라면 이 질문을 인터뷰어 역할을 맡은 학생이 말하고, 다른 학생은 이 질문을 바로 뤼튼에 입력한 뒤 뤼튼이 출력한 결과 문장을 읽으며 김유신 장군처럼 대답하는 것입니다.

첫번째 질문입니다. 장군님! 황산벌 전투에서 가장 힘들었던 점은 무엇이었나요?

🐘 **답변**

황산벌 전투는 저희 신라와 백제 사이의 크나큰 격돌이었습니다. 그 전투에서 가장 힘들었던 점은, 무엇보다도 적의 수와 전력을 정확히 예측하기 어려웠다는 것입니다. 백제의 군대는 예상보다 훨씬 강력했고, 그들의 전술 또한 매우 치밀했습니다.

하지만 가장 큰 어려움은 아마도 군사적인 면보다는 정신적인 면에서 왔을 것입니다. 우리 군대와 백제 군대 사이의 격차는 단순히 숫자의 문제가 아니었습니다. 우리는 신라의 미래와 우리 민족의 운명이 이 전투에 달려 있다는 것을 알고 있었습니다. 이러한 중압감 속에서 병사들의 사기를 높이고 그들을 하나로 결속시키는 것이 저에게 주어진 가장 큰 과제였습니다.

전투가 진행되는 동안, 저는 끊임없이 전장을 누비며 병사들과 함께 했습니다. 그들에게 용기를 북돋우고, 신라의 미래를 위해 싸우고 있다는 사실을 상기시켰습니다. 그리고 가장 중요한 것은, 저희가 단지 신라의 군대가 아니라, 하나의 신라, 하나의 목표를 향해 나아가는 단결된 힘이라는 것을 인식시키는 것이었습니다.

결국, 그 어려움을 극복하고 승리를 거둘 수 있었던 것은 병사들의 용기와 희생, 그리고 무엇보다도 우리 모두가 하나의 목표를 향해 끊임없이 나아간 끈기 덕분이었습니다. 황산벌 전투는 신라의 역사뿐만 아니라, 저의 군사 경력에서도 가장 기억에 남는 전투 중 하나로 남아 있습니다.

김유신 장군님, 꼭 당나라와 나당동맹을 맺어야 했나요? 신라 혼자서는 통일을 이루기 어려웠나요?

🐘 **답변**

김유신 장군으로서 당시의 상황을 설명드리자면, 신라가 당나라와 나당동맹을 맺은 것은 여러 전략적 이유에서 비롯되었습니다. 그 당시 우리 신라는 백제와 고구려를 상대로 삼국 통일을 이루기 위한 매우 어려운 상황에 처해 있었습니다. 각각의 국가는 강력한 군사력을 보유하고 있었고, 특히 고구려는 방대한 영토와 함께 견고한 요새를 가지고 있어 신라 혼자서 그들을 정복하기에는 상당한 어려움이 있었습니다.

당나라와의 동맹은 여러 모로 신라에 유리한 조건을 제공했습니다. 당나라는 당시 가장 강력한 국가 중 하나로, 막대한 군사력을 보유하고 있었습니다. 나당동맹을 통해 신라는 당나라의 군사력을 빌려 백제와 고구려를 상대로 유리한 위치를 선점할 수 있었습니다. 또한, 당나라와의 동맹은 신라 내부의 안정과 발전에도 긍정적인 영향을 미쳤습니다. 당나라로부터 문화, 기술, 제도 등 다양한 면에서 선진적인 영향을 받아 신라의 국력 강화에 기여했습니다.

하지만 이러한 동맹은 신라에게만 유리한 것은 아니었습니다. 당나라 역시 동아시아 지역에서의 영향력 확대를 원했고, 신라와의 동맹을 통해 고구려를 견제하고 결국은 멸망시키는 데 성공했습니다.

결론적으로, 신라 혼자서 삼국 통일을 이루기에는 여러 가지 어려움이 있었습니다. 당나라와의 나당동맹은 당시의 정세와 신라의 국력을 고려할 때 가장 효과적인 선택이었습니다. 그러나 이후 나당전쟁을 통해 신라가 당나라와의 동맹을 깨고 진정한 삼국 통일을 완성한 것은, 신라의 외교적인 기술과 국력의 증진을 보여주는 사례라 할 수 있습니다.

뤼튼: 가상 인터뷰 질문 주고받기

1단계　역사 신문 만들기

앞선 차시들을 통해 두 가지 형태의 기사를 만들어 보았습니다. 2~3차시 활동에서는 삼국 통일의 과정을 시간의 순서대로 정리한 만화를 제작했고, 4~6차시 활동에서는 역사적 인물과 가상 인터뷰를 진행했습니다. 이 기사들을 모둠별로 모아 캔바Canva로 온라인 신문을 만듭니다. 그런 뒤 이를 패들렛Padlet에 게시하여 모둠별 역사 신문을 서로 공유하며 읽어 보도록 합니다.

　캔바에서 '신문'으로 디자인 검색을 하면 다양한 신문 템플릿을 이용할 수 있습니다. 모둠원들과 의견을 나누며 한 가지 템플릿을 선택한 뒤 지금까지 활동을 통해 만든 기사들을 개인별로 몇 페이지로 만들어 하나의 신문으로 완성해 봅니다. 기본 템플릿에 없는 다른 디자인이나 이미지를 적용하고 싶다면 [요소] 〉 [업로드 항목] 또는 [그리기]를 통해 원하는 이미지를 추가할 수 있습니다.

캔바: 온라인 역사 신문의 면 구성하기

온라인 신문이니 지면 신문과 달리 음악이나 동영상도 간편하게 추가하여 풍성하고 다채로운 신문을 만들어 보도록 안내합니다. 캔바에서 제공하는 오디오를 선택해 사용해도 좋고, 이 또한 생성형 AI로 배경음악을 생성하여 각 페이지마다에 어울리는 음악을 쉽게 만들어 넣을 수도 있습니다. 믹스오디오Mixaudio를 이용해 봅니다.

믹스오디오는 프롬프트로 특징이나 분위기를 입력하면 알맞게 음악을 생성해 줄 뿐만 아니라, 배경음악이 필요한 이미지를 업로드하거나, 원하는 음악과 비슷한 분위기의 음악을 샘플로 제시해도 새로운 음악을 받을 수 있어서 편리하고 다양하게 활용할 수 있습니다.

① 믹스오디오에 접속하여 가입 및 로그인 https://mix.audio/home

② 방식 선택: 프롬프트 입력, 배경음악을 원하는 이미지 업로드, 샘플 음악 업로드

③ 세부 특징 입력 및 선택 후 [생성하기] 선택

④ [다운로드] 또는 [공유] > [링크 복사] 하여, 패들렛에 게시

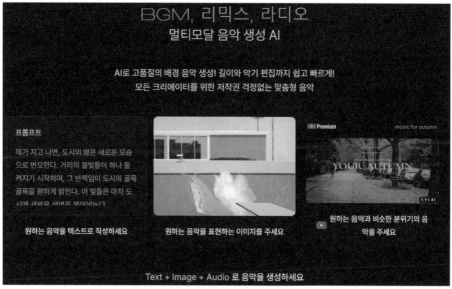
믹스오디오: 설명 추가 및 특징 선택

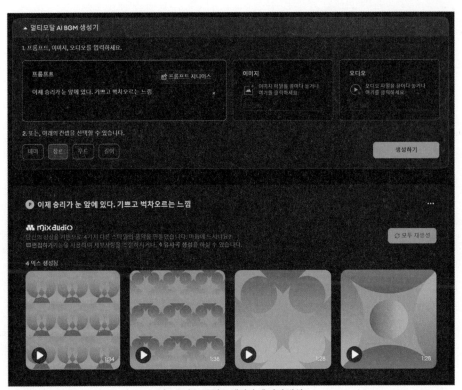

믹스오디오: 오디오 생성의 세 가지 방식

2단계 자기 평가 및 상호 평가 하기

앞서 완성한 역사 신문을 패들렛에 모아 봅니다. 패들렛을 이용해 모둠별 역사 신문을 간단히 전시 및 공유하고, 서로의 게시물을 열어 보면서 댓글, 별점, 좋아요 등의 패들렛 상호작용 기능을 활용하며 자기 평가, 상호 평가를 진행합니다. 좋고 나쁘다는 간단한 감정 표현보다는 어떤 점이 탁월해 보이고 어떤 점이 아쉬워 보완했으면 좋겠다는 생각이 들었는지 등 생각을 구체적으로 공유하고 피드백하면서 모둠별 작품을 수정 및 보완하는 과정을 밟도록 합니다.

앞의 2단계에서 진행한 자기 평가 및 상호 평가의 피드백에 대한 나의 생각과 소감을 말하는 시간을 갖습니다. 프로젝트 전체 과정이 대부분 온라인 활동으로 진행되었기 때문에 자칫 오프라인에서의 학생들 간의 소통이 부족할 수 있습니다. 학생 모두가 프로젝트를 마무리하며 느낀 소감, 특히 좋았던 점과 아쉬웠던 점을 이야기하고, 다음 프로젝트에서는 어떤 식으로 진행할지, 이번 프로젝트를 더 발전시키기 위해서는 무엇을 하면 좋을지에 대해 고민하고 대화하는 시간을 가질 필요가 있습니다.

이때 교사는 학생들의 부족한 점이나 보완할 점보다는 잘했던 점, 긍정적인 점을 위주로 피드백하여 다음 프로젝트를 진행에 대한 학생들의 동기 수준을 높이는 것이 좋습니다. 나아가 이런 내용을 발표하도록 한 뒤에는 짧게라도 글로 남기도록 하면, 학생들이 추후 다른 프로젝트를 진행할 때 실제 참고 자료로 활용하도록 할 수 있어 큰 도움이 될 것입니다.

수업 운영의 Tip

Tip 1. 생성형 인공지능 사용 전, 학생 스스로 조사 활동 및 학습 정리을 하도록 합니다.

텍스트 생성형 인공지능을 활용하면 질문에 대한 대답을 손쉽게 얻을 수 있습니다. 우리가 묻는 내용에 대해 검색을 하고 이를 우리가 원하는 형태의 결과물로 출력합니다. 질문만 잘 입력한다면 특별한 사고 과정이나 활동 없이 원하는 답을 얻을 수 있습니다.

이를 학생들이 학습 전에 사용한다면, 모든 학습 활동을 쉽게 질문을 통해서 진행하려 할 것입니다. 예를 들어 삼국 통일의 과정을 파악할 때에는 교과서를 읽고 스스로 생각하며 요약하고, 사건의 전후 관계를 따지는 등의 다양한 사고 과정을 거쳐야 하는데, 생성형 인공지능을 먼저 사용하면 이 과정 없이 정답만 바로 얻게 됩니다. 이는 학습을 했다고 보기는 어려운 상황일 것입니다.

학생 스스로 학습하는 과정을 통해 얻은 답과 생성형 인공지능이 제공해 준 답을 비교하며 스스로 피드백하는 도구로 사용하거나, 학생 스스로 수행하기 어려운 활동을 할 때 학습을 보조해 주는 용도로 사용하는 것이 바람직합니다.

Tip 2. 이미지 생성형 인공지능의 윤리적 문제를 지도해 주세요.

이미지 생성형 인공지능은 기존의 없는 이미지를 생성하거나 기존 이미지를 편집할 수 있습니다. 초·중·고 학생들에게 윤리적으로 문제가 될 수 있는 이미지를 만든다거나, 딥페이크와 같이 기존 이미지를 교묘하게 편집하여 타인의 초상권 및 인권을 침해하는 용도로 사용하는 경우가 발생할 수 있는데 이는 매우 위험한 일입니다.

마이헤리티지^{Myheritage} 서비스와 유사한 기능을 하는 생성형 인공지능 서비스가 늘고 있습니다. 장난으로 학생들이 서로의 얼굴을 촬영하거나 사진을 이용하여 딥페이크 또는 우스꽝스러운 이미지를 생성하지 않도록 지도합니다.

Tip 3. 개인 정보 공유에 주의하도록 합니다.

프로젝트에 사용된 생성형 인공지능 가운데는 나의 정보나 이미지를 업로드 하는 기능이 다수 포함되어 있습니다. 특히 마이헤리티지^{Myheritage}나 믹스오디오^{Mixaudio} 같은 서비스는 사진을 업로드하는데 이때 지나치게 개인의 사생활이나 개인정보가 담긴 것을 업로드하지 않도록 지도합니다. 뤼튼^{wrtn}과 같은 텍스트 생성형 인공지능에 프롬프트 형태로 질문을 할 때도 개인정보를 포함하는 질문은 하지 않도록 강조합니다. 특히 실제 이름, 주소, 전화번호 등 민감한 개인정보를 절대 인공지능에게 제공하지 않도록 합니다.

과목명 | 국어, 실과    **대상 학년** | 6학년

프로젝트 5
올바른 우리말 사례집 만들기

관련 성취 기준

[6국01-05] 자료를 선별하여 핵심 정보를 중심으로 내용을 구성하고 매체를 활용하여 발표한다.
[6국04-06] 글과 담화에 쓰인 단어 및 문장, 띄어쓰기를 민감하게 살펴 바르게 고치는 태도를 지닌다.
[6실04-02] 생활 속 디지털 기술의 중요성을 이해하고, 디지털 기기와 디지털 콘텐츠 저작 도구를 사용하여 발표 자료를 만들어 보면서 디지털 기기의 활용 능력을 기른다.

프로젝트 개요

[준비하기] 일상 대화에서 신조어, 비속어, 줄임말로 인한 소통 문제를 경험하는 점을 고려해 '올바른 우리말 사례집 만들기'를 주제로 선정하고, 동기유발용 영상을 활용해 문제 상황을 제시한다.
[주제 결정하기] 우리말 사용 실태에 대한 키워드를 분석하고, 모둠별로 토론을 통해 세부 프로젝트 주제를 구체화한다.
[활동 계획하기] 학생들이 역할 분담과 자료 수집 계획을 세운 뒤 설문조사를 진행하고 자료를 시각화한다.
[탐구 및 표현하기] 조사 내용을 분석하고, 글을 작성한 뒤 서로 공유하고 의견을 나눈다.
[마무리 및 평가하기] 올바른 우리말 사례집을 다양한 형태로 제작한 뒤 발표 및 공유하고 자기 평가와 상호 평가를 진행한다.

프로젝트 목적 & 목표

인공지능을 활용한 비판적 사고 능력 함양 및 생성형 인공지능 활용 능력 함양
· 에듀테크/생성형 인공지능 도구를 활용해 우리말 사용 실태를 조사하고, 조사 결과를 정리한다.
· 생성형 인공지능 도구를 사용하여 올바른 우리말 사용을 주제로 글을 쓰고, 발표한다.
· 에듀테크/생성형 인공지능 도구를 사용하여 올바른 우리말 사례집을 제작한다.

Tools : 생성형 AI + Edutech

뤼튼	wrtn	우리말 사용 실태 조사 계획 수립 및 주제 글쓰기에 활용
그래피	Graphy	우리말 사용 실태 조사 결과를 도표로 나타내는 데 활용
딥엘	DeepL	그래피 결과물을 한글로 번역하는 데 활용
패들렛	Padlet	주제 글쓰기 결과를 공유, 우리말 사례집 공유와 자기 평가 및 상호 평가에 활용
겟GPT	GetGPT	챗봇 형태로 올바른 우리말 사례집 만들기에 활용
투닝	Tooning	웹툰 형태로 올바른 우리말 사례집 만들기에 활용
타입캐스트	Typecast	동영상 형태로 올바른 우리말 사례집 만들기에 활용
캔바	Canva	전자책 형태로 올바른 우리말 사례집 만들기에 활용

로그인! 생성형 AI 프로젝트 수업

대상	초등학교 6학년
관련 교과	국어, 실과
성취 기준	[6국01-05] 매체 자료를 활용하여 내용을 효과적으로 발표한다. [6국04-06] 일상생활에서 국어를 바르게 사용하는 태도를 지닌다. [6실04-02] 생활 속 디지털 기술의 중요성을 이해하고, 디지털 기기와 디지털 콘텐츠 저작 도구를 사용하여 발표 자료를 만들어 보면서 디지털 기기의 활용 능력을 기른다.

단계	차시	주요 학습 내용	관련 교과	활용 도구
준비하기	(수업 전)	• 제시할 프로젝트 주제 결정하기 • 동기유발용 자료와 발문 마련하기		
주제 결정 & 활동 계획하기	1~2	[우리말 사용 실태 알아보기] • 우리말 사용 실태 살펴보기(뉴스 등 영상자료 제시) • 우리말 사용 실태 조사 계획 세우기 • 계획에 따라 자료 조사하기 • 조사 결과를 도표로 나타내고, 이야기 나누기	국어	뤼튼 구글 폼 네이버 폼 네이버지도 그래피 딥엘
탐구 및 표현하기	3~4	[올바른 우리말 사용을 주제로 글쓰기] • 글쓰기 목적에 따라 글의 개요 작성하기 • 실태 조사를 바탕으로 하여 올바른 우리말 사용을 주제로 글쓰기 • 공유하기	국어	뤼튼 패들렛
마무리하기	5~6	[다양한 방법으로 올바른 우리말 사례집 만들기] • 올바른 우리말 사례집 구상하기 • 올바른 우리말 사례집 만들기	국어, 실과	캔바 투닝 뤼튼 스튜디오 겟GPT 타입캐스트
평가하기	7	[올바른 우리말 사례집 발표하기] • 올바른 우리말 사례집 소개하기 • 프로젝트 마무리하기	국어	패들렛

플레이! 생성형 AI 프로젝트 수업

준비하기	수업 전	프로젝트 주제 및 자료 마련하기

일상 대화에서 신조어, 비속어, 줄임말 등을 자주 사용하면 친구나 가족과의 대화가 어색해질 수 있고 외국어를 무분별하게 사용하면 전달하려는 의미를 정확히 전달하지 못하는 상황이 벌어질 수 있습니다. 이러한 우리말 사용의 문제점은 학생들이 일상과 아주 밀접한 주제이기 때문에 공감을 불러일으키고, 문제 해결에 대한 흥미와 참여를 높일 수 있습니다. 학생들이 직접 문제 상황을 조사하고, 개선 방안을 탐색하고 직접 실천해 보는 과정을 통해 문제 해결 능력을 키울 수 있습니다.

동기유발 자료로 뉴스 방송 영상을 제시하여 외국어 등의 사용 남발로 인해 소통의 어려움이 벌어지고 이것이 사회적 문제이기도 하다는 점에 대한 문제의식을 환기시키면 좋습니다. 영상은 프로젝트의 방향성을 설정해 주고 학생들로 하여금 실생활과 연관된 주제임을 강조하여 프로젝트에 대한 몰입도를 높여 줄 수 있습니다.

출처: KBS(2024.10.09.). <'스트림 4IR'은 무슨 말?…공공기관 외국어 남용 심각>
https://www.youtube.com/watch?v=kpj5AX6ZbkU

1단계 우리말 사용 실태 살펴보기

우리말의 무분별한 사용 실태의 심각성을 인식하게 하여 프로젝트의 필요성을 느끼도록 안내합니다. 친구, 부모님과 대화를 나눌 때 우리말인데도 이해하지 못하거나, 대화가 잘 통하지 않았던 경험을 회상하게 하면 좋습니다. 또한 우리말 사용 실태를 다룬 뉴스 등의 영상을 학생들에게 보여 주고 함께 이야기 나누는 시간을 가지면 좋습니다. 유튜브에서 검색 가능한 영상 제목의 예는 다음과 같습니다.

· 욕설·비속어 습관처럼… 교실 언어 바로잡으려면. (연합뉴스TV, 2023.10.09.)
· 여기가 한국인가요? 간판, 메뉴판, 표지판이 온통 영어로. (14F, 2023.05.22.)
· '심심한 사과' vs '알잘딱깔센'… 우리는 소통하고 있나요?. (KBS, 2022.10.10.)
· '진지충·설명충'… 일상에 스며드는 혐오 표현의 문제점 (SBS, 2018.10.09.)

2단계 우리말 사용 실태 조사 계획 세우기

학생이 모둠별로 우리말의 사용 실태를 조사하고 조사 결과를 활용하기 위한 계획을 수립하도록 안내합니다. 다음 차시에서 우리말 사용 실태에 대한 글쓰기를 할 것이라고 예고하면 학생들이 계획을 수립하는 데 도움이 될 것입니다.

우선 어떤 내용으로 우리말 사용 실태를 조사할지 정하도록 합니다. 주제를 정하는 이 과정에서 뤼튼의 도움을 받아 보도록 합니다.

뤼튼에서 채팅을 시작할 때 먼저 원하는 목적을 선택합니다. 선택할 수 있는 목적에는 AI 검색, AI 이미지, AI 과제와 업무가 있습니다. 그중 AI 검색을 선택하도록 안내합니다. AI 검색은 실시간 정보 검색이 가능하고 웹 정보 탐색을 기반으로 답변을 제공하기 때문에 할루시네이션 현상의 가능성을 낮출 수 있기 때문입니다.

뤼튼에 우리말 한글 사용 실태에 관한 조사 분야를 추천해 달라고 요청하고 뤼튼의 답변을 가지고 모둠별 토의를 진행하여 조사 주제를 결정해 봅니다.

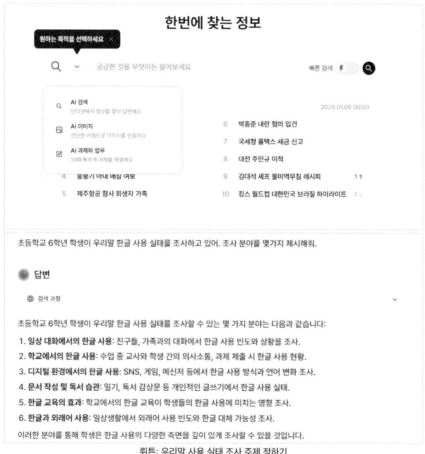

뤼튼: 우리말 사용 실태 조사 주제 정하기

주제를 결정했다면 나머지 조사 계획을 수립합니다. 역할 분담, 조사 날짜, 시간, 장소, 준비물, 조사 방법, 주의할 점 등을 상세히 구성하도록 안내합니다. 뤼튼에게 조사 방법과 주의사항 등을 물어보고 도움을 받을 수 있습니다 .

우리 모둠은 주변 상점 간판, 건물명에서의 한글 사용 실태를 조사하기로 했어. 세부 계획을 수립해줘. 역할 분담, 조사 장소, 준비물, 조사 방법, 주의할 점 등을 알려줘.

🔴 **답변**

🌐 검색 과정 ⌄

주변 상점 간판과 건물명에서의 한글 사용 실태 조사를 위한 세부 계획을 아래와 같이 수립해 보았습니다.

1. 조사 목적

- 주변 상점과 건물에서 한글 사용 실태를 파악하고, 신조어 및 유행어의 사용 여부를 조사하여 현대 한글의 사용 경향을 이해한다.

2. 역할 분담

- **조사 팀장**: 전체 계획 조율 및 결과 정리
- **조사원 A**: 상점 간판 조사 (상점 이름, 간판 디자인 등)
- **조사원 B**: 건물명 조사 (건물 이름, 사용된 한글의 형태 등)
- **조사원 C**: 사진 촬영 및 기록 (간판과 건물명 사진 촬영, 조사 내용 기록)
- **조사원 D**: 데이터 분석 및 보고서 작성 (수집된 데이터 분석 및 최종 보고서 작성)

우리 모둠은 우리반 학생들의 줄임말, 비속어, 외국어, 욕설 사용 실태를 조사하기로 했어. 세부 계획은 수립해줘. 조사결과를 그래프로 시각화하고 싶어. 조사 방법, 주의할 점 등을 알려줘.

🔴 **답변**

🌐 검색 과정 ⌄

우리반 학생들의 줄임말, 비속어, 외국어, 욕설 사용 실태 조사를 위한 세부 계획을 아래와 같이 수립해 보았습니다.

1. 조사 목적

- 학생들이 사용하는 줄임말, 비속어, 외국어, 욕설의 사용 빈도와 경향을 파악하여 언어 사용의 특징을 이해하고, 필요시 언어 사용에 대한 교육적 접근을 모색한다.

2. 조사 방법

1. 설문 조사:
   - **설문지 작성**: 학생들이 자주 사용하는 줄임말, 비속어, 외국어, 욕설에 대한 질문을 포함한 설문지를 작성한다.
   - **설문 배포**: 반 친구들에게 설문지를 배포하고, 익명으로 응답하도록 유도한다.
   - **응답 수집**: 설문지를 통해 수집된 데이터를 정리한다.
2. 관찰 조사:
   - **일상 대화 관찰**: 수업 중이나 쉬는 시간에 학생들의 대화를 관찰하고, 사용되는 언어를 기록한다.
   - **특정 상황 설정**: 예를 들어, 특정 주제에 대해 토론할 때 사용되는 언어를 집중적으로 관찰한다.
3. 인터뷰:
   - **심층 인터뷰**: 몇몇 학생을 선정하여 그들이 사용하는 언어에 대한 인식과 이유를 물어보는 인터뷰를 진행한다.

3. 데이터 정리 및 시각화

- **데이터 정리**: 수집된 데이터를 정리하여 각 언어 유형(줄임말, 비속어, 외국어, 욕설)의 사용 빈도를 기록한다.
- **그래프 작성**: 엑셀이나 구글 스프레드시트와 같은 도구를 사용하여 데이터를 시각화한다. 예를 들어:
  - 막대 그래프: 각 언어 유형의 사용 빈도 비교

뤼튼: 우리말 사용 실태 조사 계획 세우기

조사 방법은 앞서 결정한 조사 주제에 따라 서로 다를 것입니다. 이때 다양한 에 듀테크를 활용하면 보다 쉽고 바르게 조사 과정을 진행할 수 있습니다.

예를 들어 주제가 '우리 반 학생들의 우리말 사용 실태'라면 학급 학생들을 대 상으로 설문 조사를 할 수 있습니다. 구글 폼, 네이버 폼과 같은 설문 플랫폼을 이 용하면 설문 결과를 간단하게 모을 수 있습니다.

한편, 주제가 '우리 마을 건물, 상점 간판의 우리말 사용 실태'가 주제라면 실제 해당 장소를 방문하여 간판을 조사할 수 있지만 현장 조사 대신 디지털 영상지도 를 활용하여 조사를 진행할 수도 있습니다.

네이버 지도: 영상 지도를 활용한 실태 조사 예

이때 뤼튼도 조사 보조 도구로 이용할 수 있습니다. 뤼튼 AI 검색을 통해 원하 는 내용이나 데이터를 요구하면, 뤼튼이 인터넷 자료 검색 결과를 바탕으로 하여 결과물을 정리해 제시해 줍니다. 뤼튼의 답변을 검토하면서 유용한 정보를 선택 하여 활용할 수 있습니다.

뤼튼 서치: 자료 조사의 보조 도구로 활용하기

조사를 마무리 했다면 결과물을 정리하고 공유합니다. 조사 결과는 도표, 마인드 맵 등의 형태로 정리하면 읽는 이가 결과값을 파악하기에 좋습니다. 이때 그래프 나 도표를 쉽게 만들어 주는 그래피Graphy를 활용해 보도록 합니다. 조사 결과를 그래피에 입력하고 도표를 손쉽게 꾸밀 수 있습니다.

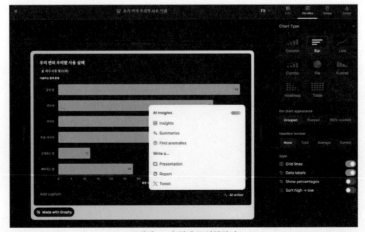
그래피: 조사 결과 도식화하기

그래피 주요 기능

· AI라이터writer: 도표 해석에 도움을 받을 수 있음.

· 인사이트insights: 조사 결과에 대한 전반적인 해석을 제시받을 수 있음.

· 서머라이즈Summarize: 조사 결과를 요약한 내용을 받을 수 있음.

다만 그래피의 결과값은 영어로 제공이 됩니다. 하지만 번역은 다양한 서비스를 이용해 간단히 해결할 수 있습니다. 여기에서는 AI 번역 사이트 딥엘DeepL을 사용해 보도록 안내해 봅니다. 그래피의 'AI라이터writer'에서 얻은 내용을 복사한 뒤 딥엘에 입력하여 간단히 번역본을 받을 수 있습니다.

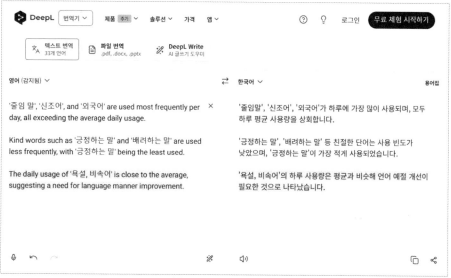

딥엘: 영어를 한국어로 번역하기

그래피로 생성받은 도표는 [쉐어Share]를 눌러 공유할 수 있습니다. 도표 링크를 생성해 공유할 수도 있고, 이미지 다운로드 기능으로 원하는 사이즈로 내려받아 원하는 곳에 삽입하여 활용할 수 있습니다.

이렇게 조사 결과물 정리를 마쳤다면 결과물을 패들렛^{Padlet}에 올려 공유하도록 합니다. 이렇게 정리해 두면 다음 시간에 실태 조사 결과를 바탕으로 글을 쓸 때 자신이 속한 모둠의 결과물뿐만 아니라 다른 모둠의 결과물도 참고하고 활용하도록 할 수 있습니다.

탐구 및 표현하기	3~4차시	올바른 우리말 사용을 주제로 글쓰기

1단계 글의 개요 작성하기

앞서 조사한 내용을 바탕으로, 우리말 사용 실태에 관한 주장하는 글을 각자 작성해 보도록 합니다. 우선 주장하는 글의 짜임에 대해 알아봅니다. 주장하는 글이 어떤 구성을 띠는지 뤼튼에 질문하고 답변을 참고해 보도록 안내합니다.

다음으로 주장하는 글쓰기의 주제문을 결정합니다. 어떤 주장을 펼칠 것인지, 조사했던 내용 가운데 이 주장의 근거로 활용할 수 있는 것은 어떤 것이 있는지 살펴보도록 합니다. 우리 모둠의 결과물뿐만 아니라 패들렛에 공유된 다른 모둠의 결과물도 살펴보고 참고하도록 안내합니다. 또한 뤼튼에게 주장에 대한 근거를 제시해 달라 요청한 뒤 답변을 참고해 보도록 해도 좋습니다. 이 내용들을 모두 참고하여 주장하는 글의 개요를 작성합니다.

나는 초등학교 6학년 학생이야. 주장하는 글의 구성, 짜임을 알려줘.

답변

⊕ 검색 과정   ⌄

주장하는 글을 잘 쓰기 위해서는 다음과 같은 구성과 짜임을 따라야 해. 주장을 명확하게 전달하고, 독자가 이해하기 쉽게 만드는 것이 중요해!

주장하는 글의 구성

1. 서론

- **주제 소개**: 글의 주제를 간단히 소개해. 예를 들어, "학교에서 스마트폰 사용을 허용해야 한다"라는 주제를 선택했다면, 스마트폰의 중요성이나 현재 상황을 간단히 설명해.
- **주장 제시**: 네가 어떤 주장을 할 것인지 명확하게 말해. "나는 학교에서 스마트폰 사용을 허용해야 한다고 생각한다."

2. 본론

- **주장 이유 1**: 첫 번째 이유를 제시하고, 그 이유를 뒷받침하는 구체적인 예시나 설명을 추가해. 예를 들어, "스마트폰은 학습 도구로 활용될 수 있다"라고 말한 후, 어떤 앱이나 자료를 통해 학습할 수 있는지 설명해.
- **주장 이유 2**: 두 번째 이유를 제시하고, 마찬가지로 예시나 설명을 덧붙여. "스마트폰은 친구들과의 소통을 도와준다"라고 말하고, 친구들과의 연락 방법이나 소통의 중요성을 설명해.
- **주장 이유 3**: 세 번째 이유도 같은 방식으로 제시해. "스마트폰은 안전을 지켜준다"라고 말하고, 긴급 상황에서의 활용 사례를 들어줘.

3. 결론

- **주장 요약**: 본론에서 제시한 주장을 간단히 요약해. "따라서, 학교에서 스마트폰 사용을 허용하는 것이 필요하다."
- **마무리**: 독자에게 생각할 거리를 주거나, 행동을 촉구하는 문장을 추가해. "우리 모두 스마트폰의 올바른 사용법을 배우고, 학교에서의 활용을 고민해보자."

우리말 사용 실태를 바탕으로 "고운 우리말을 사용하자"를 주장으로 주장하는 글을 쓰려고 해. 이 주장에 대해 근거를 몇 가지 제시해줘.

답변

⊕ 검색 과정   ⌄

"고운 우리말을 사용하자"라는 주장을 뒷받침할 수 있는 근거를 몇 가지 제시해줄게. 이 근거들은 우리말 사용의 중요성과 필요성을 강조하는 데 도움이 될 거야.

근거 1: 문화유산의 보존

- 고운 우리말은 우리의 전통과 문화를 담고 있어. 우리말을 잘 사용함으로써 우리의 역사와 정체성을 지키고, 후대에 전할 수 있는 중요한 문화유산이 된다. 예를 들어, 고유어와 전통적인 표현을 사용하면 우리의 문화적 가치를 더욱 잘 전달할 수 있어.

근거 2: 소통의 원활함

- 고운 우리말을 사용하면 사람들 간의 소통이 더 원활해져. 비속어나 외래어가 아닌 순수한 우리말을 사용하면, 서로의 의사를 더 잘 이해할 수 있고, 오해를 줄일 수 있어. 특히, 다양한 세대와의 소통에서 고운 우리말은 공감대를 형성하는 데 큰 도움이 된다.

근거 3: 언어의 아름다움

- 고운 우리말은 그 자체로 아름다움을 지니고 있어. 우리말의 섬세한 표현과 리듬감은 듣는 이에게 감동을 줄 수 있어. 예를 들어, 시나 노래에서 고운 우리말을 사용하면 감정이 더 잘 전달되고, 사람들의 마음을 움직일 수 있다.

뤼튼:
(위) 주장하는 글의 짜임 질문하기
(아래) 주장을 뒷받침할 근거 질문하기

제목(주제문)	고운 우리말을 사용합시다.
서론	• 현재 우리말 사용 실태 소개: 많은 외래어, 신조어, 줄임말이 생겨나면서 순우리말의 사용이 감소하고 있음.(조사 결과 중 우리말 사용 실태) • 아름다움과 가치가 담긴 우리말을 적극적으로 사용해야 함.
본론	• 우리말을 사용하면 정보의 정확한 전달이 가능하며, 모든 세대가 이해하기 쉬움.(조사 결과 중 신조어, 줄임말로 세대 간 대화가 어려웠던 사례 제시) • 우리말에는 우리의 정서와 문화가 담겨 있음. 고운 우리말을 사용함으로써 우리말의 아름다움을 되새기고, 더욱 소중히 여길 수 있음.(조사 결과 중 우리말에 대한 사람들의 인식 제시) • 고운 우리말을 사용하면 서로에 대한 존중과 배려를 표현할 수 있음. 이는 대화하는 동안 즐거운 분위기를 만들어 더 좋은 관계로 발전할 수 있게 도와줌.
결론	• 고운 우리말을 통해 더 행복하고 건강한 대화 문화를 만들자.

주장하는 글의 개요 작성하기

2단계 글쓰기

앞서 작성한 개요에 따라, 주장하는 글을 작성해 봅니다. 주제문을 제목으로 작성하고 실태 조사 결과 등을 근거로 들어 논리적으로 주장하는 글을 작성해 보는 활동을 진행합니다.

혹시 글을 작성하다가 막히는 부분이 있거나 적절한 뒷받침 근거가 추가로 필요할 때가 있다면 뤼튼을 활용해 보도록 안내합니다. 특히 뤼튼 AI 검색을 이용하면 근거로 활용할 수 있는 자료를 출처와 함께 제공해 주기 때문에 유용하다는 점을 강조합니다.

앞서 작성한 개요를 바탕으로 글을 작성할 때, 패들렛에 바로 입력할 수도 있고, 학습지에 직접 손글씨로 작성할 수도 있습니다.

손글씨로 작성한 학습지는 이후 카메라로 촬영하여 OCR(Optical Character Recognition) 문자 인식 기술을 사용해 텍스트로 변환할 수 있습니다. 이렇게 하면 글을 다시 입력하는 번거로움을 줄이고, 패들렛 같은 플랫폼에 쉽게 올릴 수 있어 작업이 훨씬 편리해집니다. 이 과정은 학생들이 디지털 도구를 일상에서 활용하던 방법의 폭을 넓히는 기회가 되기도 합니다.

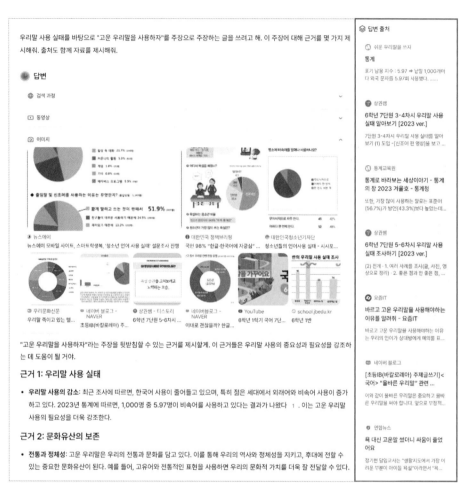

뤼튼 AI 검색: 자료 조사하기

완성한 글을 친구들과 공유하며 함께 읽을 수 있도록 패들렛에 올리도록 안내합니다. 학생들은 자신과 친구들이 쓴 글을 읽고 우리말을 올바르게 사용하자고 다짐합니다. 댓글을 달고 좋아요를 누르며 자연스럽게 서로 피드백할 수 있도록 해도 좋습니다.

패들렛: 주장하는 글 공유하기

1단계 **올바른 우리말 사례집 구상하기**

사례집이란 사전적 의미로는 '어떤 일이나 분야에 관련된 사례를 모아 엮은 책'을 의미하지만 이 프로젝트에서는 사례집을 도서의 형태로 제한하지 않고 생성형 AI와 에듀테크를 활용하여 모둠별로 다양한 형태의 사례집을 만들어 보도록 안내합니다.

　모둠별로 사례집의 전체적인 특징을 결정하도록 합니다. 첫째, 사례집의 주제를 정합니다. 둘째, 어떤 내용을 담을지 정합니다. 마지막으로 어떤 형식으로 만들지 결정합니다. 생성형 AI, 에듀테크 도구를 이용하여 만들 수 있는 사례집의 다양한 형태의 예는 다음과 같습니다.

사례집 형식	사용할 생성형 AI, 에듀테크
전자책	캔바(Canva)
웹툰	투닝(Tooning)
챗봇	뤼튼 스튜디오, 겟GPT(GetGPT)
동영상	타입캐스트(Typecast)

2단계 **올바른 우리말 사례집 만들기**

① 전자책 만들기

　캔바Canva를 이용하면 올바른 우리말 사례집을 전자책으로 만들 수 있습니다. 캔바에서 제공하는 템플릿, 요소를 활용하면 전자책을 손쉽게 제작할 수 있습니다. 제작한 전자책은 캔바에서 제공하는 웹페이지로 만들어 링크를 배포하거나 캔바와 연결된 북크리에이터^{bookcreator}, 플리핑북^{FlippingBook} 등을 활용하여 전자책으로 발행하면 다른 사람들과 공유하기 좋습니다.

캔바: 전자책 만들기

② 웹툰 만들기

투닝^{Tooning}를 이용하면 올바른 우리말 사례집을 웹툰 형식으로 만들 수 있습니다. 투닝에서는 직접 캐릭터 및 배경을 배치하고 대사를 넣어서 웹툰을 제작할 수 있습니다. AI를 활용하여 문장으로 웹툰을 생성할 수도 있고, 글로 캐릭터를 연출할 수도 있습니다. 사진을 넣으면 나와 닮은 모양의 캐릭터를 생성할 수도 있습니다.

투닝: 웹툰 만들기

③ 챗봇 만들기

뤼튼 스튜디오, 겟GPT GetGPT 를 이용하면 올바른 우리말 사례집을 챗봇 형식으로 만들 수 있습니다. 신조어, 줄임말, 무분별한 외국어 사용, 그리고 비속어나 혐오 표현 등이 난무하는 인터넷 환경에서 우리말을 올바르게 사용하도록 돕는 AI 챗봇을 만드는 일은 가치가 특별합니다. 뤼튼 스튜디오와 겟GPT를 활용해 다양한 유형의 AI 챗봇을 개발할 수 있다는 점을 충분히 안내하여 학생들이 이후에도 이용할 수 있도록 독려해도 좋습니다.

뤼튼 스튜디오와 겟GPT는 코딩 없이도 직접 자신만의 AI 챗봇을 만들 수 있는 플랫폼입

(위) 겟GPT / (아래) 뤼튼 스튜디오 : 챗봇 만들기

니다. 챗봇을 만들기 위해서는 우선적으로 관련 데이터를 수집하고 AI 모델을 학습시켜야 합니다. 뤼튼 스튜디오와 겟GPT는 이 과정을 쉽게 만들어 줍니다. 만들려는 챗봇에 대한 소개와 이 챗봇이 수행할 일을 프롬프트로 입력하면 손쉽게 챗봇이 만들어집니다. 원한다면 AI가 프롬프트까지 자동완성 해 줍니다.

④ 동영상 만들기

타입캐스트Typecast를 이용하면 올바른 우리말 사례집을 동영상 형식으로 만들수 있습니다. 타입캐스트는 AI 기반의 음성 합성 및 가상 캐릭터 기술을 제공하는 플랫폼입니다. 이를 활용하면 짧은 시간 안에 올바른 우리말 사용에 대한 홍보 동영상을 만들 수 있습니다. [새로 만들기]를 눌러 동영상 만들기를 시작한 뒤, 타입캐스트에서 제공하는 다양한 가상 캐릭터와 목소리를 선택하여 동영상을 제작합니다.

대본을 작성하는 과정에서 타입캐스트에서 제공하는 AI의 도움을 받으면 손쉽게 대본을 완성하고 결과물을 금세 만들 수 있습니다. 결과물이 완성되면 동영상을 내보냅니다.

타입캐스트: 동영상 만들기

1단계   사례집 소개하기

모둠원들과 함께 완성한 올바른 우리말 사례집을 학급 친구들 앞에서 발표하는 시간을 갖습니다. 동영상으로 제작된 사례집은 발표 시 재생하며 소개하도록 하고 전자책, 웹툰, 챗봇으로 제작된 사례집은 제작 의도 및 과정, 내용에 대해 발표하고 다른 학생들이 직접 살펴볼 수 있도록 패들렛에 파일이나 링크를 공유하도록 안내합니다.

발표를 모두 마쳤다면 패들렛에 수집된 창작물을 모두 수합한 디지털 사례집을 만들어 줍니다. 이렇게 완성된 우리 반 디지털 사례집은 링크나 QR코드로 제작할 수 있습니다. 우리 학교 또는 다른 학교의 여러 학생들이 볼 수 있도록 제공할 수 있고 학교 도서관에 전자책 형태로 기증할 수도 있습니다. 우리 반 디지털 사례집을 어디에 어떻게 소개할지 계획을 세우고 실행해 보도록 독려해도 좋습니다.

올바른 우리말 사례집 제작 활동은 학생들에게 우리말의 중요성을 일깨우고, 협력적인 학습 환경을 조성하는 효과가 분명합니다. 이런 활동을 통해 학생들은 우리말 사랑을 실천하고 창의성을 발휘하는 경험을 갖게 됩니다.

패들렛: 올바른 우리말 사례집 공유하기

패들렛은 자기 평가와 상호 평가를 하는 데 유용한 도구입니다. 참여도 탭에서 댓글을 달거나 '좋아요', '투표', '별점' 등의 반응을 표시할 수 있습니다. 학생들이 서로의 사례집을 검토하고, 긍정적인 면과 개선할 수 있는 부분에 대해 상호 피드백을 제공하도록 안내합니다. 그런 뒤 프로젝트를 통해 배운 점, 어려웠던 점, 앞으로 어떻게 우리말을 더 잘 사용할 수 있을지에 대한 생각을 공유하는 시간을 가집니다. 프로젝트 과정에서 사용했던 생성형 AI와 에듀테크에 대한 생각과 느낌을 공유하는 것도 좋습니다.

🔷 부록
수업 운영의 Tip

최근 간편하게 챗봇을 만들 수 있는 플랫폼이 생기면서 수업에서 학생들이 챗봇을 제작하는 수업이 가능해졌습니다. 겟GPT^GetGPT부터 뤼튼 스튜디오, 미조우 (MIZOU, 학습용 인공지능 챗봇 제작 사이트)까지 이용 가능한 챗봇 제작 플랫폼이 다양합니다. 이들은 프로그래밍 언어에 없이도 쉽게 챗봇을 만들 수 있어 매우 간단하고 유용합니다. 단 챗봇 제작 수업을 진행하기 위해서는, 활동을 진행하기에 앞서 다음과 같은 사항을 주의하도록 합니다.

Tip 1. 챗봇 플랫폼의 기술적 배경을 쉽게 소개합니다.

챗봇 제작 플랫폼에서 챗봇 기술이 어떻게 작동하는지, 어떤 과정을 통해 내가 원하는 기능을 가진 챗봇이 만들어지는지 아이들이 이해할 수 있도록 기술적 배경을 쉽게 소개합니다. 프로그래밍 언어가 아닌 우리말로 챗봇을 제작하지만 어떤 과정을 통해 챗봇이 만들어지는 알고 있다면 챗봇의 역할과 그 역할을 설명해 줄 프롬프트를 더 적절히 작성할 수 있을 것입니다.

Tip 2. 테스트와 개선과정을 거쳐 챗봇을 완성하도록 지도합니다.

챗봇을 만드는 것은 한 번에 끝나는 과정이 아닙니다. 제작 과정에서 챗봇을 테스트해 볼 수 있습니다. 섣불리 챗봇 제작을 완료하지 않고, 충분한 테스트와 개선 과정을 거쳐 완성하도록 지도합니다.

다음과 같이 챗봇 제작 플랫폼은 단계별로 챗봇의 역할 및 프롬프트를 작성하도록 되어 있습니다. 테스트 단계에서 챗봇의 제작 의도대로 잘 응답하는지 확인하고, 잘 응답하지 않는다면 전 단계로 돌아가 역할 및 프롬프트를 수정하여 완성도를 높이게 합니다.

(위) 겟GPT, (아래) 뤼튼 스튜디오: 챗봇 제작 화면

Tip 3. 정보와 자료를 올바르게 사용하도록 안내합니다.

학생이 제작하는 챗봇이 수집하는 정보가 있다면 그 정보의 사용 목적과 범위를 명확히 해야 합니다. 학생들에게 개인정보 보호의 중요성을 이해시키고, 민감한 정보를 함부로 사용하지 않도록 합니다. 또한 챗봇 제작 시 사용되는 이미지, 텍스트 등의 자료가 저작권에 위배되지 않도록 합니다. 필요한 경우 올바른 출처 표시 방법에 대해서도 교육합니다.

과목명	음악, 국어, 미술		대상 학년	6학년

프로젝트 6
나만의 뮤직비디오 만들기

관련 성취 기준

[6음03-01] 느낌과 아이디어를 떠올려 여러 매체나 방법으로 자신감 있게 표현한다.

[6음03-04] 생활 주변 상황이나 이야기를 활용하여 음악을 만들며 열린 태도를 갖는다.

[6국06-03] 적합한 양식과 수용자의 반응을 고려하여 복합양식 매체 자료를 제작하고 공유한다.

[6미02-02] 디지털 매체 등 다양한 표현 재료와 용구를 탐색하여 작품 제작에 활용할 수 있다.

프로젝트 개요

[준비하기] 음악과 영상 매체가 학생들의 일상과 밀접해 관심이 높다는 점을 고려하여 '나만의 뮤직비디오 만들기'를 프로젝트 주제로 선정하고 생성형 AI로 제작된 뮤직비디오 영상을 준비한다.

[주제 결정하기] 노래의 내용을 탐색하며 창의적 아이디어를 이끌어 낸 뒤 뮤직비디오로 다룰 주제를 결정한다. 학생들이 자신의 경험과 감정을 이야기로 만들어 보도록 한다.

[활동 계획하기] 노래를 통해 전하고 싶은 이야기를 뮤직비디오로 만드는 활동 과정 전반에 대한 계획을 설정하도록 한다.

[탐구 및 표현하기] 뮤직비디오의 재료를 만들고 이를 편집하여 뮤직비디오를 만들어 보도록 한다.

[마무리 및 평가하기] 각자가 만든 뮤직비디오를 발표 및 공유하고 상호 평가를 통해 성과를 공유하고 정리하도록 한다.

프로젝트 목적 & 목표

생성형 AI 도구를 활용한 창의적 음악 표현 능력 함양

· 자신의 경험과 감정을 기반으로 노래를 창작함으로써, 이야기를 음악으로 제작하는 과정을 이해한다.

· 생성형 AI 도구로 나만의 뮤직비디오를 제작함으로써 창의력과 기술적 능력을 동시에 발전시킨다.

· 자신의 내면을 탐색하고, 다른 사람들과 자신의 생각과 느낌을 공유하는 데 있어 자신감을 가지고, 사회적 문제에 대해 고민하고 자신의 목소리를 낼 수 있는 태도를 기른다.

Tools : 생성형 AI + Edutech

뤼튼	wrtn	자신의 생활과 경험을 바탕으로 이야기와 노래 가사를 제작하는 데 활용
수노	Suno AI	노래에 대한 설명이나 가사로 노래를 제작하는 데 활용
파파고	Papago	영한 번역 또는 프롬프트에 입력할 내용을 한영 번역하는 데 활용
구글 시트	Google Sheets	뮤직비디오 스토리보드 작성에 활용
이디오그램	Ideogram	뮤직비디오에 사용할 이미지 제작에 활용
피카	Pika	이미지를 영상으로 만드는 데 활용
캔바	Canva	뮤직비디오를 제작하는 데 활용
패들렛	Padlet	노래 가사 공유 및 뮤직비디오 발표에 활용

대상	초등학교 6학년			
관련 교과	음악, 국어, 미술			
성취 기준	[6음03-01] 느낌과 아이디어를 떠올려 여러 매체나 방법으로 자신감 있게 표현한다. [6음03-04] 생활 주변 상황이나 이야기를 활용하여 음악을 만들며 열린 태도를 갖는다. [6국06-03] 적합한 양식과 수용자의 반응을 고려하여 복합양식 매체 자료를 제작하고 공유한다. [6미02-02] 디지털 매체 등 다양한 표현 재료와 용구를 탐색하여 작품 제작에 활용할 수 있다.			
단계	차시	주요 학습 내용	관련 교과	활용 도구
준비하기	(수업전)	• 제시할 프로젝트 주제 결정하기 • 동기유발용 자료와 발문 마련하기		
주제 결정 & 활동 계획하기	1	[나의 경험이나 생각을 담은 노래 가사 만들기] • 노래가 담고 있는 내용 탐색하기 • 노래를 통해 전하고 싶은 이야기 만들기 • 이야기를 노래 가사로 바꾸기 • 친구들과 공유하기	음악 국어	메모장 뤼튼 패들렛
탐구 및 표현하기 (1)	2	[나만의 노래 만들기] • 노래 제작에 필요한 프롬프트 확인하기 • 여러 가지 음악 스타일 파악하기 • 프롬프트 입력하여 노래 만들기	음악	수노 파파고 메모장
탐구 및 표현하기 (2)	3	[뮤직비디오 스토리보드 작성하기] • 스토리보드 이해하기 • 스토리보드 작성하기	음악 국어	구글 시트
탐구 및 표현하기 (3)	4	[노래에 어울리는 이미지 만들기] • 이미지 제작에 필요한 프롬프트 확인하기 • 여러 가지 이미지 스타일 파악하기 • 프롬프트 입력하여 이미지 만들기	미술	이디오그램 파파고 메모장
탐구 및 표현하기 (4)	5~6	[이미지를 영상으로 만들기] • 영상 제작에 필요한 프롬프트 확인하기 • 프롬프트 입력하여 영상 만들기	미술	피카 파파고 메모장
탐구 및 표현하기 (5)	7	[나만의 뮤직비디오 만들기] • 뮤직비디오 만들기	음악 미술 국어	캔바 패들렛
마무리 및 평가하기	8	[뮤직비디오 발표하기] • 뮤직비디오 발표 및 평가하기	음악 미술 국어	패들렛

플레이! 생성형 AI 프로젝트 수업

준비하기	수업 전	프로젝트 주제 및 자료 마련하기

학생들의 일상과 밀접하게 연결된 음악과 영상 매체를 활용하는 '나만의 뮤직비디오 만들기' 프로젝트로 창의성과 기술을 결합한 흥미로운 학습 경험을 제공합니다. 이 프로젝트는 학생들이 자신의 감정과 생각을 예술적으로 표현할 수 있는 기회를 제공하며, 동시에 최신 기술인 생성형 AI를 활용하여 음악과 영상을 제작하는 과정을 통해 디지털 리터러시 능력을 향상시킬 수 있습니다.

동기 유발을 위해, 생성형 AI로 만든 뮤직비디오 예시를 보여 주거나, 유명 아티스트의 뮤직비디오 제작 과정을 담은 유튜브 영상을 시청할 수 있습니다. 이를 통해 학생들은 뮤직비디오 제작의 전반적인 과정을 이해하고, 자신만의 독창적인 작품을 만들어 낼 수 있다는 기대감을 갖게 됩니다. 또한 생성형 AI 도구들의 기본적인 사용법을 간단히 소개하여 학생들의 호기심과 참여 의지를 높일 수 있습니다.

이미지 생성형 AI로 제작한 뮤직비디오

출처: RATGUILE 랫가일. (2024.05.24.). <양말요정/Sock Angel (Official Lyric Video)>. https://www.youtube.com/watch?v=Q1SlO0JglS4

1단계 노래가 담고 있는 내용 탐색하기

노래는 멜로디와 리듬의 조화를 넘어, 작곡가와 작사가의 생각, 경험, 그리고 감정이 어우러진 이야기와 메시지를 통해 사람들의 마음을 움직이는 강력한 수단입니다. 노래는 이야기로서 듣는 이의 공감을 끌어내기도 하고 위로를 제공하기도 합니다.

노래 가사 작성에 앞서 학생들과 함께 지금까지 접해 온 노래의 가사들을 탐색해 보는 시간을 가져 봅니다.

학생들에게 "독도 잠자리 노래에는 어떤 이야기가 담겨 있나요?"라는 질문을 해 봅니다. 그러면 어떤 학생은 "독도에도 잠자리가 살고 있다는 사실을 알려 주는 노래입니다." 하는 식으로 대답을 할 것이고, 다른 학생은 "독도 잠자리처럼 우리도 독도를 지켜야 한다는 메시지가 담겨 있습니다."라는 답을 할 것입니다.

이러한 질문과 대답을 통해 학생들은 노래 가사가 단순한 멜로디의 나열이 아니라, 보다 깊은 의미와 메시지를 전달하는 중요한 수단임을 깨닫게 됩니다. 이 과정을 통해 평소에 듣던 노래들을 새로운 관점에서 바라보게 되고, 자신이 경험하고 느낀 것들을 가사로 표현하는 방법에 대해 더 깊이 이해하게 됩니다.

이 활동을 발판으로 학생들에게 자신의 이야기를 담은 노래 가사를 식섭 만들어 보는 활동을 제시해 봅니다. 이 활동을 통해 학생들은 자신의 창의력과 개성을 발휘하고 음악을 통해 자신들의 메시지를 전달하는 방법을 배울 것입니다.

2단계 노래를 통해 전하고 싶은 이야기 만들기

노래 가사를 짓기 전에 우선 나의 노래에 담고 싶은 이야기를 만들어 보도록 합니다. 가사 이전에 이야기를 먼저 만들어 보는 활동은 창의적 표현력과 언어 능력을 키우는 데 매우 효과적인 방법입니다. 이야기를 만들면서 학생들은 주제를 기반으로 생각을 확장해 나갈 수 있습니다. 이 과정에서 노래 가사에 일관된 메시지를 담는 일의 중요성을 체감할 수 있습니다. 또한 발단, 전개, 위기, 절정, 결말이라는 이야기의 구성을 자연스럽게 노래 가사에 적용할 수 있습니다.

먼저 이야기의 주제를 정해 보도록 합니다. 이야기의 주제 정하기는 노래를 만드는 과정에서 매우 중요한 첫걸음입니다. 주제는 다양하게 나타날 수 있습니다. 사랑, 우정, 가족, 꿈, 희망, 도전 등의 다양한 주제는 각자의 경험과 감정, 생각을 바탕으로 더 구체적인 이야기로 발전시켜 나갈 수 있습니다.

만약 학생들이 주제 정하기를 어려워한다면 뤼튼의 도움을 받도록 안내합니다. 단 뤼튼은 기본적으로 성인 기준에 맞추어 답변이 제시되기 때문에 질문할 때 질문자가 학생이라는 것을 알리고 답변을 요청해야 함을 학생들에게 안내합니다.

뤼튼의 답변 내용을 참고하여 나의 주제를 결정해 보도록 합니다. 원하는 답변이 한 번에 나오지 않으면 질문을 바꾸어 재차 요청해 보고 이어지는 답변들을 참고해 볼 수 있도록 합니다.

주제를 정했다면 메모장을 열어 한 문장으로 표현해 보도록 합니다. 예를 들어 '오래 달리기를 잘 하지 못했지만 열심히 연습해서 결국에는 잘하게 되었다는 이야기', '친한 친구와 다툼이 있었지만 오해를 풀고 다시 친해진 이야기' 등으로 표현할 수 있습니다.

뤼튼: 주제 선정에 도움 요청하기

이제 한 문장으로 정리한 주제를 길게 이야기로 작성해 봅니다. 이야기의 구성 단계를 고려하고 이에 맞게 표현한다면 더 짜임새가 있을 것입니다. 이 과정도 뤼튼과의 채팅을 통해 도움을 받을 수 있습니다.

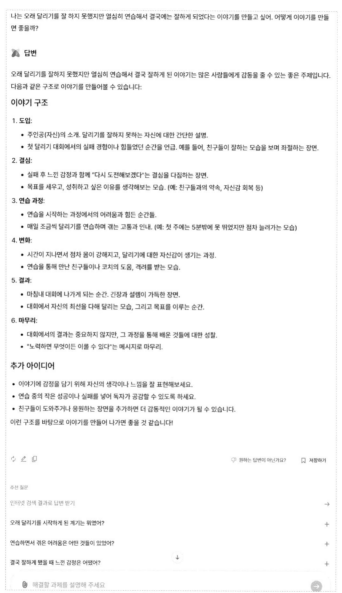

나는 오래 달리기를 잘 하지 못했지만 열심히 연습해서 결국에는 잘하게 되었다는 이야기를 만들고 싶어. 어떻게 이야기를 만들면 좋을까?

🤖 답변

오래 달리기를 잘하지 못했지만 열심히 연습해서 결국 잘하게 된 이야기는 많은 사람들에게 감동을 줄 수 있는 좋은 주제입니다. 다음과 같은 구조로 이야기를 만들어볼 수 있습니다:

이야기 구조

1. **도입:**
   - 주인공(자신)의 소개. 달리기를 잘하지 못하는 자신에 대한 간단한 설명.
   - 첫 달리기 대회에서의 실패 경험이나 힘들었던 순간을 언급. 예를 들어, 친구들이 잘하는 모습을 보며 좌절하는 장면.
2. **결심:**
   - 실패 후 느낀 감정과 함께 "다시 도전해보겠다"는 결심을 다짐하는 장면.
   - 목표를 세우고, 성취하고 싶은 이유를 생각해보는 모습. (예: 친구들과의 약속, 자신감 회복 등)
3. **연습 과정:**
   - 연습을 시작하는 과정에서의 어려움과 힘든 순간들.
   - 매일 조금씩 달리기를 연습하며 겪는 고통과 인내. (예: 첫 주에는 5분밖에 못 뛰었지만 점차 늘려가는 모습)
4. **변화:**
   - 시간이 지나면서 점차 몸이 강해지고, 달리기에 대한 자신감이 생기는 과정.
   - 연습을 통해 만난 친구들이나 코치의 도움, 격려를 받는 모습.
5. **결과:**
   - 마침내 대회에 나가게 되는 순간. 긴장과 설렘이 가득한 장면.
   - 대회에서 자신의 최선을 다해 달리는 모습, 그리고 목표를 이루는 순간.
6. **마무리:**
   - 대회에서의 결과는 중요하지 않지만, 그 과정을 통해 배운 것들에 대한 성찰.
   - "노력하면 무엇이든 이룰 수 있다"는 메시지로 마무리.

추가 아이디어

- 이야기에 감정을 담기 위해 자신의 생각이나 느낌을 잘 표현해보세요.
- 연습 중의 작은 성공이나 실패를 넣어 독자가 공감할 수 있도록 하세요.
- 친구들이 도와주거나 응원하는 장면을 추가하면 더 감동적인 이야기가 될 수 있습니다.

이런 구조를 바탕으로 이야기를 만들어 나가면 좋을 것 같습니다!

↻ ✎ ⧉   ♡ 원하는 답변이 아닌가요?   🔖 저장하기

추천 질문

인터넷 검색 결과로 답변 받기   →

오래 달리기를 시작하게 된 계기는 뭐였어?   +

연습하면서 겪은 어려움은 어떤 것들이 있었어?   +

                                    ↓

결국 잘하게 됐을 때 느낀 감정은 어땠어?   +

🔗 해결할 과제를 설명해 주세요   ➤

뤼튼: 이야기 작성에 도움 요청하기

이때 뤼튼에게 한 문장으로 정리한 주제를 제시해 주고 이야기를 만들어 달라고 요청할 수도 있습니다. 이때는 뤼튼이 작성해준 내용을 초안으로 수정 변형하여 나만의 이야기로 만들어 내도록 독려합니다.

오래 달리기를 잘 하지 못했지만 열심히 연습해서 결국에는 잘하게 되었다는 이야기를 만들어 줘.

답변

제목: 달리기의 꿈

나는 초등학교 6학년, 이름은 민준이다. 나는 어릴 적부터 운동을 좋아했지만, 특히 오래 달리기는 끔찍하게 힘들었다. 친구들은 쉽게 800미터를 뛰어넘었지만, 나는 항상 마지막에 도착하곤 했다. 그런 내 모습을 보고 친구들은 "민준이는 달리기를 못해!"라고 놀리기도 했다. 그럴 때마다 나는 속상했지만, 마음속에서는 "나도 잘하고 싶어!"라는 열망이 불타올랐다.

어느 날, 학교에서 열리는 체육대회 소식이 들려왔다. 모든 친구들이 기대하는 대회였지만, 나는 그 소식이 두렵기만 했다. 그래도 나는 결심했다. "이번엔 꼭 달리기를 잘 해보리라!" 그렇게 나는 연습을 시작했다.

처음에는 5분도 못 뛰었다. 숨이 차고 다리가 아프고, 모든 것이 싫었다. 하지만 나는 포기하지 않았다. 매일 아침 일찍 일어나 공원으로 나가 달리기를 시작했다. 처음에는 2분, 다음에는 5분, 그렇게 조금씩 늘려갔다. 힘들 때마다 거울 앞에서 나 자신에게 다짐했다. "나는 할 수 있다!"

주말마다 친구들과 함께 달리기를 하면서 점점 나아지는 나를 느꼈다. 친구들은 나의 변화를 응원해주었고, 나는 그들의 격려 덕분에 더 열심히 할 수 있었다. 얼마 지나지 않아, 나는 10분을 뛰게 되었고, 그 이후로도 계속해서 연습을 거듭했다.

드디어 체육대회 날이 왔다. 설렘과 긴장감이 뒤섞인 채로 출발선에 섰다. "이번에는 꼭 최선을 다해야 해!"라는 다짐으로 마음을 가다듬었다. 총성이 울리자마자 나는 전속력으로 달리기 시작했다. 처음에는 다른 친구들보다 뒤처졌지만, 연습한 만큼의 노력이 나를 지탱해주었다.

중간에 힘들어지는 순간이 있었지만, 나는 그동안의 연습을 떠올리며 다시 속도를 올렸다. 마침내 결승선이 보였다. 마지막 힘을 다해 달려가며 "나는 할 수 있어!"라고 소리쳤다. 그리고 드디어 결승선을 통과했다! 결과는 4등이었지만, 나는 그 어느 때보다도 행복했다.

그날, 나는 달리기에서의 성취감과 함께 중요한 교훈을 얻었다. "노력과 인내가 나를 변화시킬 수 있다"는 것을 깨달았다. 이제 나는 더 이상 달리기를 두려워하지 않는다. 오히려 앞으로도 계속 도전하고 싶다. 꿈은 이루어질 수 있다는 믿음을 가지고 말이다.

이렇게 민준의 이야기를 통해 노력의 중요성과 꿈을 이루는 과정을 담아보았습니다.

↻ ✎ ⎘   ♡ 원하는 답변이 아닌가요?   🔖 저장하기

추천 질문

인터넷 검색 결과로 답변 받기   →

왜 달리기를 시작하게 되었는지에 대한 배경은 뭐야?   +

연습하면서 가장 힘들었던 순간은 어떤 거였어?   +

친구들이나 주변 사람들의 격려가 어떤 영향을 줬는지 알고 싶어.   ↓

📎 해결할 과제를 설명해 주세요   ⊙

뤼튼: 주제문으로 뤼튼이 생성해 준 이야기 초안

3단계 이야기를 노래 가사로 바꾸기

앞서 만든 이야기를 노래 가사로 바꿀 차례입니다. 이야기를 노래 가사로 바꿈으로써 개인적인 경험이나 특정한 이야기를 더욱 보편적이고 공감가능한 형태로 만들 수 있습니다. 이를 통해 더 많은 사람들이 이야기에 담긴 상황과 감정에 공감하고, 자신의 경험과 연결 짓도록 할 수 있습니다.

뤼튼의 도움을 받아 이야기를 노래 가사로 바꾸어 보도록 안내합니다. 앞서 이야기를 작성할 때 뤼튼을 이용했다면 프롬프트에 바로 이어서 "위 이야기를 노래 가사로 바꿔줘."라고 요청하면 됩니다. 그렇지 않고 직접 메모장을 통해 이야기를 작성했거나 뤼튼이 만들어 준 내용을 수정해 완성했다면, 이 이야기 전체를 프롬프트에 새로 입력한 뒤 마지막 줄에 "이 이야기를 노래 가사로 바꿔 줘."라고 요청하도록 안내합니다. 프롬프트에서 줄을 바꿀 때에는 [Shift]를 누른 상태에서 [Enter]를 눌러야 한다는 점을 알려 주도록 합니다. [Enter]만 누르면 뤼튼의 답변을 요청하는 순서로 넘어가게 되기 때문입니다.

> 중간에 힘들어지는 순간이 있었지만, 나는 그동안의 연습을 떠올리며 다시 속도를 올렸다. 마침내 결승선이 보였다. 마지막 힘을 다해 달려가며 "나는 할 수 있어!"라고 소리쳤다. 그리고 드디어 결승선을 통과했다! 결과는 4등이었지만, 나는 그 어느 때보다도 행복했다.
> 그날, 나는 달리기에서의 성취감과 함께 중요한 교훈을 얻었다. "노력과 인내가 나를 변화시킬 수 있다"는 것을 깨달았다. 이제 나는 더 이상 달리기를 두려워하지 않는다. 오히려 앞으로도 계속 도전하고 싶다. 꿈은 이루어질 수 있다는 믿음을 가지고 말이다.
>
> 📎 이 이야기를 노래 가사로 바꿔줘.

뤼튼: 이야기를 노래 가사로 바꿔 달라고 요청하기

다음 시간에는 노래 생성 AI 도구 수노^{Suno AI}를 활용해 가사에 어울리는 노래를 생성받을 수 있습니다. 노래 가사가 길게 작성되었다면 간단히 8줄 길이로 줄여 보도록 안내합니다.

위 노래 가사를 8줄로 줄여줘.

🐾 **답변**

제목: 달리기의 꿈
민준이의 이야기 들어봐,

오래 달리기 힘들었던 날들,

"나도 잘하고 싶어!" 그 열망이 커져갔어.

체육대회 소식이 들려왔어,
매일 아침 공원에서 연습해,

결승선이 보일 때, 힘을 다해 달려가,

"나는 할 수 있어!" 소리쳐,

이제 두렵지 않아, 계속 도전할래!
이렇게 8줄로 줄여보았습니다!

뤼튼: 노래 가사 8줄로 줄이기

4단계 **노래 가사 공유하기**

노래로 만들 나만의 이야기의 주제와 내용을 만들고, 이야기를 노래 가사로 바꾸어 보는 활동을 완료하였습니다. 뤼튼의 도움을 받아 어려움을 쉽게 해결해 나가는 과정도 경험했습니다. 이렇게 만든 노래 가사를 패들렛에 올리도록 하여 다른 친구들과 공유해 보도록 합니다.

패들렛에 올린 서로의 노래 가사를 보고 학생들이 서로 피드백을 주고받도록 안내합니다. 이는 단순한 의견 교환을 넘어서 각자의 작품을 더욱 풍부하게 만들어 주는 과정입니다. 친구들의 댓글과 반응을 보면서 자신의 가사를 몇 차례 더 수정하는 과정을 거치면서 학생들은 가사의 완성도를 높여 나가게 될 뿐 아니라, 비판적 사고와 창의적 문제 해결 능력을 자연스럽게 높여 나가게 됩니다. 또한 이러한 활동을 통해 학생들은 자신의 생각을 보다 명확하게 전달하고 다른 사람의 의견을 존중하는 협력적 소통 역량도 높이게 됩니다.

패들렛: 노래 가사 공유하기

탐구 및 표현하기 (1)	2차시	나만의 노래 만들기

1단계 어떤 프롬프트가 필요한지 확인하기

수노Suno AI를 이용하면 나만의 노래를 제작할 수 있습니다. 아래 기능별 설명을 참고하도록 합니다.

단, 노래 가사를 사용하기 위해서는 'Custom Mode'를 활성화해야 하지만 시험 삼아 간단한 프롬프트를 입력하여 노래를 만들어 볼 수도 있습니다.

수노 사용하기

① 수노 접속하여 가입 및 로그인한다. https://www.suno.ai

② [Create]를 누르면 노래 생성 화면이 나타난다.

③ [Song Description]에 노래에 대한 설명을 입력하면 바로 노래 생성이 가능하다.

④ 준비한 노래 가사를 사용하려면 상단 'Custom' 모드를 활성화한다.

　- Lylics: 가사를 입력한다. 2절까지 8줄로 된 간단한 가사를 입력하도록 한다.

　- Style of Music: 노래 스타일을 입력한다. 장르와 분위기를 나타내는 단어를 입력한다.

　- Title: 노래 제목을 입력한다.

수노: 커스텀 모드 활용해 노래 만들기

2단계 여러 가지 음악 스타일 파악하기

좌측 [Search]를 선택하면 다른 사람들이 만든 노래를 살펴볼 수 있습니다. 다른 사람들이 수노로 생성한 여러 노래의 제목과 가사뿐만 아니라 'Style of Music'에 입력한 프롬프트들을 살펴보면 좋습니다. 여러 노래를 살펴보며 자신의 노래 생성에 도움이 될 만한 프롬프트로 보이는 것들은 메모해 두도록 안내합니다. 어떤 의미인지 파악하기 어려운 영어 프롬프트가 있다면 파파고^{Papago}로 번역하여 의미를 확인하면서 살펴보도록 안내합니다.

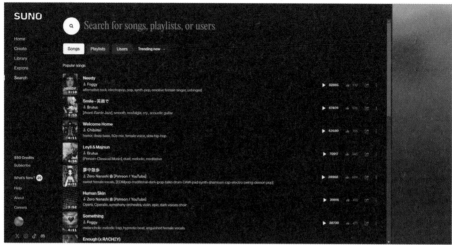

수노: 다른 사람들이 만든 여러 노래 살펴보기

3단계 프롬프트 입력하여 노래 만들기

이제 앞 시간에 만든 노래 가사로 나만의 노래를 만들어 보도록 합니다. 좌측 [Create]를 선택하고 'Custom'을 활성화한 뒤, 노래 가사, 원하는 스타일, 제목을 입력하도록 합니다. 입력한 내용을 확인한 뒤에 하단의 [Create]를 클릭하여 노래를 생성하도록 합니다.

생성된 노래가 마음에 들지 않는다면 가사 등 프롬프트 내용을 변경하여 다시 생성할 수 있습니다. 노래를 최대한 수정하고 생성하는 과정을 통해 학생들이 가장 자신의 마음에 드는 노래의 음원을 결정하고 이를 다운로드하도록 안내합니다.

수노: 프롬프트 입력하여 나만의 노래 만들기

1단계 스토리보드 이해하기

뮤직비디오를 효율적으로 제작하기 위해서는 스토리보드가 필요합니다. 뮤직비디오를 제작하기 위한 재료인 노래, 이미지, 영상은 생성형 AI 도구를 이용하여 준비할 수 있지만 뮤직비니오는 이러한 재료들을 학생이 직접 조합하여 만들어야 합니다. 이때 뮤직비디오 스토리보드는 일종의 제작 계획서라고 할 수 있습니다. 뮤직비디오 스토리보드는 보통 노래 시간대, 가사, 장면 내용 등을 주요 요소로 하여 작성합니다.

스토리보드 작성에는 구글 시트Google Sheets를 이용하면 좋습니다. 표를 활용하여 일목요연하게 작성하기 좋고, 다른 사람들과 공유하기도 편리하기 때문입니다.

새 스프레드시트 시작하기

① 구글 드라이브 접속하여 로그인한다. https://drive.google.com

② 좌측 상단 [+신규] > [Google 스프레드시트] 누르기

    이전 시간에 만든 노래를 들으며 장면이 바뀔 지점을 생각하여 노래 시간대를 나누도록 합니다. 뮤직비디오의 재료로 사용할 영상의 길이가 3초이므로 장면에 영상만 넣을 구간은 3초를 넘어가지 않도록 합니다. 다만 영상 재생 속도를 낮추면 재생 시간을 더 늘릴 수는 있으므로 이를 고려할 수 있도록 합니다. 단 이미지만 넣는 구간은 시간 제한이 없습니다. 가사가 있는 부분은 한 줄씩 들어가도록 하거나 적당한 부분에서 나눌 수 있습니다. 가사는 해당하는 노래 시간대에 맞춰 입력하도록 합니다. 장면 내용은 처음부터 끝까지 기승전결을 갖춰 흘러가되 노래의 분위기나 가사 내용에 어울리게 작성하도록 합니다. 장면 내용을 토대로 다음 시간에 이미지를 제작하기 때문에 이를 고려하여 장면 내용을 작성하도록 합니다.

장면	노래 시간대	가사	장면 내용	구성
1	0:00 ~ 0:04		소년이 혼자 달리기를 함	영상(배속 조절)
2	0:05 ~ 0:08		지치고 힘들어 함	영상(배속 조절)
3	0:08 ~ 0:12		친구가 나타남	이미지
4	0:13 ~ 0:17		친구랑 같이 뜀	영상(배속 조절)
5	0:18 ~ 0:22	나의 눈물, 친구의 웃음에	같이 웃음	이미지
6	0:22 ~ 0:26	함께 꿈을 꾸며 뛰던 그 길	같이 뜀	영상(배속 조절)
7	0:27 ~ 0:31	어둠 속에서도 빛나는 우정	빛나는 우정	이미지
8	0:32 ~ 0:35	힘든 시간 속에서도 빛나는 꿈	빛나는 꿈	영상(배속 조절)
9	0:36 ~ 0:40	서로의 손을 잡고 더 높이	서로 손을 잡음	영상(배속 조절)
10	0:41 ~ 0:44	서로에게 빛나는 별이 되어	하늘의 두 별이 빛남	이미지
11	0:45 ~ 0:49	시간이 흘러도 변치 않는 우정	어깨동무	이미지
12	0:50 ~ 0:53	꿈을 향한 여정, 영원히 함께	꿈을 향해 나아감	영상(배속 조절)
13	0:54 ~ 0:58		같이 열심히 달림	영상(배속 조절)
14	0:59 ~ 1:04		결승점 통과	이미지
15	1:05 ~ 1:10		모두의 환호	이미지

구글 시트: 뮤직비디오 스토리보드 작성하기

1단계 어떤 프롬프트가 필요한지 확인하기

뮤직비디오에는 노래뿐만 아니라 영상이 필요합니다. 이미지를 토대로 영상을 생성할 예정이기 때문에 이 단계에서는 이미지 생성 AI 도구를 활용하여 뮤직비디오에 들어갈 이미지들을 생성해 보도록 합니다. 이미지 생성형 AI 도구로 이디오그램Ideogram을 활용해 보도록 합니다.

이디오그램 사용하기

① 이디오그램에 접속한다. https://ideogram.ai

② [Continue with Google]을 눌러 로그인한다.

③ 프롬프트 입력창에 이미지에 대한 설명을 영어로 입력하면 바로 이미지를 생성할 수 있다. 파파고를 이용해 영어 문장을 입력한다.

프롬프트 입력창에 원하는 이미지에 대한 상세한 설명을 입력한 후 세부 생성 옵션을 설정하여 이미지를 생성하도록 안내합니다.

세부 생성 옵션

· Magic Prompt: AI가 자동으로 프롬프트를 개선해 주는 기능(On 권장)

· Aspect ratio: 이미지의 가로세로 비율

· Visibility: 이미지 공개 여부

· Model: 이미지 생성 모델(2.0 성능이 좋으나 더 많은 크레딧 사용)

· Color palette: 색상

· 프롬프트 입력창 아래에서 원하는 이미지 스타일을 선택할 수 있음.

178

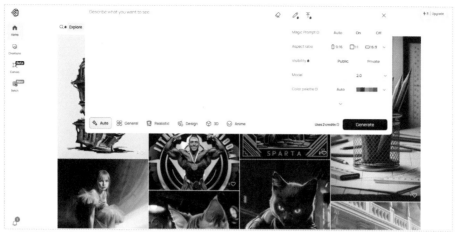

이디오그램: 원하는 이미지 만들기

여러 가지 이미지 스타일 및 프롬프트 파악하기

홈 화면에서 다른 사람들이 만든 이미지를 살펴볼 수 있습니다. 다른 사람들이 생성한 여러 이미지를 살펴보되 특히 이미지 생성에 사용한 프롬프트를 눈여겨 확인해 보도록 안내합니다. 모르는 영어 표현은 파파고로 번역해 보고 나만의 이미지를 생성할 때 도움이 될 프롬프트로 보이는 경우 표현을 메모해 두도록 합니다.

이디오그램: 다른 사람이 이미지 생성에 사용된 프롬프트 참고하기

앞 시간에 만든 스토리보드를 이용하여 장면 구성에 사용할 이미지를 만들 차례입니다. 생성하고자 하는 이미지에 대한 내용을 파파고를 이용해 영어로 번역한 뒤 입력하도록 합니다. 프롬프트를 입력할 때는 이미지에 대한 설명을 최대한 자세히 작성하는 것이 좋습니다. 프롬프트 입력 및 세부 생성 옵션 설정을 마쳤다면 [Generate]를 클릭하여 이미지를 생성하도록 합니다.

원하는 이미지가 한 번에 생성되지 않을 수 있습니다. 이런 경우에는 프롬프트 내용을 추가로 입력하는 방식으로 다시 이미지를 생성할 수 있습니다. 사용할 수 있는 크레딧이 한정되어 있으므로 이미지를 생성할 때 프롬프트를 잘 확인하여 크레딧을 낭비하지 않도록 합니다.

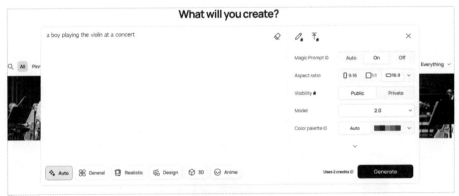

이디오그램: 프롬프트 입력하여 이미지 만들기

1단계 어떤 프롬프트가 필요한지 확인하기

피카Pika를 이용하면 전 시간에 제작한 이미지를 영상으로 만들 수 있습니다. 역시 프롬프트 입력창에 영상에 관련된 내용을 입력하면 이를 반영한 영상을 생성할 수 있습니다. 시험 삼아 간단한 프롬프트를 입력하여 영상을 만들어 보도록 합니다. 사용할 수 있는 크레딧이 한정되어 있으므로 영상을 생성할 때 프롬프트를 잘 확인하여 크레딧을 낭비하지 않도록 합니다.

피카 사용하기

① 피카에 접속한다. https://pika.art

② [Sign in with Google]을 눌러 로그인한다.

③ 사용할 수 있는 Pika 모델을 선택 후 프롬프트 입력창에 영상에 대한 설명을 영어로 입력하면 바로 영상을 생성할 수 있다. 파파고를 이용해 영어 문장을 입력한다.

피카: 프롬프트 입력하여 영상 생성하기

앞 시간에 만든 이미지를 이용하여 장면에 사용할 영상을 만들 차례입니다. [Image]를 클릭하여 '장면 1'에 해당하는 이미지를 불러옵니다. 생성하고자 하는 영상에 대한 프롬프트를 입력하고 조건을 지정하여 영상을 생성하도록 합니다.

프롬프트 입력 내용이 충분하지 않은 경우 원하는 영상과 거리가 먼 영상이 생성될 수 있습니다. 이 경우 프롬프트 내용을 수정하거나 추가하여 다시 영상을 생성하도록 합니다.

피카: 이미지 토대로 원하는 영상 만들기

1단계 뮤직비디오 만들기

그동안 준비한 재료를 조합하여 뮤직비디오로 만들 차례입니다. 캔바^{Canva}를 이용하면 뮤직비디오를 만들 수 있습니다.

캔바로 뮤직비디오 만들기

① 캔바에 접속하고 가입 및 로그인한다. www.canva.com

② 템플릿은 동영상 중 '동영상(16:9 비율)' 또는 '페이스북 동영상(1:1 비율)'을 선택한다.

  ※ 여기서는 페이스북 동영상 기준으로 설명

③ [빈 페이스북 동영상 만들기] 선택하여 뮤직비디오 제작을 시작한다.

  - 노래 제목이 포함된 인트로 장면을 구성한다. 화면 좌측 여러 템플릿 가운데 하나를 선택하여 인트로 장면을 만든다.

  - 페이지를 추가하여 '장면 1'을 구성한다. 영상 및 이미지 파일은 드래그앤드롭으로 쉽게 추가 가능하며, 추가 후 페이지와 같은 크기로 늘려 준다.

  - 노래 파일도 추가하여 '장면 1' 페이지부터 재생되도록 한다.

  - 스토리보드를 참고하여 '장면 1'의 노래 시간대에 알맞게 영상 혹은 이미지 재생 시간을 조절한다.

  - 이후 장면 또한, 페이지 및 이미지, 영상을 추가하여 크기를 맞추고, 노래 시간대에 알맞게 재생되도록 조절한다.

  - 이미지가 들어간 페이지는 알맞은 애니메이션을 추가하거나 페이지 전환 효과를 넣으면 뮤직비디오에 생동감을 줄 수 있다.

④ 모든 장면을 구성했다면, 처음부터 다시 재생해 보며 어색한 부분을 수정한다. 노래 가사를 넣은 자막을 추가할 수도 있다.

캔바: (위) 인트로 만들기, (아래) 장면들 구성하기

마무리 및 평가하기	8차시	뮤직비디오 발표하기

1단계 뮤직비디오 발표 및 평가하기

완성된 뮤직비디오를 패들렛에 공유하도록 합니다. 동영상 파일을 다운받아 패들렛에 올리기에는 용량이 크므로, 캔바에서 작품 공유 권한을 '링크가 있는 모든 사용자', '보기 가능'으로 변경한 후 링크 복사하여 패들렛에 주소를 공유하도록 합니다.

그런 뒤 뮤직비디오를 발표하도록 합니다. 발표 방법은 두 가지가 있습니다. 첫 번째 방법은 오프라인 발표로 발표자가 앞으로 나와서 자신이 제작한 뮤직비디오에 대해 소개하는 방법입니다. 간략한 소개 후 함께 뮤직비디오를 시청하고 질의응답 및 제작 소감을 발표할 수 있습니다. 두 번째 방법은 패들렛을 활용한 온라인 발표입니다. 뮤직비디오에 대한 간략한 소개와 활용한 생성형 AI 도구, 에듀테크 도구 등을 작성하도록 합니다. 뮤직비디오를 제작한 소감도 함께 발표할 수 있습니다. 댓글을 달거나 좋아요 등으로 서로 피드백하며 의견을 나누는 시간을 갖습니다.

캔바: 뮤직비디오 링크 공유하기

수업 운영의 Tip

Tip. 캡컷(CapCut)으로 뮤직비디오 만들기

캔바를 이용하여 뮤직비디오를 만드는 것이 불편한가요? 무료 동영상 편집 프로그램인 캡컷을 활용하면 학생들과 뮤직비디오 제작을 훨씬 더 쉽게 할 수 있습니다. 캡컷은 직관적인 인터페이스를 제공하여 학생들이 사진과 동영상, 음악을 쉽게 조합해 멋진 뮤직비디오를 만들 수 있도록 돕습니다.

캔바가 주로 디자인에 중점을 두고 있는 반면, 캡컷은 동영상 편집에 특화된 도구로서 다양한 편집 기능과 효과를 제공합니다. 학생들은 원하는 사진과 동영상을 불러온 후, 타임라인에 간편하게 배치하여 편집할 수 있습니다.

또한 다양한 필터와 효과를 적용하여 뮤직비디오의 분위기를 조절할 수 있으며, 텍스트와 스티커를 추가하여 각자의 개성을 표현할 수 있습니다. 이렇게 캡컷을 활용하면 학생들이 창의력을 발휘하여 나만의 특별한 뮤직비디오를 손쉽게 제작할 수 있습니다.

캡컷: 뮤직비디오 만들기

3장

생성형 AI
프로젝트 수업 사례

(2) 중등 프로젝트 수업 사례

중등

---------- 프로젝트 1 ----------
문화 차이 이해하기

관련 성취 기준

[9영01-02] 친숙한 주제에 관한 담화나 글에서 세부 정보를 파악한다.
[9영01-03] 친숙한 주제에 관한 담화나 글의 중심 내용을 파악한다.
[9영01-04] 친숙한 주제에 관한 담화나 글에서 일이나 사건의 논리적 관계를 파악한다.
[9영02-03] 친숙한 주제에 관해 사실적 정보를 설명한다.

프로젝트 개요

[준비하기] 'AI도 문화충격을 받을까?'라는 질문으로 호기심을 자아내고 인공지능이 표현하는 문화 차이에 대해서 살펴본다.
[주제 결정하기] 문화적 차이에 관한 핵심 표현을 우선 익히면서 작성할 글의 주제를 결정하도록 한다.
[활동 계획하기] 문화적 차이를 다룬 이야기를 듣고, 글을 읽으면서 어떤 글을 어떻게 쓸 것인지 활동을 계획하도록 한다.
[탐구 및 표현하기] 문화적 차이에 관한 글의 내용을 그래픽 조직자를 이용해 구성해 보고, 국가 간 문화적 차이에 대해 깊이 있게 탐색하도록 한다.
[마무리 & 평가하기] 탐구한 내용을 문화 카드로 정리한 뒤 내용을 공유하고 게임하며 마무리한다.

프로젝트 목적 & 목표

인공지능을 활용한 사실 판단과 비판적 능력 함양 및 자율적 학습 능력 강화
· 에듀테크/생성형 인공지능 도구를 통해 문화적인 차이에 대한 글의 표현을 학습한다.
· 에듀테크/생성형 인공지능 도구를 활용하여 글에 내용에 대해 답을 하며 이를 이해한다.
· 에듀테크/생성형 인공지능 도구를 활용하여 글을 구조화하여 파악한다.
· 국가별로 나타나는 문화적인 차이를 에듀테크/생성형 인공지능 도구를 활용하여 파악하고 표현한다.

Tools : 생성형 AI + Edutech

챗GPT	ChatGPT	텍스트(채팅)로 질문함으로써 거대 생성 언어모델로부터 답을 받아 활용
뤼튼	wrtn	인공지능을 활용하여 프롬프트 튜닝으로 한국어 질의응답을 진행하는 데 활용
크레이온	Craiyon	장면을 묘사하는 텍스트로 실제적 그림 등 이미지를 만들어 내는 데 활용
일레븐랩스	elevenlabs.io	입력한 문장을 AI가 자연스러운 목소리로 읽어 주므로 듣기 활동에 활용
냅킨AI	napkin.ai	텍스트를 다양한 시각적 템플릿이나 프레임으로 변환받는 데 활용
제미나이2.0	Gemini 2.0	거대 생성 언어모델을 기반으로 입력한 영어 문장에 대한 사실 여부의 판단을 제시받는 데 활용
릴리스AI	Lilys.ai	유튜브 동영상을 텍스트로 요약받는 데 활용
클래스카드	classcard.net	단어, 뜻, 이미지를 연결시켜 어휘학습하는 데 활용
캔바	Canva	다양한 형태의 디자인, 템플릿 등을 이용해 각종 이미지를 만드는 데 활용
구글 클래스룸	Google Classroom	교사와 학습자 간 파일 공유 등을 온라인으로 용이하게 진행하는 데 활용
구글 독스	Google Docs	여러 사람이 온라인에서 공동으로 문서 작업을 진행하는 데 활용

대상	중학교 3학년			
관련 교과	영어			
성취 기준	[9영01-02] 친숙한 주제에 관한 담화나 글에서 세부 정보를 파악한다. [9영01-03] 친숙한 주제에 관한 담화나 글의 중심 내용을 파악한다. [9영01-04] 친숙한 주제에 관한 담화나 글에서 일이나 사건의 논리적 관계를 파악한다. [9영02-03] 친숙한 주제에 관해 사실적 정보를 설명한다.			
단계	차시	주요 학습 내용	관련 교과	활용 도구
준비하기	(수업 전)	• 제시할 프로젝트 주제 결정하기 • 동기유발용 자료와 발문 마련하기		
주제 결정 & 활동 계획하기	1	[문화적 차이에 관한 주제 선정하기] • 인공지능과 문화적 차이에 관한 탐구 과제 및 활동 선택하기 • 문화적 차이에 관한 어휘 학습하기 • 어휘발음/의미를 개별적으로 학습하기	영어	챗GPT /뤼튼 크레이온 캔바 구글 클래스룸 (구글 독스)
탐구 및 표현하기 (1)	2~3	[문화적 차이에 대한 글의 내용 파악하기] • 문화적 차이에 대한 이야기를 듣고 물음 답하기 • 문화적 차이에 대한 글을 읽고 질문 및 답하기 • 문화적 차이에 대한 글에 대해 생성형 인공지능이 만든 질문에 답하기	영어	일레븐랩스 챗GPT / 뤼튼 구글 클래스룸 (구글 독스)
탐구 및 표현하기 (2)	4	[문화적 차이에 대한 글의 내용 조직하기] • 문화적 차이에 대한 글과 생성형 인공지능이 만든 그래픽 조직자 비교하기 • 문화적 차이에 대한 글을 바탕으로 그래픽 조직자 완성하기 • 작성한 그래픽 조직자를 바탕으로 간단한 이야기 책 만들기	영어	냅킨AI 캔바
탐구 및 표현하기 (3)	5~6	[문화적인 차이에 대해서 더 알아보기] • 국가 간의 문화적인 차이에 대해서 탐색하기 • 생성형 인공지능을 활용하여 문화적 차이 살펴보기 • 문화적 차이에 대한 사실 점검하기	영어	제미나이2.0 챗GPT 릴리스AI 뤼튼
마무리 & 평가하기	7~8	[문화적 차이에 대해서 설명하기] • 각 나라의 문화적 차이에 대한 문화 카드 만들기 • 제작한 문화 카드에 대해 발표하기 • 문화 카드를 활용한 게임하기	영어	챗GPT 캔바

플레이! 생성형 AI 프로젝트 수업

| 준비하기 | 수업 전 | 프로젝트 주제 및 자료 마련하기 |

자율주행 자동차, AI 로봇, 챗GPT 등 인공지능에 대한 관심이 점차 높아진 현재 상황에서 사람들의 관심은 '지능'에 크게 쏠려 있는 것이 사실입니다. 그렇다면 인간이 향유하는 '문화'는 어떨까요? 인공지능이 이러한 '문화'의 개념에 대해서 제대로 인식을 할 수 있을까요? 인간은 '문화'에 자신의 정체성을 두기도 하고 이를 누리며 또한 발전시켜 나갑니다. 그렇기에 어쩌면 인간의 발달된 특징이라고 할 수 있는 이 주제를 인공지능과 연계해서 살펴본다면 흥미로운 탐구를 할 수 있으리라 생각했습니다.

이러한 주제에 관련해 학생들의 흥미를 보다 불어넣을 수 있도록 유튜브에 영상 가운데 '생성형 AI로 만든 각 나라 의상을 입은 해리포터 영상'이나 '각 나라 사람들을 인공지능으로 묘사한 영상'을 검색해 보여 주면서 화두에 대해 준비하기를 권장합니다. 또는 AI가 사람들이 생활하는 삶의 공간 속에서 문화 충격을 받거나 홀로 외롭게 서 있는 그림을 보여 주는 것도 좋을 것입니다. 준비하기 단계의 이러한 활동은 인간의 문화에 대해 학생들이 한 번 더 깊이 생각해 보면서 그러한 문화의 차이를 인공지능과 연관시켜서 생각해 보도록 하기 위함입니다.

문화적 충격을 느끼는 AI를 형상화한 이미지

1단계 인공지능과 문화적 차이에 관한 탐구 과제와 활동 선택하기

이 단계에서는 준비하기 단계에서 언급한 문화적인 차이에 대하여 학생들이 직접 주제를 결정하고 활동을 계획합니다. 다만 학생들이 보다 효과적으로 주제를 결정할 수 있도록 문화 차이를 잘 드러낼 수 있는 여러 가지 시청각 자료를 제시하는 것도 좋습니다. 예컨대 이후의 활동에서 보다 심도 있게 다룰 한국과 일본의 문화 차이를 동영상이나 인쇄물로 제시하거나 각 나라의 문화가 잘 나타나 있는 올림픽 개막식이나 폐막식 영상을 보여 주며 학생들이 주제에 대해 좀 더 생각해 보도록 합니다. 또한 이를 인공지능과 연관시킬 수 있도록 질문이 담긴 카드들을 제시하는 것도 좋은 방법입니다. (예: 중국에서 개발한 인공지능 모델인 딥시크 Deepseek와 한국의 인공지능 모델인 엑사원EXAONE이 한국과 중국의 문화적인 특징에 대한 질문에 서로 같은 대답을 할까요? 다르다면 어떤 점에서 다른 대답을 할까요?)

이러한 방식으로 학생들이 주제를 결정하면 이후에는 보다 구체적인 활동을 계획하도록 유도합니다. 다만 학생들이 상세하게 활동을 계획하기가 어려울 수 있으므로 듣기, 말하기, 쓰기, 읽기 등의 4가지 기본 활동에 기초해서 고를 수 있도록 안내합니다. 예컨대 학생들은 한국과 다른 나라의 문화적인 차이에 관한 영어 대화를 여럿 듣고 그에 대한 내용과 소감을 적는 활동을 계획할 수 있습니다. 이러한 맞춤형 활동에 있어서 생성형 인공지능을 활용하여 여러 가지 보조 자료를 제시할 수도 있습니다.

2단계 문화적 차이에 관한 어휘 학습하기

여러 가지 효과적인 학습 방법 가운데 이중부호화dual coding 이론이 있습니다. 이론을 어휘학습에 적용하는 핵심 방법은 어휘 학습 시 시각적 자극visual stimuli과 어문 자극verbal stimuli을 함께 제공하는 것입니다. 간단히 표현하자면 어휘와 관련된 이미지와 텍스트를 동시에 제공하여 학습하도록 하는 것입니다.

이때 구글 독스Google Docs에서 [삽입] 〉 [표] 기능을 활용하면 어휘 단어장 학습지를 만들어서 학생들에게 제공하기가 아주 간단해집니다. 우측 상단 [공유]를 선택한 뒤 '일반 액세스'에서 접근 범위와 권한을 알맞게 설정한 뒤 URL 형태로 학습지를 공유하면 됩니다.

이중부호화 적용 전략은 다음 두 가지 방법으로 구현해 볼 수 있겠습니다. 첫 번째는 픽처너리식으로 각각의 어휘에 대해 이미지와 뜻을 학생들에게 함께 제시하는 것입니다. 두 번째는 영어 표현과 그 뜻을 제시한 뒤에 학생들이 직접 생성형 인공지능을 사용해서 해당 어휘에 알맞은 이미지를 생성해 내도록 하는 것입니다.

첫 번째 방법은 학생들이 보다 빠르게 학습을 진행할 수 있다는 장점이 있고, 두 번째 방법은 각자에게 주어진 어휘의 의미를 제대로 파악했는지를 확인할 수 있으며 학생들이 생성형 인공지능을 직접 활용해 보는 활동이라는 점이 장점입니다.

이때 이미지 생성을 위해 사용할 수 있는 유/무료의 생성형 AI 서비스로는 챗GPTChatGPT, 뤼튼wrtn, 크레이온Craiyon 등이 있습니다. 학생들이 검색을 통해 해당 서비스 사이트를 찾아 들어가고 프롬프트를 직접 작성해 넣으며 이미지를 생성해 보도록 합니

Lesson 5. A Single Day in Different Cultures

어휘 이미지를 직접 생성해 단어장 만들기

다. 이렇게 각 단어에 알맞은 이미지를 생성한 뒤 단어장에 포함시키는 작업을 이어서 완수하도록 안내합니다.

3단계 어휘의 발음/의미를 개별 학습하기

하이퍼링크 기능을 활용하면 구글 독스 단어장에서 학생들이 발음을 개별적으로 학습하게 만들 수 있습니다. 단어장에 넣을 어떤 어휘를 'X'라 하고 구글 검색에서 "how to pronounce X"라고 검색을 하면 이 어휘에 대한 발음 링크를 구할 수 있는데 이 주소를 구글 독스 단어장에 하이퍼링크로 연결해 두면 됩니다. 두 단어 이상으로 이루어진 표현이라면 단어 사이에 공백(' ') 대신에 언더바('_')를 넣고 검색을 하면 됩니다(예) 'how to pronounce far_away').

발음 링크를 포함한 단어장을 완성했다면 학생들이 단어장을 열고 각 단어의 발음을 클릭하면서 발음 연습을 하도록 안내합니다. 만약 수업에서 학습용으로 핸드폰을 이용할 수 있는 경우라면 네이버 사전 앱을 활용하도록 안내해도 좋습니다.

네이버 사전을 앱으로 설치한 뒤 어휘를 검색하면 해당 어휘에 대한 다양한 국가의 발음을 들어 볼 수 있습니다. 로그인을 할 경우, 스마일 버튼이 나오는데 이 버튼을 누르면 해당 어휘에 대해 스스로 발음 연습을 하며 발음 점수를 받아볼 수 있습니다. 다만 같은 장소에서 여러 학생이 한꺼번에 발음 연습을 할 경우에는 어

스마일 버튼 확인하기   발음 점수 화면

려움이 따를 수 있습니다. 따라서, 서로 충분한 간격을 유지한 상태에서 학습하거나 또는 챌린지의 형식으로 후속 학습을 이어가는 것이 좋습니다.

탐구 및 표현하기 (1)   **2~3차시**   문화적 차이에 대한 글의 내용 파악하기

1단계 주제글 듣고 물음 답하기

독해 학습에 있어서 읽기 전 활동Pre-reading activity으로는 그림 보고 예측하기, 질문 만들기, KWL차트 만들기, 오디오 듣기 등의 다양한 활동이 있습니다. 챗GPT를 활용하면 읽기 본문에 대한 듣기 활동을 문제 풀이와 연계시킬 수 있어서 새로운 읽기 전 활동을 진행해 볼 수 있습니다. 문화적 차이에 관한 주제글 텍스트를 준비해 둔 뒤, 활동을 만들어 진행해 봅니다.

읽기 전 활동: 듣기 활동 만드는 법

① 챗GPT에 해당 본문 텍스트를 입력하고, 일정한 수준(예 CEFR Level 활용)에 따른 듣기 문항들을 만들어 줄 것을 요청한다.

[프롬프트 예]

"Hello, ChatGPT. Now you pretend to be a top English instructor and should create 5 listening comprehension questions for an English text at the CEFR B1 level. Each question should be followed by 5 answer options, with only one correct answer. Thank you!"

② 챗GPT가 생성한 문항을 검토하여 수정 및 확정한다. 발문과 선택지의 텍스트뿐만 아니라 문항 번호 등도 정리해 기입한다.

③ 본문과 문항의 텍스트를 음성 생성 사이트인 일레븐랩스에 붙여 넣고 오디오를 생성받는다. https://elevenlabs.io

④ 수업 시간에 본문 + 문항 오디오를 한 번 또는 두 번 들려주고 학생들이 답을 맞혀 보도록 한다.

2단계 주제글 읽고 질문하고 답 찾기

읽기 전 활동으로 듣기 활동을 진행하였습니다. 이제는 학생들이 주제글인 Minji의 외국인 마을 여행기를 직접 읽으면서 이해가 잘 되지 않는 부분 등에 대해 질문을 남기도록 합니다. 학생들에게 텍스트로 주제글을 제시할 때는 글의 각 문장마다 순서상 번호를 매긴 뒤 구글 독스로 제시하도록 합니다.

글을 읽으며 학생들이 질문을 머릿속으로만 생각하도록 하는 게 아니라 옆에 있는 동료와 질문 및 답변을 주고받는 과정을 통해 질문에 대한 답을 찾아 가는 과정까지 함께 진행하도록 안내합니다. 동료와의 소통을 통해서도 의문이 해결되지 않았다면 구글 독스를 활용해 학급 전체 동료들에게 도움을 요청하도록 합니다.

읽기 중 활동: 동료들과 대화하며 의문점 함께 해결하기

① 구글 독스에 제시된 주제글을 읽으며 잘 이해가 되지 않는 부분은 드래그 + 댓글 달기하여 질문을 남긴다. (댓글 달기= Ctrl + Alt + M)

② 질문에 답을 알고 있는 학생은 댓글을 클릭하여 답을 남긴다.

③ 댓글에 질문과 답변이 댓글로 계속 이어지도록 안내한다.

이처럼 다수의 학생들이 집단 지성을 활용하여 글을 이해하는 과정을 겪고 난 뒤에도 미처 답을 찾지 못한 질문이 남아 있을 수 있습니다. 이 질문들은 교사와 학생들이 함께 해결해 보도록 합니다. 교사는 챗GPT나 뤼튼^{wrtn} 등의 텍스트 생성형 인공지능을 활용하여 질문하고 답을 얻음으로써 궁금증을 해소해 나가도록 수업을 구성할 수 있습니다. 학생들의 시행착오를 줄여 주기 위해 이 과정의 초반 프롬프트는 교사가 미리 지정해 주거나 시범을 보여 주면 좋습니다. 그런 뒤에 학생들이 직접 인공지능과 대화하며 자연스럽게 학습해 나가도록 유도합니다.

You
'Once upon a time, in a small town in Korea, there lived a middle school girl named Minji.' 이 문장에서 there이 lived 앞에 사용되었는데 어떻게 이것이 가능한거야? 그 이유와 더 다양한 사례를 알려줘.

ChatGPT
이 문장에서 사용된 "there"는 영어에서 "existential there"라고 불리는 구문의 일부입니다. 이 구문은 존재나 발생을 나타내는 데 사용되며, 일반적으로 "there is" 또는 "there are" 형태로 시작합니다. 이 구문에서 "there"는 실제 장소를 가리키는 것이 아니라 문법적인 목적으로 사용됩니다.

"Once upon a time, in a small town in Korea, there lived a middle school girl named Minji."라는 문장에서 "there"는 "lived"라는 동사 앞에 위치하여 '어느 곳에 민지라는 중학생이 살고 있었다는 것을 나타냅니다. 이 구문은 특히 서술적인 글쓰기나 이야기에서 자주 사용되며, 문장의 시작 부분에 새로운 상황이나 존재를 도입하는 데 효과적입니다.

다른 예시들을 살펴보겠습니다:

1. "There are many books on the shelf."
   • "책장에 많은 책들이 있습니다." (책의 존재를 나타냄)
2. "There was a loud noise outside."
   • "밖에서 큰 소리가 났습니다." (소음의 발생을 나타냄)

챗GPT: Q&A 진행하기

'챗GPT: Q&A 진행하기'에서처럼 인공지능의 답을 그대로 받아들이고 무비판적으로 수용하면 문제가 되는 경우도 간혹 있습니다. 따라서 인공지능의 대답을 학생들이 점검하고 확인할 수 있도록 교차 검토를 하도록 안내해야 합니다. 교사가 직접 잘못이나 오류를 바로잡아 주면서 인공지능이 주는 잘못된 대답을 확인시켜 주어도 좋습니다.

이제 앞선 활동과 반대로 챗GPT와 같은 거대언어모델(LLM; Large Language Model)에 질문을 하고 학생들이 답을 하는 독해 활동을 설계하여 수업을 진행합니다. 이때 언어모델에게 학생들의 수준에 맞는 문제를 출제해 줄 것을(예 CEFR Level 활용) 조건으로 언급합니다. 다양한 문제 유형을 언급하여 받아보는 것도 좋습니다. 어휘 및 본문 이해에서부터 추론, 비판적 사고 능력, 개인적인 연관성에 관한 질문까지 다양한 성격의 문제 유형을 언급하고 생성받을 수 있습니다. 물론 이 경우에도 인공지능이 생성해 준 문제의 타당성과 난이도 등을 교사가 점검하고 수정한 뒤 최종본을 확정하여 학생들에게 양질의 문제를 제공해야 합니다.

[프롬프트 예]

"Hello, ChatGPT. I need you to act like an English teacher and make 10 reading comprehension questions for a text that's at the CEFR B1 level. For each question, give 5 possible answers, but only one should be right. Thank you!"

또한 이렇게 만든 문항들을 수업 막바지에 복습 문제review question로 사용해도 좋습니다. 교사가 매 시간마다 복습용 문항을 직접 만드는 것은 쉽지 않은 일이었습니다. 하지만 이렇게 챗GPT나 뤼튼 등 거대언어모델을 활용하면 평가 문항 생성을 매우 간단히 진행할 수 있어서 이전에 비해 시간과 노력을 덜 들이면서도 학생들의 학습 효과를 더 손쉽게 유도할 수 있게 되었습니다.

1단계 글과 그래픽 조직자 비교하기

글은 기본적으로 선형적 형태로 쓰여 있고 인간이 글을 읽는 방식 또한 선형적이기 때문에 사건이 일어난 순서에 따라서 또는 내용이 제시되어 있는 순서에 따라서 글의 조직을 간단하게 정리해 볼 수 있습니다. 이때 글을 보다 심도 있게 파악하기 위해서는 그래픽 조직자organizer를 활용하면 좋은데 생성형 인공지능을 활용하면 글의 내용을 간단하게 시각적으로 조직해 볼 수 있습니다.

그래픽 조직자 생성받기

· 냅킨AI   https://napkin.ai

  영어 텍스트를 입력창에 넣으면 각각의 텍스트에 맞는 시각적 조직자를 보여주는 서비스들이 있습니다. 학생들에게 교과서 텍스트 전체 혹은 일부를 직접 입력해 보도록 하여 직접 결과물을 확인하도록 할 수 있고, 혹은 미리 그래픽 조직자를 준비한 뒤 제시해 보여 줄 수도 있습니다. 중요한 것은 이렇게 인공지능이 생성한 조직자를 학생들이 글과 비교해 보면서 조직자의 항목들이 적합한지를 직접 판단하는 과정을 경험하도록 하는 것입니다.

  아래는 앞선 차시 수업에서 읽었던 Minji의 외국인 마을 여행을 인공지능을 통해서 조직한 사례입니다. 생성형 인공지능이 자세하고 또한 다양한 방식으로 글의 내용을 정리하는 것을 알 수 있습니다. 교사가 생성된 조직자를 먼저 살펴본 뒤에 학생들의 수준에 맞게 수정을 하거나, 비계를 설정하면서 학습을 고안할 수 있습니다.

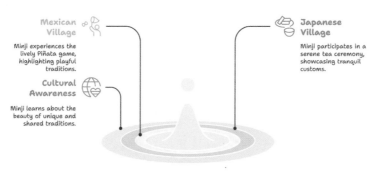

Cultural Discoveries

Mexican Village
Minji experiences the lively Piñata game, highlighting playful traditions.

Cultural Awareness
Minji learns about the beauty of unique and shared traditions.

Japanese Village
Minji participates in a serene tea ceremony, showcasing tranquil customs.

그래픽 조직자: 냅킨AI

2단계 글을 바탕으로 그래픽 조직자 완성하기

이제 학생들이 스스로 글의 내용을 요약 정리하면서 가장 알맞은 형태의 조직자를 선택하고 또한 완성해 보도록 합니다. 이번에는 캔바Canva를 이용해 그래픽 조직자를 만들어 보도록 합니다.

캔바의 [템플릿]에서 'graphic organizer'를 검색했을 때 나오는 양식 가운데 알맞은 것을 고르도록 안내합니다. 최적의 조직자를 직접 선택하는 활동이 학생들에게 다소 어렵게 느껴질 수 있기 때문에 교사가 미리 몇 개의 조직자 후보를 챙겨 두고 소개하는 방식이 더 나을 수 있습니다.

캔바 > [템플릿] > 다양한 그래픽 조직자 양식

3단계 조직자를 바탕으로 이야기책 만들기

캔바를 이용해 그래픽 조직자를 만들었다면 이 서비스를 좀 더 이용해 보도록 해도 좋을 것입니다. 캔바로 만든 그래픽 조직자를 가지고 이야기책 만들기 활동을 추가 진행해 보면 좋습니다.

이야기책의 캐릭터 제작에는 GPT4 혹은 Canva를 활용하도록 안내합니다. 생성형 인공지능의 기술 한계가 있어서 한 사람이 그린 것처럼 캐릭터가 완전히 동일하게 생성되지는 않기 때문에 최대한 유사성이 높은 캐릭터들을 생성받기 위해서는 캐릭터의 스타일 및 인상착의 등을 상세하게 언급한 프롬프트를 작성해 두는 것이 좋습니다.

학생들이 유사성 높은 이미지 생성에 어려움을 겪을 수 있으므로 본문 묘사에 필요한 프롬프트 혹은 이미지 예시를 미리 준비해 제공해 주고 학생들이 이를 선택해 활용해 보도록 하는 데 의의를 둘 수도 있습니다.

캔바 > [템플릿] > 다양한 이야기책 양식

캔바로 만든 이야기책 일부

1단계　국가 간 문화적 차이 탐색하기

주제글 읽고 활동하기를 했다면 이제는 교과서의 주제글 밖으로 탐구 영역을 확장시켜 보도록 합니다. 이 활동을 통해 학생들이 국가 간 문화 차이의 실제를 좀 더 깊이 이해할 수 있도록 합니다. 학생들이 국가별 문화 차이를 보다 실감 나게 인식하도록 하기 위해 텍스트 찾기 활동에 국한시킬 것이 아니라 영상 등 다양한 형태의 콘텐츠를 탐색하도록 유도하기를 추천합니다. 단 영상은 내용이 풍부할수록 길이가 길어지는데 영상의 요약을 제공해 주는 릴리스AI^{Lilys.ai}를 활용하면 핵심을 빠르게 정리받아 습득할 수 있으니 활용해 보도록 안내합니다.

이처럼 생성형 인공지능을 활용하면 텍스트뿐만 아니라 영상으로부터도 정보를 손쉽게 추출하고 일목요연하게 정리받아 활용할 수 있습니다. 동영상의 기본 정보에 가까운 타임라인 확인만으로도 동영상 전부를 다 볼 필요 없이 발췌하여 내용을 확인할 수 있기 때문에 간편하고 효율적인 정보 확인과 습득이 가능해집니다. 다만 모든 정보는 습득하기 전, 검증함으로써 정확도를 확인할 필요가 있음을 강조하도록 합니다.

2단계　생성형 인공지능을 활용하여 문화적 차이 살펴보기

앞서 얻은 정보의 정확성을 확인하는 과정을 안내합니다. 영어 문장에 대해 사실 여부를 통해 판단을 하고자 할 때 최근 소개가 된 인공지능 모델인 제미나이 2.0^{Gemini 2.0}을 활용해 볼 수 있습니다.(https://aistudio.google.com/prompts/new_chat) 앞서 텍스트나 영상 등에서 추출 및 정리 받은 내용들이 올바른 내용인지를 인공지능을 이용해 다시 한번 점검해 보는 과정입니다. 몇 개의 콘텐츠에서 정리한 내용은 잘못되거나 편협한 정보를 담고 있을 수 있는데 이에 대한 판단을 인공지능의 도움을 받아 진행하는 것입니다.

이 활동은 앞서 요약 받은 정보를 표 항목으로 정리하고 각각의 정보에 대한 인공지능의 답변을 옆에 정리하여 한눈에 비교되도록 하면 좋습니다. 표 양식은 사전에 준비하여 학생들에게 제공하는 것이 좋습니다. 정리 표에는 영어로 적는 것을 원칙으로 하되 필요하다면 온라인 영어 사전이나 번역기를 활용할 수 있도록 합니다.

예 한국과 일본 문화 차이 사례

1. 토마토를 먹을 때 뿌리는 것

2. 식사 때 숟가락을 사용하는 정도의 차이

3. 차량 중 경차 비율의 차이 등

Let's compare between the video and the AI's answers.

Video Summary		Gemini 2.0
Preferred ways to eat tomatoes	It is common in South Korea to sprinkle sugar to tomatoes when People eat them.	That's correct! Sprinkling sugar on tomatoes is a common and popular practice in South Korea. Many Koreans enjoy the sweet and sour combination. It's often served as a simple snack or side dish.
	It is common in South Korea to sprinkle salt to tomatoes when People eat them.	Yes, sprinkling salt on tomatoes is a fairly common practice in Japan. It's much more widespread and accepted than sprinkling sugar. You'll find many people enjoy the combination of salt and the tomato's natural sweetness.
Frequency of using spoons while eating	It is common in South Korea to use spoons a lot when people have meals.	Yes, that is correct. In Korean cuisine, both spoons and chopsticks are used, but spoons are more frequently used than in some other East Asian cultures like Japan. Spoons are used for:
	It is rare in Japan to use spoons a lot when people have meals.	Yes, that's generally correct. While spoons are used in Japan, they are not as common as in Korea or some other cultures. Chopsticks are the primary eating utensil.

[제미나이 2.0] 동영상 요약 정보가 올바른지 재확인하기

동영상에서 추출된 정보와 인공지능의 판단이 서로 일치한다면 해당 정보는 사실일 가능성이 높다고 볼 수 있습니다. 하지만 양쪽이 상반된 결과가 나오는 경우에는 해당 정보에 대해 추가 검증을 해야 합니다. 예컨대 위의 표에 있는 동영상(https://www.youtube.com/watch?v=PGLfjBAM3Qg) 추출 정보에서는 일본(오사카)의 택시에 할인 제도가 있다고 말합니다. 하지만 실제로 제미나이는 한국에서도 택시 할인 제도가 일부 있다고 말합니다. 이렇게 정보의 정확성에 문제가 있는 항목을 분별해 내는 과정을 더하는 활동은 인공지능 활용수업에서 특히 중요합니다.

3단계 사실 점검하기

앞서 사실 여부 확인이 필요한 정보 항목을 분별했습니다. 이제 이 항목에 대해 학생들이 직접 다양한 매체를 이용해 정확한 정보를 찾아 확인하는 활동을 진행합니다. 이 활동은 해당 차시 활동 가운데 가장 까다롭고 어려운 활동일 것입니다. 그렇기 때문에 가능하다면 교사가 해당 정보에 대해 사전 조사를 진행하고 필요한 경우 학생들에게 방향 제시를 해 주는 것이 좋습니다.

학생들이 인터넷이나 도서 등을 활용해서 교차검토를 하고 때로는 번역기를 사용하면서 문헌 등 참고자료 조사를 하거나 다른 동영상을 탐색할 필요도 있기 때문입니다.

정보에 대한 사실 검증이 어느 정도 진행이 되었다면 이를 보다 심화하여 그 나라에는 왜 그러한 문화가 자리 잡게 되었는지 배경이나 역사에 대해 조사해 보도록 지도해도 좋습니다.

물론 이렇게 자료 조사를 한 뒤에도 확실한 결론에 이르지 못하는 경우가 생길 수 있습니다. 사실 여부를 정확하게 검증하기에는 수업에서 교사와 학생이 활용할 수 있는 자원에 한계가 있기 때문입니다. 이런 경우에는 이 활동을 추후 과제나 별도 프로젝트의 방식으로 안내를 하는 것이 좋습니다. 이런 과정을 거쳐 확인한 정확한 사실 정보만을 이후 차시 수업에서 문장의 형태로 진술해 컬처 카드 culture card 만들기 활동을 진행합니다.

생성형 AI로 사실 검증하기, 유의점!

① 생성형 인공지능은 부정적인 형태의 문장을 덜 인식한다는 점에 신경 써 주세요

생성형 인공지능 중에서 거대언어모델LLM 기반의 모델들이 문장의 내용을 파악할 때 부정 negative의 의미를 잘 파악하지 못한다는 연구 결과가 있습니다. 따라서, 문화적 차이를 묘사한 어떤 문장이 맞는지 여부를 판단할 때는 해당 문장과 상반된 의미를 지닌 문장(긍정형 ↔ 부정형)을 한번 더 입력해서 논리적인 일관성이 유지되는지를 확인할 필요가 있습니다. 일관성이 유지되지 않는다면 이제 다른 방법으로 정보 검증을 추가하면 됩니다. 아래 사례는 일관성이 잘 지켜지지 않은 경우입니다.

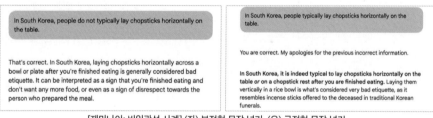

[제미나이: 비일관성 사례] (좌) 부정형 문장 넣기, (우) 긍정형 문장 넣기

② 현재의 텍스트 생성형 인공지능이 반드시 논리적인 일관성이 유지하거나 사실만을 언급하는 것은 아니라는 점을 꼭 인식시켜 주세요

현재의 텍스트 생성형 인공지능 모델들은 대부분의 경우 트랜스포머Transformer 모델에 기반한 자기 회귀Auto Regression 출력방식을 따릅니다. 그렇기에 결국 출력값이 길어질수록 출력한 문장이 틀릴 확률이 높아지는 환각Hallucination 현상이 나타날 수밖에 없습니다. 이는 결국

사실 관계 확인은 AI 모델에 전적으로 의존할 수 없고 한계가 분명하다는 것을 의미합니다. 교사는 이러한 한계를 학생들에게 반드시 알려 줄 필요가 있습니다. 이는 문화적 차이를 파악하는 지점에서도 마찬가지로 드러나기 때문에 인공지능의 결과물에 일종의 오류가 생길 수 있음을 시사합니다.

마무리 & 평가하기	7~8차시	문화적 차이 설명하기

1단계 컬쳐 카드 만들기

문화 차이에 대해 앞선 수업에서 확인한 정확한 사실 정보가 정리되었다면 이제 이를 바탕으로 컬쳐 카드culture card를 만들어 보도록 합니다. 컬쳐 카드는 각 나라의 문화 특징을 서술한 문장과 그에 대응하는 그림으로 이루어져 있습니다. 학생들이 원한다면 각각의 카드에 필요한 이미지를 직접 그림으로 그릴 수도 있겠지만 이번 활동에서는 GPT4나 크레이온Craiyon, 뤼튼wrtn 등 생성형 인공지능을 활용하여 이미지를 만들어 보도록 안내합니다. 단 컬쳐 카드를 만들 때에는 학생들이 다음과 같은 점을 유념하도록 강조해 지도합니다.

컬쳐 카드 만들기 유의점

· 한 나라의 문화적인 특징에 대해서 기본적으로 존중하는 태도를 갖추도록 합니다. (해당 문화가 인류 보편적인 가치를 크게 훼손하지 않는 한도 내에서 그러합니다.)

· 이미지 생성의 경우 텍스트를 포함해달라는 프롬프트는 정말 필요한 경우가 아니면 가급적 자제하도록 합니다. (그러한 프롬프트를 입력할 경우, 생성된 이미지에 오탈자나 이상한 글자가 담겨 있을 가능성이 높습니다.)

· 생성형 인공지능을 활용했을 때 원하는 이미지가 계속해서 나오지 않는 경우, 인터넷 검색 등으로 얻은 이미지를 대신 활용할 수 있도록 합니다.

컬쳐 카드는 캔바Canva의 [템플릿] 가운데 카드 템플릿을 활용해 만들어 보도록 안내합니다. 이미지 생성의 경우에는 학생들이 교사의 도움을 필요로 할 수 있습니다. 되도록 학생마다 한 개 이상의 컬쳐 카드를 만들어 내는 것을 활동의 목표로 삼도록 합니다.

[캔바] 컬쳐 카드 만들기 : 미국과 한국의 실내 신발 착용 문화 차이

2단계 컬쳐 카드 발표하기

학생들이 각자 제작한 컬쳐 카드를 발표하며 설명하고 공유하도록 합니다. 공유는 캔바 혹은 구글 독스를 이용할 수 있습니다. 학생들은 자신이 제작한 카드를 보여 주며 카드의 문장을 읽고, 해당 나라에 그러한 문화가 생긴 이유 등에 대한 추가 설명도 할 수 있습니다. 학생들이 발표를 수월하게 실행하도록 발표 스크립

트를 미리 준비하도록 할 수도 있습니다.

3단계 컬쳐 카드로 게임하기

학생들이 만든 컬쳐 카드를 가지고 몇 가지 게임을 진행할 수 있습니다.

컬쳐 카드로 할 수 있는 게임들

① 컬쳐 카드 이미지만 모아 연달아 제시하는 게임판을 띄운 뒤, 주사위를 던지고 숫자에
해당하는 카드 이미지를 영어로 설명해 보도록 하는 게임

② 카드에 쓰여 있는 문장을 임의로 뽑아 제미나이 2.0(Gemini 2.0)에 입력하고 어떤 답이
나올지를 추측해 맞추게 하는 게임 (컬쳐 카드를 만들며 정확하게 확인한 문화적 사실을 인공
지능이 잘못 알고 있지는 않은지 확인하는 게임)

③ 발표하지 않은 추가적인 카드를 모으거나 컬쳐 카드를 추가 제작하도록 하여 각 나라의
문화 특징에 대해 맞춰 보도록 하는 게임

전체 활동을 마무리하며 교사는 인공지능의 학습이 문화적 측면에서 더욱 공
정하게 이루어질 필요가 있다는 메시지를 추가 전달할 수 있습니다. 예컨대 챗
GPT가 학습하는 데이터에는 여러 언어 자료들이 있지만 이 가운데 영어가 차지
하는 비중이 압도적으로 높은 반면 한국어의 비중은 낮아, 한국 문화에 대한 이해
도가 영미권 문화에 대한 이해도에 비해 상대적으로 낮을 가능성이 높습니다. 이
를 통해서 학생들은 인공지능 기술을 문화적 관점으로 이해할 수 있음을 알고, 현
재 인공지능 기술에 어떤 한계점이 있는지를 실감하며, 어떤 방향으로 발전해야
하는지에 대한 생각을 이어 나가는 것으로 프로젝트를 마무리할 수 있습니다.

수업 운영의 Tip

Tip. 생성형 인공지능을 꾸준히 활용하는 습관을 가져 보세요

생성형 인공지능에는 다양한 모델들이 있으며, 지금도 계속되는 기술 발전으로 더욱 다양한 모델과 서비스들이 등장하고 있습니다. 앞으로 인공지능을 활용한 교육활동이 더욱 많아지고 다양해질 것임을 뜻합니다. 따라서 이러한 인공지능 기술을 한두 번 시도하고 끝내기보다는 지속적으로 활용함으로써, 교사와 학생 모두 사용 습관을 형성할 필요성이 있습니다. 새로운 습관의 형성에 적어도 세 달 정도가 필요하다는 점을 고려한다면 적어도 학교에서 한 학기 이상은 꾸준히 활용을 해야 습관이 될 수 있다는 것을 의미합니다. 이번 프로젝트에서는 제미나이 2.0^{Gemini 2.0}을 사용했는데 앞으로도 종종 영어 문장에 대해서 제미나이가 어떤 결정을 내리는지를 살펴보는 식으로요!

| 과목명 | 생활과 과학, 언어와 매체 | 대상 학년 | 고등학교 3학년 |

프로젝트 2
일상생활 과학 숏폼 제작하기

관련 성취 기준

[12언매03-03] 목적, 수용자, 매체의 특성을 고려하여 다양한 매체 자료를 생산한다.
[12생활01-01] 질병, 의약품, 위생, 예방 접종, 진단, 치료 등과 관련된 과학 원리를 조사하고 설명할 수 있다.
[12생활03-06] 과학이 교통수단의 발달에 미친 영향을 조사하고 발표할 수 있다.

프로젝트 목적 & 목표

생성형 AI를 활용한 과학적 탐구 능력 및 창의적 콘텐츠 제작 능력 함양
· 에듀테크/생성형 AI 도구를 사용하여 일상생활 속에서 관찰할 수 있는 과학적 현상을 탐구한다.
· 에듀테크/생성형 AI 도구를 사용하여 과학적 원리를 설명하고 창의력을 표현한다.
· 이를 통해 자기주도적 과학적 탐구와 지식 공유의 즐거움을 경험한다.

프로젝트 개요

[준비하기] 학생들의 흥미를 끌 수 있는 주제를 담은 과학 숏폼 콘텐츠를 선정하고 어떤 점에서 흥미와 궁금증을 가지게 하는지 내용적, 구조적 측면에서 학생들이 분석할 수 있도록 기획한다. 또한 교사가 직접 생성형 AI 도구를 활용하여 콘텐츠를 제작하여 학생들에게 호기심을 제공할 수 있도록 한다. '일상 생활 속 과학 숏폼 제작하기'를 프로젝트 주제로 선정한다.
[주제결정 및 활동계획하기] 과학 숏폼 콘텐츠가 어떤 점에서 흥미를 끌고 왜 궁금증을 가지게 하는지에 대해 학생들이 직접 공유하며 분석한 내용적, 구조적 측면을 바탕으로 직접 콘텐츠를 제작하면서 모둠별 프로젝트 주제와 제작 과정을 설정하도록 지원한다.
[탐구 및 표현하기] 생성형 AI 도구를 직접 활용하면서 콘텐츠를 제작해보는 활동을 진행한다.
[마무리 및 평가하기] 학생들이 제작한 콘텐츠를 발표하고 피드백하며 정리하고 최종 결과물을 공유한다.

Tools : 생성형 AI + Edutech

챗GPT	ChatGPT	아이디어 브레인스토밍, 대본 윤문 탐색에 활용
뤼튼	wrtn	아이디어 브레인스토밍, 대본 윤문 탐색에 활용
브루	Vrew	영상 제작, 자막 편집, 이미지 및 영상 제작에 활용
달리	Dall.E	이미지 및 영상 제작에 활용
패들렛	Padlet	기존 과학 영상 콘텐츠 분석 내용 등 각종 콘텐츠 공유에 활용

로그인! 생성형 AI 프로젝트 수업

대상	고등학교 3학년			
관련 교과	생활과 과학, 언어와 매체			
성취 기준	[12언매03-03] 목적, 수용자, 매체의 특성을 고려하여 다양한 매체 자료를 생산한다. [12생활01-01] 질병, 의약품, 위생, 예방 접종, 진단, 치료 등과 관련된 과학 원리를 조사하고 설명할 수 있다. [12생활03-06] 과학이 교통수단의 발달에 미친 영향을 조사하고 발표할 수 있다.			
단계	차시	주요 학습 내용	관련 교과	활용 도구
준비하기	(수업전)	• 제시할 프로젝트 주제 결정하기 • 동기유발용 자료와 발문 마련하기		
주제 결정하기	1	[과학 숏폼 콘텐츠의 기획 및 구성 분석하기] • 유튜브 과학 숏폼 콘텐츠 시청 • 일상 속 다양한 과학 내용을 다룬 과학 숏폼 콘텐츠 탐색하기 • 유튜브에서 다양한 과학 영상들의 기획 의도, 연출 방식, 내용 구성 특징 분석하고 공유하기	언어와 매체	유튜브 패들렛
활동 계획하기	2	[과학적 탐구 및 아이디어 브레인스토밍하기] • 일상 속 과학 콘텐츠 탐색 및 조사하기 • 생성형 AI 도구를 활용하여 아이디어 브레인스토밍하기	생활과 과학	챗GPT 뤼튼 패들렛
탐구 및 표현하기	3	[대본 초안 작성 및 과학 숏폼 콘텐츠 제작하기] • 생성형 AI 도구를 활용하여 영상 초안 제작하기 • 생성형 AI 도구를 활용하여 영상 편집하기 • 과학 숏폼 콘텐츠 중간 발표 및 상호 피드백하기	생활과 과학, 언어와 매체	챗GPT 뤼튼 브루 달리 패들렛
마무리 & 평가하기	4	[과학 숏폼 콘텐츠 제작 및 공유하기] • 과학 숏폼 콘텐츠 최종 발표 및 상호 피드백하기 • 과학 숏폼 콘텐츠 공유하기	생활과 과학, 언어와 매체	유튜브 패들렛

플레이! 생성형 AI 프로젝트 수업

준비하기	수업 전	프로젝트 주제 및 자료 마련하기

숏폼short-form은 보통 60초 이내의 짧은 길이 영상 콘텐츠를 뜻하는 단어로, 간결하고 시각적인 매력을 바탕으로 사용자의 주의를 빠르게 끄는 특징이 있습니다. 이러한 숏폼은 유튜브, 인스타그램, 틱톡 등에서 사용자 데이터 기반 알고리즘으로 사용자에게 랜덤 제공하는 특징도 있는데 학생들은 이러한 숏폼에 익숙합니다. 이러한 숏폼은 그 내용의 사실 여부나 가치보다는 당장의 사용자의 눈길만 끌면 되고 대량 생산할 수록 유리하다는 측면에서 다양한 우려가 있습니다. 특히 AI 기술의 발달로 인해 내용적으로 문제가 많은 숏폼도 무방비로 불특정 다수에게 대량 노출되기도 합니다.

이러한 숏폼의 한계점을 학생에게 효과적으로 교육하기 위해선 학생이 직접 숏폼을 제작해보는 경험이 가장 효과적일 수 있습니다. 학생은 직접 숏폼을 만들기 위해 기획하고 분석하며 제작하는 과정에서 숏폼의 제작 원리에 대한 이해와 함께 그 한계점과 비판점을 스스로 통찰할 수 있는 기회를 얻을 수 있습니다.

이렇게 학생들에게 생성형 AI 활용 도구를 활용하여 숏폼을 만드는 과정을 안내하고 촉진하기 위해선 교사가 직접 제작해 봐야 합니다. 교사가 그 과정을 직접 경험하면서 제작 과정에서 나타날 수 있는 어려움이나 한계, 주의점을 먼저 교육적으로 진단할 수 있기 때문입니다. 무엇보다 교사가 직접 만든 결과물을 학생에게 보여 주며 학습 경로를 안내하는 수업전략은 학생들에게 가장 효과적으로 동기부여를 제공할 수 있는 안내자이자 촉진자의 역할이기도 합니다.

1단계　유튜브 과학 숏폼 콘텐츠 시청하기

학생들의 흥미를 끌 수 있는 주제들을 담은 과학 숏폼 콘텐츠를 보여 주며 과학적 호기심을 이끌어 냅니다. 예를 들어 '예방접종의 종류와 작용 원리'나 '전기차와 자율주행차의 특징' 등 일상생활과 밀접한 과학 콘텐츠를 제시해 보여 줄수록 좋습니다. 이러한 주제들은 학생들이 일상에서 쉽게 접할 수 있으며, 과학과 기술의 발전이 우리 생활에 어떻게 영향을 미치는지를 탐구할 수 있는 좋은 예시입니다.

　'예방접종의 종류와 작용 원리'는 백신 개발 과정 및 원리에 대한 탐구로 확장될 수 있으며, '전기차와 자율주행차의 특징'은 기반 시설 마련과 관련 정책 및 안전기준 마련에 대한 필요성 제기로 확장될 수 있습니다.

　영상 시청 후 흥미로웠던 점, 이해가 되지 않는 부분, 더 알고 싶은 내용 등을 학생들이 각자 패들렛에 실시간 게시하고 자유롭게 이야기 나눌 수 있게 하고, 이때 학생들이 공유한 내용에서 생산적인 토론이 이어질 수 있도록 유도해 줍니다. 특히 학생들이 궁금해하는 점들이 추후 탐구 활동으로 발전되도록 방향을 제시해 주도록 합니다.

　또한 가능하다면 교사가 직접 생성형 AI 도구를 활용하여 과학 숏폼 콘텐츠를 제작하여 학생들에게 보여 준 뒤, 이를 학생들에게 교사 본인이 직접 제작해 봤고, 이를 제작하는 데 시간 소모가 크지 않았다는 점을 강조하면 더욱 학생들이 관심을 가지게 됩니다.

이 단계에서는 일상생활 속 과학적 현상을 다룬 유튜브 과학 숏폼 콘텐츠를 학생들이 직접 탐색하고, 발견한 내용을 서로 공유하도록 활동을 진행합니다. 우선 일상생활 속 과학적 현상의 예를 몇 가지 제시해 주면 학생들은 이를 바탕으로 자신의 관심사를 보다 수월하게 탐색할 수 있습니다.

예 일상생활 속 과학적 현상

· 예방접종의 종류와 작용 원리

· 중독이 도파민 시스템에 미치는 영향

· 기초 화장품의 제작 과정과 윤리적 소비주의

· 생활 속 옷감의 제작 과정과 세탁 및 보관 방법

· 주택 건축 및 인테리어에서 고려해야 할 과학적 원리

· 전기차와 자율주행차의 특징 등

관심사를 정하고 이에 대한 숏폼 콘텐츠를 탐색하는 이 활동은 개별 활동 또는 소그룹 활동으로 진행합니다. 학생들이 탐색의 방향을 잡아 나가는 과정은 돕되, 관심 있는 주제를 선정하고 콘텐츠를 찾아보는 과정은 학생들이 스스로 자유롭게 해 나갈 수 있도록 격려합니다. 탐색한 콘텐츠에 대한 정보는 패들렛에 공유하되 다음 내용을 갖추어 내용을 작성하도록 안내합니다.

패들렛 [설정]에서 댓글 허용과 '좋아요' 반응 설정을 해 두어서 학생들이 서로의 게시물에 댓글을 남기고 '좋아요'를 누르는 방식으로 상호 피드백을 제공할 수 있도록 합니다. 학생들은 서로의 게시물에 댓글로 의견이나 질문을 달고, 질문에 대한 답변을 서로 공유하고, 관심의 정도를 표시함으로써 공통의 관심사에 대한 보다 깊이 있는 논의를 진행하게 됩니다. 이를 통해 학생들 사이의 지식 공유와 동료 학습이 이루어집니다.

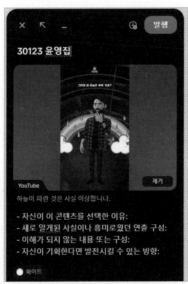

[패들렛] 유튜브 콘텐츠 정보 공유하기

이때 교사는 토론이 이어지기에 적절한 질문을 던지거나, 특정 게시물을 주목할 만한 예시로 소개함으로써 학생들의 상호작용을 촉진할 수 있습니다. 또한 주기적으로 패들렛을 모니터링하여 학생들의 궁금증에 설명이나 자료를 제공하여 학습을 지원하도록 합니다. 이 활동은 학생들이 주도적으로 탐구하고 서로의 학습을 지원하는 경험을 함으로써 과학에 대한 흥미와 지식을 모두 넓히는 기회가 됩니다.

3단계 유튜브 과학 영상의 기획 의도/연출 방식/내용 구성 특징을 분석하기

학생들로 하여금 이전 단계에서 주제를 탐색하며 찾아본 유튜브 과학 영상(보통 3분 이내) 가운데 가장 재미 있게 본 세 편을 선정하여 영상의 구성을 분석해 보도록 합니다. 교사는 각 콘텐츠가 과학적 주제를 흥미롭고 이해하기 쉽게 전달하기 위해 어떤 방식을 활용했는지를 학생들이 이해하도록 해 줍니다.

분석의 초점은 콘텐츠의 기획 의도, 연출 방식, 그리고 내용의 구성입니다. 학생들은 특히, 콘텐츠가 어떻게 시청자의 주의를 끌고, 메시지를 명확하고 효과적으로 전달하는지를 분석합니다. 분석 내용은 앞서 게시했던 패들렛 게시물을 편집(수정)하여 게시하도록 안내합니다.

(...)
- 시작 방식: (콘텐츠가 어떻게 관심을 끄는지)
- 정보 전달 방법: (내용이 어떻게 구성되고 전달되는지)
- 시각적 요소의 활용: (이미지, 도표, 애니메이션 사용 등)
- 배경 음악/효과음의 역할: (감정이나 분위기 조성에 어떻게 기여하는지)
- 시청자의 관심을 유지하는 요소: (핵심 메시지를 강조하는 방법 등)

학생들이 분석을 게시하고 이에 댓글과 좋아요 표시가 진행되면 교사는 이를 검토하여 의미 있는 주요 발견과 인사이트를 학생들에게 설명하며 집단 토론이 이어지도록 안내합니다. 이 토론은 학생들이 다양한 관점을 탐색하고 과학 커뮤니케이션의 중요한 요소를 식별하여, 과학 숏폼 콘텐츠 제작에 적용할 수 있는 중요한 기술과 전략을 학습하는 기회가 됩니다.

이 과정을 통해 얻은 인사이트는 실제로 다음 차시의 과학 숏폼 콘텐츠 제작 활동의 기초로 활용됩니다. 이제 학생들은 흥미로운 과학 콘텐츠를 직접 기획하고 제작하는 활동을 이어가면서 과학 커뮤니케이션의 기술을 개발하고 창의적인 표현력을 강화할 것입니다.

활동 계획하기	2~3차시	과학적 탐구 및 아이디어 브레인스토밍하기

1단계 일상 속 과학 콘텐츠 탐색 및 조사하기

앞서 과학적 관심사 또는 새롭게 발견하고 싶은 과학적 주제를 찾은 학생들은 인터넷을 이용해 추가 조사 활동을 시작하도록 합니다. 조사하는 과정에서 신뢰할 만한 출처가 어떤 것인지 이해하고 적용하며, 여러 출처의 정보를 비교 분석하여 과학적 사실의 신뢰성을 판단할 수 있도록 지도해야 합니다. 이를 위해 교사는 다음의 검색 원칙을 학생들에게 교육하여 학생들이 믿을 수 있는 과학적 사실과 정보를 얻을 수 있도록 합니다.

조사한 정보의 신뢰성 높이기

1. 검증된 출처 사용하기

정보를 검색할 때는 과학 저널, 공식 기관의 보고서, 대학 웹사이트, 정부 웹사이트 등 신뢰할 수 있는 출처에서 제공하는 자료를 우선적으로 참고합니다.

2. 저자와 출판일 확인하기

정보의 출처를 확인하고, 최신 정보인지 확인하기 위해 문서의 저자와 출판일을 확인합니다. 과학적 지식은 지속적으로 업데이트되기 때문에 최신 정보를 확인할 필요가 분명합니다.

3. 다양한 출처에서 정보를 비교하기 한 가지 주제에 대한 정보를 여러 출처에서 비교하여 검토함으로써 정보의 정확성에 대해 더욱 확신할 수 있습니다.

학생들은 조사한 정보와 자신의 생각을 바탕으로, 다음의 양식을 따라 자신의 발견과 아이디어를 패들렛에 공유합니다.

[제목] 조사 주제
- 선택한 주제와 그 이유: 왜 이 주제에 관심을 가지게 되었는지, 탐색하게 된 배경을 설명합니다.
- 조사 과정에서 발견한 흥미로운 사실: 새롭게 알게 된 정보나 놀라웠던 점들을 공유합니다.
- 과학 숏폼 컨텐츠 기획: 주제를 숏폼 형식으로 콘텐츠화할 때 내용이나 장면을 어떤 형식으로 구성할지에 대한 아이디어를 간단히 설명합니다.

이 과정에서 학생들은 서로의 게시물에 댓글을 달아 의견을 교환하고 '좋아요'를 표시하면서 서로의 아이디어에 피드백을 하도록 합니다. 교사는 학생들의 패들렛 게시물을 주기적으로 확인하며 학생들의 조사 방향성, 주제의 깊이, 과학적 정확성 등에 대해 교육적인 피드백을 제공합니다. 또한 교사는 토론을 촉진하기 위한 질문을 던지거나, 특히 주목할 만한 아이디어나 기획안에 대해 추가적인 질문을 제기하여 학생들의 사고를 확장시킵니다.

이 단계 활동을 통해 학생들은 자신의 관심사에 대한 깊이 있는 탐구를 진행하고 정보의 신뢰성을 판별하는 비판적 사고 능력을 키울 수 있습니다. 또한 다른 학생들과의 상호작용을 통해 시각을 확장하고 다양한 아이디어를 공유할 수 있습니다.

2단계 아이디어 브레인스토밍하기

학생들이 앞서 조사한 주제에 대한 숏폼 콘텐츠 아이디어를 브레인스토밍해 보도록 합니다. 이 활동에서 챗GPT 또는 뤼튼Wrtn을 활용해 보도록 안내합니다. 교사는 구체적인 프롬프트의 예시를 준비해 보여줌으로써 학생들이 생성형 인공지능으로 의도에 맞는 결과물을 얻는 방법을 보다 쉽게 학습할 수 있도록 해 줍니다.

예 숏폼 콘텐츠 아이디어 얻기 프롬프트

"예방접종의 종류와 작용 원리를 설명하는 60초 분량의 교육적 숏폼 비디오를 기획해 주세요. 대상은 중학생입니다."

"생활 속 옷감의 제작 과정을 재미 있게 소개하는 숏폼 콘텐츠 아이디어와 함께 그 시나리오의 개요를 제안해 주세요."

"중독이 도파민 시스템에 미치는 영향에 대한 숏폼 비디오 스크립트 초안을 작성해 주세요."

"기초 화장품의 제작 과정과 윤리적 소비에 관한 교육적인 숏폼 콘텐츠 아이디어를 제시해 주세요."

이때 생성형 인공지능 도구 사용 시 주의점에 대해 함께 지도합니다. 생성형 인공지능이 출력한 예를 바탕으로 설명하면 더욱 좋습니다.

생성형 인공지능 활용 시 주의점

1. AI의 작동 원리 이해하고 활용하기

생성형 AI는 대규모 데이터셋에서 학습한 정보를 기반으로 새로운 콘텐츠를 생성합니다. 이 과정에서 AI는 때때로 부정확하거나 오래된 정보를 기반으로 응답할 수 있으므로, AI가 제안한 모든 아이디어가 항상 최신이거나 정확하지는 않다는 점을 이해해야 합니다.

2. 비판적 분석과 검증 더하기

AI가 생성한 콘텐츠는 반드시 인간의 비판적 사고와 분석을 통해 검증되어야 합니다. 학생들은 AI의 제안을 시작점으로 사용하되, 해당 아이디어가 과학적으로 타당하고 최신의 연구 결과를 반영하는지 인터넷 검색을 통해 추가적으로 확인해야 합니다.

3. 참고 자료 여부 및 출처 표기하기

과학적 정확성을 확보하기 위해, 사용된 정보의 출처를 명확히 하고, 콘텐츠 제작에 사용된 자료들에 대한 참고자료 및 출처를 표기하는 습관을 기르는 것이 중요합니다. 이는 콘텐츠의 신뢰성을 높이고, 학문적 정직성을 유지하는 데 필수적입니다.

그런 뒤 학생들로 하여금 챗GPT 또는 뤼튼으로 발전시킨 숏폼 콘텐츠 아이디어와 이에 대한 자신의 비판적 분석, 그리고 검증 과정 등을 작성해 보게 합니다. 내용은 패들렛에 게시하여 공유될 수 있도록 합니다. 이 과정을 통해 학생들은 자신의 아이디어를 공유하고 다른 학생들의 의견과 피드백을 통해 아이디어를 더욱 발전시킬 기회를 가질 수 있습니다.

탐구 및 표현하기 · **4~5차시** · 숏폼 콘텐츠 대본 초안 작성 및 제작하기

1단계 영상 초안 제작하기

학생들이 영상제작을 위해 브루Vrew를 활용해 보도록 안내합니다. 브루는 아이디어의 구체화에서부터 실제 콘텐츠 생성까지의 전 과정을 포괄하는 인공지능 도구입니다. 우선 과학 숏폼 콘텐츠 아이디어를 기반으로 대본 초안을 작성하면, 이를 바탕으로 자동 생성된 영상을 제공받을 수 있습니다.

우선 브루를 활용해 영상을 생성하는 과정을 간략히 시범 보여 주면 좋습니다. 예를 들어, 앞 차시의 2단계에서 챗GPT 또는 뤼튼에 입력했던 프롬프트를 가져와 동일하게 입력해 보여 주면서, 어떤 과정을 거쳐 어떤 초안이 나오는지를 학생들에게 보여 주어도 좋습니다.

대본

583/10000

안녕하세요. 오늘은 예방접종에 대해 중학생들을 위한 간단한 설명을 해보려고 합니다.

예방접종은 바이러스나 세균으로부터 우리 몸을 보호하기 위해 백신을 이용하는 접종입니다. 예방접종은 크게 다섯 가지 종류가 있는데, 그것은 살아있는 약해진 바이러스를 사용하는 물백신, 죽은 바이러스 또는 박테리아를 사용하는 부도핑 백신, 바이러스 또는 박테리아의 일부를 사용하는 서브 유닛 백신, 바이러스나 박테리아의 유전자를 이용해 만든 DNA 백신, 그리고 바이러스나 박테리아의 단백질을 이용하는 단백질 백신이 있습니다.

이러한 백신은 우리 몸에 들어가면 면역 체계를 활성화시켜 바이러스나 세균에 대한 면역 반응을 유발합니다. 그래서 실제 질병에 걸리지 않아도 면역을 키우고, 병에 걸릴 수 있는 위험을 줄이게 됩니다. 따라서 예방접종은 감염병을 예방하고 사람들을 보호하는 데 중요한 역할을 합니다.

백신을 맞는 것은 나 자신뿐만 아니라 주변 사람들에게도 도움이 되는 것이니, 주변 사람들과 함께 예방접종을 받아보는 것을 잊지 말아 주세요.

이렇게 예방접종은 바이러스와 세균으로부터 우리를 지키기 위한 소중한 도구라는 걸 기억해 두

⤷ 이어쓰기

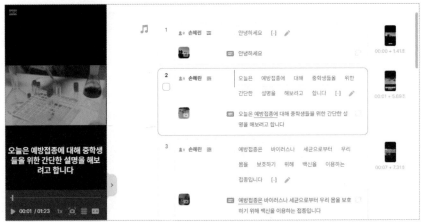

[브루] ① 주제문 제시 통해 대본 생성 요청하기 ② 대본 생성 결과 받기 ③ 생성된 영상 받기

이후 교사는 학생들에게 Vrew의 영상 생성 원리가 다음의 주요 기능을 이용하여 영상이 생성됨을 안내합니다.

브루(Vrew) 영상이 만들어지는 원리

[텍스트로 비디오 생성]

1. 대본 생성LLM, Large language model:

   사용자가 제시한 주제문에 영상 형식에 맞는 프롬프트를 추가하여 챗GPT에 전송한 뒤 그 결과를 받아서 출력. 필요 시 번역 엔진 사용함.

2. 음성 생성TTS, Text-to-speech:

   생성된 대본을 AI 목소리로 변환 생성하는 기능을 활용하여 음성을 생성. LLM 기반으로 수많은 텍스트-음성 연결 데이터를 활용하여 그 정확도를 높임.

3. 이미지 생성TTI, Text-to-image 및 무료 비디오 적용:

   음성 길이 단위에 맞춰 해당 구간에 맞는 이미지를 생성하거나 그와 유사한 무료 비디오를 검색하여 적용함.

[외부 영상에서 자막 자동 생성]

음성 인식STT, Speach-to-text:

제공된 영상의 음성을 인식하여 텍스트로 변환. 역시 LLM 기반으로 수많은 음성-텍스트

연결 데이터를 활용하여 그 정확도를 높임.

2단계 영상 편집하기

브루로부터 제공받은 대본과 자동 생성된 영상 샘플을 시청한 학생들이 영상의
내용, 흐름, 시각적 요소 등을 자신의 원하는 방향으로 적극적으로 편집하고 개선
해 보도록 안내합니다. 이 과정에서 학생들은 영상의 내용을 보완하거나, 다른 시
각적 자료를 추가하면서 보다 풍부하고 다채로운 콘텐츠를 제작해 나갈 수 있습
니다. 이 과정에서 학생들이 브루의 영상 샘플들을 보면서 학생들이 영감을 받아
제작에 적극적으로 임해 보도록 격려합니다 .

브루는 이미지 생성TTI에 Stable Diffusion XL 모델을 활용하고 있습니다. 따라
서 달리Dall.E와 같은 다른 이미지 생성 모델도 함께 활용하여 학생들이 보다 다양
한 이미지 생성 모델에 대한 사용 경험을 갖고 이로써 학생들의 창작활동에 대한
자유도를 높여 주면 좋습니다.

3단계 숏폼 콘텐츠 중간 발표 및 피드백하기

학생들이 현재까지 진행한 제작 과정을 패들렛에 게시하여 공유하고 상호 피드백
을 주고받도록 합니다. 이 과정은 아이디어를 구체화하고 실제 영상 제작을 진행

하는 실질적 경험의 일부입니다. 다른 학생들과 피드백 과정을 거치며 창의적인 수정 사항을 도출하고 자신의 작품을 더욱 향상시킬 기회로 활용할 수 있습니다. 이를 위해, 패들렛에 게시할 때는 다음과 같은 형식으로 게시하도록 안내합니다.

[제목] 콘텐츠 제목

- 선택한 주제와 그 이유:
- 조사 과정에서 발견한 흥미로운 사실:
- 과학 숏폼 콘텐츠 기획:
- AI 제안 아이디어:
- 비판적 분석:
- 추가 검증 과정:
- 참고 자료 및 출처:
- 제시문: (영상 생성을 위해 브루에 제공한 제시문)
- 대본 초안 내용: (브루에 의해 생성된 대본의 주요 내용)
- 영상 초안: (브루로 생성된 영상 초안)
- 개선 사항: (자신의 영상에 적용한 추가적인 내용, 시각적 요소, 편집 방향에 대한 설명)
- 영상 샘플: (브루에서 수정한 영상 샘플)

마무리 & 평가하기	6차시	숏폼 콘텐츠 제작 완료하고 공유하기

1단계 숏폼 콘텐츠 최종 발표 및 상호 피드백하기

앞서 친구들로부터 피드백 받은 사항을 반영해 완성한 최종 영상을 학생들이 패들릿에 게시하고, 상영하며 발표하는 활동을 진행합니다.

영상 발표 시 주요 내용

· 주제 선정 이유

- 영상 기획 의도
- 주요 과학적 개념
- 제작 과정의 주요 단계
- 정보 전달의 창의적 요소와 시청자 관심을 위한 연출 방법

발표가 끝나면 학생들이 댓글로 발표 내용에 대한 피드백을 나누도록 합니다. 보다 유익하고 건강한 피드백 활동을 위해 학생들이 다음의 기준으로 댓글을 작성하도록 안내합니다.

숏폼 영상 피드백 기준

- 과학적 정확성: 제시된 과학적 정보와 개념이 얼마나 정확한가?
- 정보 전달의 명확성과 효과성: 정보가 얼마나 명확하게 전달되었으며, 복잡한 과학적 내용을 이해하기 쉽게 만들었는가?
- 창의적 및 흥미 유발 요소: 어떤 창의적 요소나 스토리텔링 기법이 사용되었으며, 이것이 어떻게 시청자의 관심을 끌었는가?
- 시청각 요소: 어떤 시각적 및 청각적 요소가 콘텐츠의 전달력을 어떻게 강화했는가?

교사는 학생들이 발표자에게 건설적이고 촉진적인 방식으로 피드백을 제공할 수 있도록 하여 이를 통해 발표자가 자신의 결과물을 개선할 수 있는 구체적인 방향을 제시받을 수 있도록 해야 합니다. 이 상호 피드백 과정을 통해 학생들은 자신의 결과물을 다른 시각에서 바라보고, 동료 의견을 통해 학습과 성장의 기회를 얻게 됩니다.

이 단계에서 학생들은 자신들이 제작한 과학 숏폼 콘텐츠를 보다 넓은 대중과 공유해 보도록 합니다. 공유의 주된 목적은 학습한 과학적 개념을 사회와 공유하여 교육적 가치를 확산시키고, 다양한 관점에서의 피드백을 받아 보는 것임을 강조합니다. 이 과정은 학생들에게 자신의 작업을 세상에 발표하는 경험을 제공하고 공개적인 플랫폼에서 소통하는 방법을 배울 기회가 됩니다. 학생들은 이를 통해 책임감 있는 디지털 시민의식을 발휘하고, 자기주도적 과학적 탐구와 지식 공유의 즐거움을 경험할 수 있게 됩니다. 디지털 시대의 과학 커뮤니케이터로서의 역할을 탐색하는 기회가 되기도 합니다. 이 과정에서 몇 가지 유의해야 할 사항은 다음과 같습니다.

공개 플랫폼 업로드 활동 시 유의점

· 공유 플랫폼 선정

학생들은 교사의 지도하에 적절한 디지털 플랫폼을 선정합니다. 반드시 YouTube가 될 필요는 없으며 이는 학교의 웹사이트, 교육 관련 소셜 미디어 채널, 비디오 공유 사이트 등이 될 수 있습니다. 중요한 것은 선택된 플랫폼이 학생들의 프라이버시를 보호하고, 안전한 소통이 가능해야 한다는 점입니다. YouTube에 업로드할 경우 업로드 계정이 이러한 점을 준수하는지 학생들과 같이 확인하는 과정이 필요합니다.

· 공유 전 준비

공유하기 전, 학생들은 자신의 콘텐츠가 해당 플랫폼의 지침과 규칙을 준수하는지 확인합니다. 이는 저작권, 개인정보 보호, 콘텐츠의 적절성 등을 포함할 수 있습니다. 필요한 경우, 콘텐츠의 일부를 수정하여 플랫폼의 기준에 맞추거나, 학생들의 안전과 프라이버시를 보장합니다.

· 콘텐츠 게시

학생들은 자신의 숏폼 콘텐츠를 선택된 플랫폼에 게시합니다. 게시할 때는 콘텐츠에 대한 간단한 소개, 조사한 과학적 개념이나 이론, 제작 과정에서 배운 점 등을 포함한 설명을 함께 제공합니다.

· 커뮤니티와의 상호작용

콘텐츠가 공유된 후, 학생들은 시청자로부터의 피드백, 질문, 댓글 등에 적극적으로 응답합니다. 이 과정에서 학생들은 자신의 콘텐츠에 대해 다른 관점을 듣고, 공중과 소통하는 방법을 배웁니다.

◆부록

수업 운영의 Tip

Tip 1: 브루(Vrew)와 친해지기

- 시작 전에 알아두세요.

브루는 PC에서 가장 잘 작동합니다. 모바일 앱(iOS)도 있지만, 생성형 AI를 적극적으로 사용하기 위해선 PC 설치 프로그램에서 모든 기능을 완전히 활용할 수 있습니다. 웹에서도 체험할 수 있는 기능도 있지만, 내보내기 기능(저장 기능)은 PC 설치 프로그램에서만 제공됩니다.

- 튜토리얼로 시작하기

브루를 처음 사용한다면, 제공되는 튜토리얼부터 시작하는 걸 추천해요. 학생들도 각자의 속도로 튜토리얼을 체험하게 하면 브루의 기본적인 영상 편집 기능을 쉽게 익힐 수 있습니다.

Tip 2: 생성형 AI, 어시스턴트로 활용하기

생성형 AI를 사용할 때, '도구'로서의 가치를 최대화하는 방법을 학생들에게 가르쳐 주세요. AI의 제안을 단순히 받아들이기보다는, 학생들 스스로가 콘텐츠 제작 과정에서 더 적극적인 역할을 수행하도록 격려하는 것이 중요합니다.

- 대본 수정하기

브루나 다른 생성형 AI 도구를 사용해 초안을 만든 후, 학생들이 직접 이 대본을 읽어 보고 수정해 봅니다. 예를 들어, AI가 제공한 대본에 과학적 개념을 더 명확히 설명하거나, 학생들 자신의 언어로 개념을 재표현해 보도록 하세요. 이 과정에서 학생들은 과학적 내용의 정확성을 보장하고, 자신의 기획을 대본에 더욱 반영할 수 있습니다.

- 이미지와 영상 삽입하기

AI가 제안한 대본에 따라 필요한 이미지나 영상을 학생들이 직접 찾거나 생성해서 삽입해 보게 합니다. 학생들이 인터넷에서 해당 과정을 설명하는 과학적으로 정확하고 시각적으로 흥미로운 이미지나 동영상 클립을 찾아 추가해 볼 수 있습니다. 이 과정에서 콘텐츠 저작권 인식 및 사용 교육도 간단히 진행할 수 있습니다.

- 본인 목소리 입력하기

학생들이 직접 자신의 목소리로 대본을 녹음하여 콘텐츠에 포함시키도록 해도 좋습니다. STT 기능을 활용해 보는 경험도 유의미하지만 이는 숏폼 콘텐츠에 인간적 느낌 유무의 차이를 인식할 수 있고, 학생들이 주제에 대해 더 깊이 연결되도록 만듭니다. 과학적 개념을 자신의 언어로 설명하는 연습은 학습 효과를 높입니다.

이러한 활동을 통해 학생들은 생성형 AI를 단순한 콘텐츠 생성 도구가 아니라, 자신들의 창의력과 지식을 표현하는 데 도움을 주는 어시스턴트로 인식하게 됩니다. 중요한 것은 학생들이 과학적 내용을 정확하게 이해하고, 이를 자신들의 방식으로 표현하며, 과정 전반에 걸쳐 비판적 사고를 발휘하는 것입니다. AI의 도움을 받되 콘텐츠를 만드는 최종적인 결정의 책임과 주도권은 항상 학생들에게 있다는 점을 강조해 지도해야 합니다.

---------- 프로젝트 3 ----------
정보윤리 연설가, 비평가 되기

관련 성취 기준

[9국01-02] 설득 전략을 비판적으로 분석하며 듣는다.
[9국01-06] 다양한 자료를 재구성하여 내용을 체계적으로 조직하고 청중이 이해하기 쉽게 발표한다.
[9정05-02] 디지털 사회의 구성원으로서 편리하고 안전한 생활을 위한 규칙에 대해 민주적으로 논의
하고 실천 방안을 수립한다.

프로젝트 목적 & 목표

인공지능을 활용한 설득하는 말하기 역량 및 비판적 사고 능력 함양
· 에듀테크/생성형 인공지능 도구를 활용해 이성적, 감성적 설득 전략을 이해할 수 있는 체크리스트를 만
든다.
· 에듀테크/생성형 인공지능 도구를 사용하여 학교에서의 생성형 AI 사용에 찬성/반대하는 연설문을 작
성한다.
· 에듀테크/생성형 인공지능 도구를 사용하여 연설을 평가할 수 있다.

프로젝트 개요

[준비하기] 학생들이 공동체의 규칙 제정에 실제적 주체적으로 참여할 수 있도록 하는 '생성형 AI 규칙 만
들기'를 프로젝트 주제로 선정한다.
[주제 결정하기] 직간접적 경험 나눔을 진행하여 각자의 입장을 정리하고 정보윤리 전문가로서 '생성형
AI 학교 규칙 만들기'라는 프로젝트 주제를 인식하도록 안내한다.
[활동 계획하기] 학생들이 생성형 AI를 활용해 이성적, 감성적 설득 전략 체크리스트를 만들고, 연설문과
발표자료를 만드는 과정 전반을 계획하도록 한다.
[탐구 및 표현하기] 생성형 AI와 다양한 에듀테크를 활용해 연설문을 만들고, 발표자료를 만들며, 연설가
이자 비평가로서 연설에 참여하는 활동을 진행한다.
[마무리 및 평가하기] 학생들이 친구들에게 연설을 수행하며, 공동 제안서를 도출한 뒤, 자기 평가 및 상
호평가를 진행하며 활동을 마무리한다.

Tools : 생성형 AI + Edutech

뤼튼	Wrtn	학교에서의 생성형 인공지능 활용 발표 내용을 생성 및 탐색, 체크리스트 적용에 활용
뤼튼 트레이닝	Wrtn Training	작문 단계별 연설문 작성에 활용
감마AI	Gamma.AI	연설 시 보조자료인 프레젠테이션 발표 자료 생성에 활용
클로바노트	clovanote	보조자료로서 발표 내용을 음성인식 및 요약하는 데 활용
패들렛	Padlet	활동 내역의 누적, 정리에 활용
캔바	Canva	1쪽 분량의 주장 자료를 만드는 데 활용

로그인! 생성형 AI 프로젝트 수업

대상	중학교 3학년			
관련 교과	국어, 정보			
성취 기준	[9국01-02] 설득 전략을 비판적으로 분석하며 듣는다. [9국01-06] 다양한 자료를 재구성하여 내용을 체계적으로 조직하고 청중이 이해하기 쉽게 발표한다. [9정04-04] 인공지능 시스템으로 해결 가능한 문제를 발견하고, 문제 해결에 적합한 인공지능 시스템을 적용한다.			
단계	차시	주요 학습 내용	관련 교과	활용 도구
준비하기	(수업 전)	• 제시할 프로젝트 주제 결정하기 • 동기유발용 자료와 발문 마련하기		
주제 결정 & 활동 계획하기	1	[정보윤리 전문가의 상황분석] • 생성형 AI를 직, 간접적으로 경험한 내용 나누기 • 경험을 긍정, 부정, 중립으로 나누고 정리하기 • 친구들과 공유하기 • 친구들과 공유하고 제안서의 방향성 논의하기	정보	클로바노트 패들렛
탐구 및 표현하기 (1)	2	[이성적, 감성적 설득 전략 체크리스트 만들기] • 생성형 AI와 이성적, 감성적 설득 전략 이해하기 • 이성적, 감성적 설득 전략 체크리스트 만들기 • 경험 공유하고 모둠별 체크리스트 완성하기	국어	뤼튼 패들렛
탐구 및 표현하기 (2)	3~5	[생성형 AI와 설득 전략을 고려한 연설문 만들기] • 뤼튼 트레이닝을 활용해 연설문 만들기 • 체크리스트 충족 여부 자기 평가하기 • 돌려 읽기로 체크리스트를 넘어선 연설문 만들기	정보, 국어	뤼튼
탐구 및 표현하기 (3)	6	[생성형 AI와 함께 발표자료 만들기] • 감마를 활용해 발표자료 만들기 • 빙 이미지 크리에이터를 활용해 대표 이미지 만들기	정보	감마 캔바
마무리 & 평가하기	7~8	[생성형 AI와 함께 연설가, 비평가 되기] • 연설 수행하기 • 비평하기 • 프로젝트 마무리하고 공동 제안서 도출하기	국어	패들렛 클로바노트

준비하기	수업 전	프로젝트 주제 및 자료 마련하기

학교 생활에서 생성형 AI를 사용하는 학생들이 늘어나고 있습니다. 학생들이 생성형 AI를 선용하기 위한 공동체의 규칙 제정에 주체적으로 참여할 수 있도록 하는 '생성형 AI 규칙 만들기'를 프로젝트 주제로 선정하였습니다. 동기유발을 위해 실사용 사례를 준비하여 학생들이 프로젝트 몰입도 상승을 의도하였습니다.

주제 결정 & 활동 계획하기	1차시	정보윤리 전문가의 상황 분석

1단계 생성형 AI 직간접 경험 나누기

학생들이 학교에서 생성형 AI를 활용해 보았던 경험을 나누는 논의를 진행해 보도록 안내합니다. 생성형 AI 활용 경험은 직간접적 경험을 모두 포괄할 수 있도록 합니다. "학교에서 생성형 AI를 사용해 보았거나, 다른 친구들이 생성형 AI를 사용하는 것을 보고 들은 적이 있나요?"라고 질문합니다.

우선 교사 자신의 경험을 이야기해 들려주면서 클로바노트 사용법을 함께 보여 주면 좋습니다. 이야기한 내용이 음성인식되면서 발화자 수 설정, 이름 수정, AI 활용 요약까지 가능하다는 점을 보여 줍니다. 그런 뒤 클로바노트를 활용해 학생들이 자유롭게 이야기한 내용을 모두 기록받을 수 있다는 점을 안내합니다.

클로바노트 사용 연령

클로바노트는 서비스 약관Terms of Service에서 만 14세 이상이라는 조건을 제시하고 있으며, 가입 신청자가 만 14세 미만 아동일 경우 사용 신청을 승낙하지 않거나 사후에 이용계약을 해지할 수 있음을 밝히고 있습니다. 따라서 학생들이 서비스를 적절하게 이해하고 올바르게 사용하도록 연령 제한을 고려해 지도하는 것이 중요합니다.

기존에는 서기 역할을 누군가 학생 한 명이 담당하도록 하여 타이핑하거나 수기 기록하도록 하여서 서기 역할을 맡은 학생은 논의에 직접 참여하기가 어려웠습니다. 하지만 클로바노트를 활용하면 모두가 논의에 집중할 수 있고 논의 종료 이후 기록된 모든 내용을 살피며 요약할 수 있다는 장점이 있습니다.

클로바노트는 음성 인식 도구이기 때문에 모둠 간 거리가 너무 가까울 경우 다른 모둠의 논의 내용이 음성 인식에 섞일 수 있습니다. 그렇기에 가급적 모둠 간 거리를 넓게 벌리고 하나의 기기를 마이크처럼 활용하며 논의하는 방식을 권장합니다. 클로바노트를 실행한 뒤 발언하는 학생이 기기를 들고 이야기 하고, 이야기를 마치면 다음 발언을 하려는 학생에게 기기를 넘겨 주는 방식입니다. 이렇게 할 경우 모든 학생들에게 이야기할 기회를 고르게 부여하는 효과도 기대할 수 있습니다.

[클로바노트] 음성으로 논의 기록하기

이제 논의 기록을 점검하고 요약할 차례입니다. 발음은 개인마다 다르고 정확성이 떨어지거나 잡음이 섞이는 경우 등이 있기 때문에 음성인식 기록이 처음부터 끝까지 완전하지는 않을 수 있습니다. 발언자 구분을 잘못하는 경우도 있습니다. 그렇기에 음성인식 기록을 점검한 후에 요약해야 보다 정확한 요약문으로 정리될 수 있습니다.

클로바노트로 기록된 참석자 이름 등을 클릭하면 수정이 가능합니다. 전체적으로 한번 읽고 점검하며 수정하며 정리한 이후, [AI로 요약한 내용 확인하기]를 클릭하면 논의 내용을 바로 요약받을 수 있습니다. AI가 생성한 요약본 역시 수정이 가능합니다.

학생들이 긍정적인 경험으로 나눈 이야기가 부정적인 경험으로 분류되어 있는 등 다소간의 내용 오류가 발생해 있을 수 있습니다. 학생들이 이를 유념해 점검하며 수정하는 과정을 추가하도록 안내하되 이 과정은 교사가 함께 진행해 주면 좋습니다.

[클로바노트] 논의 기록 요약하기

이제 학생들이 생성형 AI 활용 경험에 대해 자신의 경험과 그에 대한 입장을 긍정, 부정, 중립으로 구분해 정리하고 이를 패들렛Padlet에 작성하도록 안내합니다.

⊹ 잠깐!

패들렛 사용 연령

패들렛Padlet은 13세 미만의 사용자가 사용할 때는 부모, 보호자, 학교 관계자의 지도, 감독 및 동의가 있는 경우에만 서비스를 사용할 수 있다고 명시하고 있습니다. 따라서 초등학생이 패들렛 서비스를 사용하려면 법적 보호자의 서비스 이용 약관 및 개인정보 보호 정책 검토와 동의가 필요합니다. 제한 연령 이상의 중고등학교 학생들도 서비스를 이해하고 올바르게 사용하도록 연령 제한 정책에 대해 안내하고 지도하는 것이 좋습니다.

패들렛에 올라온 학급 학생들의 글을 보며 학생들은 보다 다양한 경험과 자신과 다른 입장에 대한 생각을 이해하고 파악할 수 있고, 교사는 반 학생들의 경험이 어떻게 구성되어있는지를 시각적으로 확인할 수 있습니다. 제안서의 주제를 생각해 보도록 하되 어느 한쪽으로 극단적으로 치우치지 않도록 환경을 설정하는 것이 중요합니다. 학생들의 입장이 어느 한쪽에 치우쳐 있는 경우도 있습니다. 학생들이 자신의 입장과 다른 관점에 대해 깊이 생각해 보고 그 다른 관점에서 연설을 진행해 볼 수도 있다는 점을 안내합니다. "전문가로서 정보윤리 비평가는 자신의 입장을 유지하기 위해서 일하는 사람이 아닙니다."라는 표현으로 학생들이 자신의 입장과 다른 입장에서 사안을 비판적으로 생각해 보도록 안내해 봅니다.

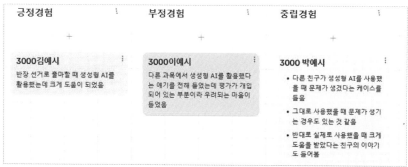

[패들렛] 학생 각자의 입장과 사례 공유하기

탐구 및 표현하기 (1) 2차시	감성적 설득 전략 체크리스트 만들기

1단계 이성적, 감성적 설득 전략 이해하기

효과적인 설득을 하기 위해서는 우선 설득 전략을 이해하고 있어야 합니다. 학생들이 보통 글 쓰고 읽기를 어려워하는 이유는 어휘에 대한 지식이 부족하거나 예시나 부연 설명이 부족해 그런 경우가 많습니다. 이때 생성형 AI를 활용해 이해하기 어려웠던 수준의 글을 이해하는 데에 도움을 받거나, 다른 형태로 쉽게 가공할 수 있습니다. PDF 형식 등의 자료를 뤼튼 혹은 챗GPT에 업로드한 뒤 질문할 수 있습니다.

이제 뤼튼에 학생들이 이성적 설득 전략, 감성적 설득 전략을 다룬 PDF 자료를 올리고 문서에 담긴 내용에 대해 질문하며 정리해 보도록 안내합니다. 이때 서비스 사용법을 구체적으로 먼저 시연해 보여 주는 것이 좋습니다. 글을 읽다가 모르는 단어가 나오는 상황이 생기는 경우 "○○이 무슨 뜻인지 알려 주세요."와 같이 어휘 관련 질문을 입력하여 바로 궁금증을 해소할 수 있습니다. 또한, 제공 받은 설명이 이해하기 어려운 경우라면 "중학생 수준으로 보다 쉬운 어휘를 사용해 설명해 주세요.", "이해하기 쉽게 구체적인 예를 들어 주세요." 등 부연 설명을 요청하면 좀 더 쉬운 설명을 즉시 제공받을 수 있다는 점을 직접 보여 주면서 안내합니다.

사실들 간의 논리적 연결을 통해 설득한다는 게 무슨 의미인지 중학생 수준의 어휘를 사용해 설명해 줘. 쉽고 구체적인 예시도 포함해 줘.

답변

◎ 분석 과정 ⌄

논리적 추론의 의미와 예시

논리적 추론은 서로 관련된 사실들을 연결 지어 이해시키는 방법입니다. 쉽게 말해, 어떤 주장을 할 때 그 주장에 맞는 이유와 증거를 함께 제시해서 상대방이 자연스럽게 그 의견에 동의하도록 만드는 것이에요.

🔍 **예시로 이해해보자!**

1. **주장**: "학교에서 휴대전화 사용을 줄여야 한다."
2. **사실 1**: 많은 연구 결과, 휴대전화 사용이 수업에 집중하는 데 방해가 된다고 해요.
3. **사실 2**: 집중을 잘 하면 학업 성적이 더 좋아진다고 알려져 있어요.
4. **논리적 연결**:
   - 첫 번째 사실에서 "휴대전화가 집중을 방해하니" → "그것이 시험 점수나 과제 제출에 영향을 줄 수 있다."
   - 두 번째 사실은 "집중을 잘 하면 학업이 향상된다."입니다.
5. **결론**: 그러니까, "휴대전화 사용을 줄이면 집중력이 향상되고, 이는 결국 학업 성적에도 긍정적인 영향을 미칠 것이다."

이렇게 서로 다른 사실을 기반으로 논리적으로 연결하여 주장하면, 상대방이 쉽게 이해하고 설득될 가능성이 높아집니다. 😊

⚠️ **주의할점**

- 논리적 추론을 사용할 때는 사실이 충분히 신뢰할 수 있어야 해요.
- 잘못된 정보를 사용하거나 사실을 왜곡하면 오히려 신뢰를 잃게 됩니다.

이런 식으로 사실 간의 논리적 연결을 통해 설득하는 이해가 되었나요? 👀 더 궁금한 점이 있으면 언제든지 질문해 주세요!

[뤼튼] 이해하지 못한 내용 설명 듣기

2단계 이성적, 감성적 설득 전략 체크리스트 만들고 검증하기

이제 학생들이 뤼튼을 활용해 체크리스트를 직접 만들고 이를 바탕으로 검증 또한 직접 진행해 보도록 안내합니다. 프롬프트에 체크리스트 항목을 몇 개 만들 것인지 명시하고(예: 5개), 근거가 되는 PDF 페이지를 함께 제시해 달라고 요청하도록 합니다. 이렇게 하면 챗PDF는 체크리스트 항목들을 만들어 주되 각 항목 바로

240

옆에 근거 페이지를 제시해 줍니다.

이때 학생들이 챗PDF가 만들어 준 체크리스트를 그대로 사용하는 게 아니라 근거 페이지로 이동해 그 항목이 적절한지를 반드시 확인해 보도록 강조하며 지도하도록 합니다.

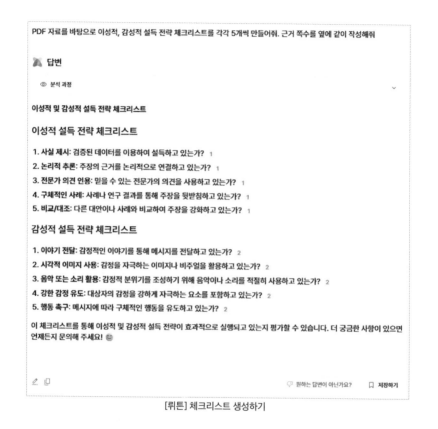

[뤼튼] 체크리스트 생성하기

이 과정에서 교사는 의도적으로 학생들이 혼동하기 쉬운 지점을 짚어 줄 수 있습니다. 가령 "건강을 위해 햄버거를 많이 먹는 것은 좋지 않다고 국어 선생님이 말씀하셨어. 이건 적절한 이성적 설득 전략이야?"라고 물을 때 생성형 AI는 체크리스트의 항목을 언급한 뒤 "따라서 국어 선생님이 말씀하신 '햄버거를 많이 먹는 것은 좋지 않다'라는 내용은 위의 요소들을 통해 건강과 관련된 사실과 논리를 잘 연결하여 전달되었다면, 적절한 이성적 설득 전략으로 볼 수 있습니다."라고 답변하곤 합니다. 일부 아이들은 이 답변을 통해 잘못된 정보를 습득할 수 있습니다.

이럴 경우 상황을 보다 명료하게 "위와 관련된 요소들 없이 국어 선생님이 그냥 햄버거 먹는 게 건강에 좋지 않다고 하신 걸 근거로 든 거야. 그럼 적절한 이성적 설득 전략이야?"라고 다시 묻게 할 수 있습니다. 이렇게 질문할 때 보다 명료한 답변을 받을 수 있게 됩니다.

이런 예를 직접 보여 주며, 먼저 체크리스트의 정보를 스스로 숙지하고 있어야 생성형 AI도 잘 활용할 수 있다는 점, 검증의 책임은 전문가에게, 즉 학생 본인에게 있다는 점을 분명하게 강조하여 전문가로서의 책임감과 윤리의식을 함양할 수 있습니다.

탐구 및 표현하기 (2)	3~5차시	설득 전략을 고려한 연설문 만들기

1단계 연설문 작성 도구 선택하기

학생들이 글쓰기의 흥미 정도, 생성형 AI 도구 활용 역량 정도에 따라 각자에 알맞은 AI 도구를 골라 연설문을 만들 수 있도록 안내합니다.

글쓰기에 큰 어려움을 느끼는 학생의 경우,

뤼튼Wrtn을 활용해 글을 작성하도록 안내합니다. 글쓰기를 어려워 하는 학생은 대부분 글의 시작 자체를 어려워 하는 경우가 많기 때문에 대략적 개요를 생성하고 글의 내용을 생성하는 뤼튼을 활용하면 글쓰기의 부담을 크게 낮출 수 있습니다.

다만 학생이 작문 과정에서 주도적인 역할을 유지하도록 해야 합니다. 따라서 뤼튼을 활용하기 전에 반드시 스스로 고민하여 일정 부분을 작성하도록 하고 이를 뤼튼에 제시하여 "이렇게 글/개요를 작성했는데 이에 대한 수정 방향을 조언해 주세요."라는 프롬프트를 입력해 피드백 받도록 합니다. 이 과정에서 어려움을 느낄 학생들이라면 "어떤 내용으로 글을 써야할지 고민 중인데, 글을 다 써 주지 말고 글을 어떻게 시작하면 좋을지 힌트를 주세요." 같은 프롬프트를 입력하도록 하여 학생이 글쓰기 주도성을 놓지 말 것을 강조합니다.

[뤼튼] 글쓰기 도움 받기: (좌) 글 개요 수정 받기 (우) 글쓰기 도입부 힌트 받기

한편 글쓰기가 다소 익숙하고, 보다 깊이 있는 수준으로 결과물을 만들고 싶은 학생이라면,

뤼튼 트레이닝Wrtn Training을 활용하도록 안내합니다.

잠깐! 뤼튼 트레이닝 사용 연령

뤼튼 트레이닝은 서비스 약관 및 개인정보 처리방침에서 사용 제한 연령을 명시하지는 않았습니다. 다만 만 14세 미만 아동의 회원가입 시 법정대리인의 이름과 법정대리인의 휴대전화번호를 필수항목으로 수집하고 있습니다. 따라서 초등학생이 뤼튼 트레이닝을 사용하려면 법적 보호자의 약관 검토와 동의가 필요하며, 학생들이 서비스를 적절하게 이해하고 올바르게 사용하도록 연령 제한을 고려해 지도하는 것이 중요합니다.

뤼튼 트레이닝에서 글의 주제를 입력하는 창에 자신의 입장을 입력하게 합니다. 그 이후 주장, 이유, 사례, 결론이라는 개요짜기 틀에 맞게 개요를 작성하게 합니다. 이 과정에서 [AI에게 질문받기]를 활용해 글 작성에서의 힌트를 받을 수 있습니다.

[뤼튼 트레이닝] 글쓰기 도움 받기: (좌) 개요 작성하고 질문받기 (우) 자료 추천받으며 본문 작성하기

작성한 이후에는 [다음 단계로]를 선택하여 본문 작성 단계로 넘어가도록 합니다. 이 단계에서 학생들은 스스로 글을 작성하면서, 이전 단계와 같이 AI에게 질문을 받을 수 있으며, 나아가 활용할 수 있는 자료를 추천받을 수도 있습니다.

이때 AI가 질문하는 내용이나 추천하는 자료가 글에 활용하기 적절하지는 않을 수 있다는 점을 강조하여 안내합니다. 도구를 활용해 질문을 받거나 자료를 추천받는 것은 글쓰기의 시작점일 뿐이고, 보다 수준 높은 글을 작성하기 위해서는 내용이나 자료에 대해 직접 고민하고 선택하는 과정이 필수임을 강조합니다. 또한 활용 자료에는 반드시 출처를 표기해야 한다는 점, 생성형 AI를 활용해 생성한 글에는 그 사실을 명기해야 한다는 점을 안내합니다.

단, 현재 뤼튼 트레이닝의 경우 서버 문제로 제대로 작동하지 않는 경우도 있습니다. 그럴 경우 뤼튼을 활용해 "OO주제로 글을 쓰고 있는데, 주장, 이유, 사례, 결론을 작성하는 데에 도움이 되는 질문을 각각 3개씩 제시해 줘."라는 질문으로 이를 대체할 수 있습니다. 자료 역시, "OO 주제로 글을 작성하고 있는데, 이를 뒷받침할 수 있는 공신력 있는 자료를 찾아 줘."라는 질문으로 이를 대체할 수 있습니다. 이렇게 질문할 경우에도 블로그 글 등 공신력이 부족한 자료를 제시하는 경우가 있기에, 공신력이 부족한 자료를 근거로 제시하지 않도록 지도하는 것이 필요합니다.

2단계 체크리스트 활용하여 자기 평가하고 AI 평가하기

작성한 글이 앞서 모둠별로 완성했던 체크리스트를 충족하는지를 자기 평가하고, 뤼튼을 활용해 AI 평가도 병행해 보도록 합니다. 이 경우 반드시 스스로 자기 평가를 하게 한 뒤에 AI 평가를 진행하도록 해야 합니다. 작성한 글을 학생 스스로 점검하고 조정하는 역량을 기를 수 있도록 하기 위해서입니다.

뤼튼을 활용하여 AI 평가를 진행하고자 할 때는 프롬프트는 "나는 내가 작성한 글이 체크리스트에 맞는지 확인하고 싶습니다. 글이 체크리스트의 항목에 모두 부합하는지 확인하고 평가해 주세요."같이 입력한 뒤 체크리스트와 글을 함께 제시해 줍니다.

자기 평가나 뤼튼의 평가에서 체크리스트에 부합하지 않았다고 평가되는 경우, 혹은 '부분적으로 부합한다' 등의 평가를 받은 부분이 있다면 해당 부분을 점검, 조정하는 과정을 더해 글을 수정하도록 안내합니다.

[뤼튼] 작성한 글의 체크리스트 부합 여부 평가받기

3단계 돌려 읽고 연설문 완성하기

체크리스트를 기준으로 평가하고 수정한 글을 이제 모둠 학생들이 서로 돌려 읽으며 피드백하도록 합니다. 이때 서로 체크리스트 내용만을 반복 적용하기보다는 비평가의 관점으로 상대방의 글이 어떤 점에서 설명이나 근거가 보완되면 좋겠다는 인상을 받았는지, 어떤 점에서 실제로 설득력을 느꼈는지 서로 이야기해 주도록 하는 것이 중요합니다. 논의 내용은 클로바노트로 기록한 뒤 보완할 내용을 중심으로 정리하고, 이를 반영해 글을 수정하는 과정을 거쳐 완성하도록 안내합니다.

탐구 및 표현하기 (3)	6차시	연설문 발표 자료 만들기

1단계 발표 자료 만들기

완성한 연설문에 대한 발표 자료를 감마^{Gamma}를 이용하여 만들어 보도록 합니다.

감마(Gamma)로 발표 자료 만들기

[AI로 만들기] > [텍스트로 붙여넣기] > 완성한 글 붙여 넣기 > "이 콘텐츠로 무엇을 만들고 싶으신가요?" 부분에서 [프레젠테이션] 체크하기

[감마] 발표 자료 만들기

이때 '프롬프트 편집기' 단계에서 쓰기 대상, 톤, 카드당 텍스트 양을 적절하게 선택하는 것이 중요합니다. 쓰기 대상과 톤은 자동으로 인식되는데 수정할 수 있습니다.

가령 쓰기 대상이 'AI 기술에 대한 학교 관계자 및 교육 전문가'로, 톤은 '설득력 있고 전문적인'으로 지정되어 있는데, 같은 반 친구에게 설득하는 상황이라면 쓰기 대상을 'AI 기술에 관심 있는 같은 반 친구', 톤을 '설득력 있고 친근하게'로 바꾸어 지정할 수 있습니다.

또한 생성 전 '무료 양식' 혹은 '카드별' 중 어떤 형식을 활용할지 결정해야 하는데 학생들이 이를 결정할 수 있도록 각각의 장단점을 우선 알려줄 필요가 있습니다.

'무료 양식'은 화면 하단의 카드 개수에 맞게 자동으로 프레젠테이션이 생성됩니다. 장점은 빠르고 간단하다는 점입니다. 하지만 한 슬라이드에 들어가야 할 내용이 분리되거나, 분리되어야 할 내용이 하나의 슬라이드에 들어가 있을 수도 있다는 단점이 있습니다.

'카드별' 작성은 각각의 슬라이드에 들어갈 내용을 직접 지정할 수 있습니다. 하나의 슬라이드에 들어갈 글의 내용을 모두 직접 분할하는 것이 다소 번거롭게 느껴질 수 있지만 각 슬라이드에 들어갈 내용을 글쓴이 본인의 생각을 섬세하고 정확하게 제시할 수 있다는 장점이 있습니다.

[감마] 발표 자료 만들기: 슬라이드 생성 활용 발표자료 만들기

2단계 한 쪽 자료 작성하기

이제 자신의 주장을 한 쪽에 간단히 정리해 담은 자료를 만들어 보도록 합니다. 이는 요약 및 홍보의 목적이 있는 자료로 해시태그와 이모티콘 사용을 적극 권장해 봅니다. 캔바 혹은 뤼튼을 활용하면 편리합니다.

한 쪽에 담을 내용을 초안부터 학생이 직접 작성하고 다듬어 넣는 것도 좋고 뤼튼을 활용해 본인의 글을 업로드한 뒤 "이모티콘과 해시태그를 포함해서 요약해 주세요."라는 프롬프트로 초안을 요청해도 좋습니다. 혹은 캔바에서 제공하는 매직 라이트 MagicWrite 기능을 활용해 원하는 키워드로 생성할 수도 있습니다.

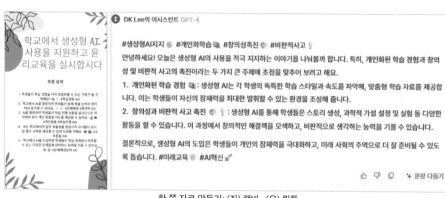

한 쪽 자료 만들기: (좌) 캔바 (우) 뤼튼

탐구 및 표현하기 (4)　7~8차시	연설가, 비평가 되기

1단계 연설 수행하기

이제 지금까지 만든 내용을 바탕으로 실제 연설을 수행하고, 연설을 비평해 보도록 합니다. 연설 및 비평 과정을 자유롭게 수행하되 학생들에게 몇 가지 주의점을 안내하도록 합니다.

연설 및 비평 주의사항

· 모든 학생은 연설가이자 비평가가 됩니다. 그러므로 다른 친구가 연설을 할 때는 자신의
  연설을 준비하지 말고, 경청하는 자세가 필요합니다.
· 우리는 상대방을 공격하는 것이 아니라, 함께 성장하기 위해 비평합니다. 비평할 내용을
  작성할 때는 부드럽고 둥글게 이야기하고, 비평을 받아들일 때도 스스로의 성장을 위해
  전문가답게 수용적인 태도를 지니도록 합시다.
· 연설 과정에서 클로바노트를 활용하여 연설가는 스스로의 발표를 사후 점검하고, 비평가
  는 연설의 내용을 다시 점검하여 도움이 되는 비평을 할 수 있는 보조 자료로 활용합니다.

2단계 비평하기

패들렛을 활용해 자기 평가와 비평(동료 평가)를 진행하도록 안내합니다. 친구에
대한 비평을 게시할 때는 글의 앞뒤에 좋았던 점을 작성하고 개선할 점은 가운데
에 작성해 넣어 부드럽게 전달하는 샌드위치 화법을 활용하여 상대방의 감정을
배려하는 글쓰기를 하도록 안내합니다. 이 경우에는 이미 댓글을 통해 비평이 진
행되므로 [설정] 〉 [레이아웃] 〉 [참여도] 〉 [반응]에서 부정적인 평가를 포함할
수 있는 반응은 가급적 지양하고 '없음', '좋아요' 중 하나를 선택하도록 하는 것이
좋습니다.

수업을 마무리할 때는 활동 결과물을 바탕으로 실제 현실을 변화시키는 방법이나 기회를 안내하는 것이 좋습니다. 이 과정으로 학생들은 자신이 수행할 활동에 대한 효능감을 느끼고 이후의 학습 활동에 적극적으로 참여할 동기를 가질 수 있습니다.

이 수업에서처럼 연설과 비평의 과정과 결과를 도출한 경우라면, 이후 반 전체의 학생들이 학생회나 학교에 공동 제안서를 제출할 수 있을 것입니다. 찬성과 반대 입장을 가진 학생들의 의견이 모두 반영되도록 생성형 AI의 활용을 장려 및 지원하는 영역과, 부작용이 우려되는 부분을 모두 명시해 강조하고 부작용은 어떻게 방지할 수 있는지 그 방안을 보다 널리 제안할 수 있도록 독려할 수 있습니다.

그렇다면 교사는 어떤 형태로든 학교에서의 규칙이 수립되는 절차를 거쳐 학생들의 노력이 피드백을 받을 수 있도록 하는 것이 좋습니다. 실제로 그 제안이 반영되는지 여부보다 공동체의 규칙 형성에 의견을 제시할 수 있고, 이런 행동이 피드백을 받을 만큼 유의미한 사회적 과정으로 진행이 된다는 점을 경험한다는 데 교육적 의의가 있습니다.

수업 운영의 Tip

Tip 1. 뤼튼을 활용한 자료 분석 및 자료 재구성 시 근거를 반드시 확인하도록 해 주세요

생성형 AI를 활용한 수업에서 무엇보다 중요한 점은 아이들이 생성된 결과물을 아무 고민 없이 그대로 활용해서는 안 된다는 점입니다. 아이들은 활동 과정에서 자료를 비판적으로 받아들이는 역량을 길러야 하며, 생성형 AI의 답변 혹은 생성물 또한 비판적 독해의 대상이어야 합니다. 이를 위해 생성형 인공지능을 사용하는 과정에서 환각현상을 경험한 사례나 생성형 인공지능이 제시한 결과물을 보완하여 완성도를 급격하게 상승시킨 결과물의 사례를 공유하는 것이 좋습니다.

Tip 2. 학생이 지닌 질문 능력에 따라 생성형 AI의 활용 능력이 달라지는 점에서 프롬프트 생성에 대한 기본적인 교육이 필요합니다

세부적이고 구체적일수록, 자료의 종류와 역할을 부여할수록 적절한 답변을 얻을 수 있습니다. 따라서 적절한 질문 및 피드백이 필요합니다. 특히 "중학교에서 생성형 AI 사용을 찬성(반대)하는 발표를 하려고 하는데 근거를 제시해 주세요." 같이 발표의 청자가 중학생인지 대중일반인지가 불명확하게 프롬프트에 제시되는 경우에 대해 생각해 봅시다. 프롬프트를 입력한 학생의 의도는 우리 중학교에서 발표를 한다는 것을 전제한 것일 겁니다. 하지만 위와 같이 불명확한 프롬프트로 질문하는 경우 마치 신문에 실리는 칼럼처럼 사회 전체적으로 생성형 AI 사용을 찬성(반대)하는 입장에 대한 내용을 답으로 받을 가능성이 상당합니다. 그러므로 프롬프트를 작성할 때는 중의성을 없애고, 최대한 구체적으로 짧게 여러 문장으로 작성하는 것이 좋다는 점을 미리 안내하는 것이 좋습니다. 성공적인 프롬프트를 공유하는 장을 마련하는 것도 좋습니다.

───────── 프로젝트 4 ─────────
나만의 적정 기술 개발하기

관련 성취 기준

[9기가03-02] 기술의 표준화, 적정 기술과 같은 기술 활용 사례를 탐구하고, 기술이 사회에 미치는 영향을 바르게 인식하여 기술 혁신과 사회 발전에 참여하는 태도를 갖는다.
[9기가03-04] 기술적 문제 해결 방안을 시각화하고 도면을 작성하며, 올바른 도구를 선택하여 시제품 또는 모형을 제작 및 평가하는 과정에서 협업 능력, 공감 능력과 의사소통 능력을 기른다.
[9기가04-05] 정보통신과 인공지능 기술의 활용 사례를 탐구하고, 정보통신과 인공지능 기술이 우리 삶에 미치는 영향을 다양한 관점에서 평가한다.

프로젝트 목적 & 목표

창의적 생산 과정 중 아이디어 발산의 보조 역할로서의 인공지능 도구 활용 능력 함양
· 문제 상황을 학습자가 직접 설정하는 경험을 통해 인공지능 알고리즘을 체험하고 이것이 사용자의 작업을 어떤 측면에서 보조할 수 있는지 탐구한다.
· 공감, 문제 정의, 아이디어 탐색 및 선정, AI를 활용한 시각화 과정을 통해 스스로 문제를 찾아내고 해결 방안을 탐색한다.
· 타인의 마음에 공감하고 모둠원과 함께 토론하는 과정을 통해 의사소통 능력을 기른다.

프로젝트 개요

[준비하기] 생성형 AI를 활용한 창작과 디자인 작업을 경험할 수 있도록 '나만의 적정 기술 개발하기'를 프로젝트 주제로 선정하고, 동기유발을 위해 VIZCOM을 활용하여 시연 자료를 준비한다.
[주제 결정하기] 모둠별로 새로운 소설을 창작해보고, 소설 속에 등장하는 인물들과 공감하며 그들에게 필요한 적정 기술을 탐구하도록 안내한다.
[활동 계획하기] 탐구한 적정 기술을 학급 전체와 공유하며 서로 피드백을 제공하고, 프로젝트의 최종 목표를 달성하기 위해 필요한 활동들을 계획하도록 돕는다.
[탐구 및 표현하기] 노션, VIZCOM과 같은 에듀테크와 생성형 AI를 활용하여 구상한 적정 기술을 시각화하고 설명하는 페이지를 제작하는 활동을 진행한다.
[마무리 및 평가하기] 노션 페이지를 학급 전체에 공유하여 개발한 적정 기술을 시각화 자료와 함께 발표하고, 상호 피드백을 제공하여 학습한 내용을 정리하고 돌아보도록 한다.

Tools : 생성형 AI + Edutech

챗GPT	ChatGPT	소설을 창작하고 학생들이 문제 상황을 직접 설정할 때 활용
뤼튼	Wrtn	창작한 상황에 맞는 이미지 생성 및 AI 알고리즘 비교 분석에 활용
비즈컴	VIZCOM	선정된 아이디어를 구체적으로 시각화하는 3D 모델링 작업에 활용
노션	Notion	모둠 활동에 필요한 아이디어 공유 테이블 제공, 프로젝트 전체 진행 상황을 시각화 및 학급 전체에 프로젝트 과정과 결과를 공유하는 데 활용

대상	중학교 3학년
관련 교과	기술·가정
성취 기준	[9기가03-02] 기술의 표준화, 적정 기술과 같은 기술 활용 사례를 탐구하고, 기술이 사회에 미치는 영향을 바르게 인식하여 기술 혁신과 사회 발전에 참여하는 태도를 갖는다. [9기가03-04] 기술적 문제 해결 방안을 시각화하고 도면을 작성하며, 올바른 도구를 선택하여 시제품 또는 모형을 제작 및 평가하는 과정에서 협업 능력, 공감 능력과 의사소통 능력을 기른다. [9기가04-05] 정보통신과 인공지능 기술의 활용 사례를 탐구하고, 정보통신과 인공지능 기술이 우리 삶에 미치는 영향을 다양한 관점에서 평가한다.

단계	차시	주요 학습 내용	관련 교과	활용 도구
준비하기	(수업전)	• 제시할 프로젝트 주제 결정하기 • 동기유발용 자료와 발문 마련하기		
주제 결정하기 (1)	1	[내가 창조한 세계, 소설 집필하기] • 프로젝트 주제 안내, 모둠별 노션 페이지 공유하기 • 소설에 필요한 요소들 파악해보기 • 나만의 세계를 담은 소설 창작하기	기술·가정	챗GPT 노션
주제 결정하기 (2)	2	[나만의 소설 속으로 파고들기] • 창작한 소설의 표지 제작하기 • 소설 속 주인공과 공감하기	기술·가정	뤼튼 노션
활동 계획하기	3	['진짜 문제' 찾아보기] • 공감 내용 그룹화하기 • '진짜 문제' 찾아내어 정의하기 • 프로젝트 중간 과정 공유하기	기술·가정	노션
탐구 및 표현하기	4~5	[나만의 적정 기술 개발하기] • '진짜 문제'를 해결하기 위한 적정 기술 아이디어 구상하기 • 아이디어 시각화하기	기술·가정	챗GPT 뤼튼 노션 비즈컴
마무리 & 평가하기	6	[나만의 적정 기술 소개하기] • 개발한 적정 기술을 소개하기 • 모둠별로 상호 간에 피드백하기 • 프로젝트 마무리하기	기술·가정	노션

준비하기　　**수업 전**　　　　프로젝트 주제 및 자료 마련하기

'적정 기술 개발'이라는 주제는 그 동안 학생들의 창작, 디자인 능력의 편차로 인해 교사의 의도와는 다른 결과물이 생성되는 일이 많았습니다. 이번 프로젝트에서는 다양한 생성형 AI를 활용하는 만큼 학생들의 부수적인 능력 편차를 보완하고 '기술 개발 능력' 자체를 살펴볼 수 있습니다. 학생들은 생성형 AI의 도움을 받아 평소 어려움을 겪었던 창작의 과정, 디자인 작업의 효율화를 경험할 것이며 이는 흥미 유발과 적극적인 참여를 가져올 것입니다.

동기유발을 위해 생성형 AI인 VIZCOM을 활용하여 간단한 스케치가 실제 제품처럼 변화하는 모습을 시연합니다. 동기유발이 목적이므로 교사가 빠르게 시연하여 결과물이 생성되는 과정을 학생들에게 보여 줍니다. 학생들의 흥미 유발과 함께 디자인 능력에 자신이 없는 학생들도 이번 프로젝트에서는 디자인 작업이 어렵지 않을 것이라는 확신을 심어줄 수 있습니다.

1단계 프로젝트 전체 흐름 및 진행 계획 숙지하기

전체 프로젝트의 시작 단계에서 학생들에게 이 프로젝트가 무엇을 목표로 하는 지, 프로젝트의 결과로 무엇이 생성되고 그것이 학생들에게 가져다 줄 변화는 무 엇인지 알려 주는 것은 매우 중요하며 꼭 필요한 일입니다. 학생들은 프로젝트의 전체적인 개요를 파악함으로써 이 프로젝트가 왜 자신들에게 필요한지를 알게 되 고, 그것은 동기를 부여하는 하나의 수단으로 작용할 수 있습니다. 또한 프로젝트 의 과정에서 어떠한 활동들이 진행될 것인지에 대한 대략적인 이해는 활동에 필 요한 사전 지식을 학생이 미리 획득하도록 할 수 있어서 보다 정교하고 의미 있는 산출물의 생산으로 이어질 수도 있습니다.

프로젝트는 지속가능발전의 개념에 대한 접근으로 시작됩니다. 큰 흐름은 지 속가능발전의 의미에서 '적정 기술'에 대한 개념으로 이어지며 최종적으로 프로 젝트의 주제인 '에너지를 사랑하는 나만의 적정 기술 개발'의 안내까지 이루어지 게 됩니다.

프로젝트 전체 흐름

순서	진행 내용
1	챗GPT와 뤼튼을 활용하여 적정 기술 문제 상황을 담고 있는 소설과 그 표지 창작하기
2	소설 속 등장인물들의 마음 공감해 보고 노션 페이지에 그룹별로 정리하기
3	깊숙이 숨어있는 '진짜 문제'가 무엇인지 찾아내기
4	진짜 문제를 해결하기 위해 필요한 적정 기술 아이디어 탐색하기
5	비즈컴(VIZCOM)을 활용하여 선정된 아이디어 시각화 작업하기
6	프로젝트 전체 활동 내용 함께 공유하고 피드백하기

프로젝트에 대한 개략적 안내와 공유를 마쳤다면 학생들이 모둠별 프로젝트 활동을 진행할 때 사용할 온라인 테이블 양식을 제공해 줍니다. 노션Notion을 활용하여 학생들이 프로젝트의 진행 순서에 따라 모둠별로 아이디어를 공유하고 정리할 수 있는 페이지를 사전에 제작, 배포해 주는 것이 좋습니다. 메인 페이지는 프로젝트의 전체 활동과 진행 순서를 알 수 있게 배치하여 학생들이 순차적으로 접근할 수 있도록 하는 것이 좋고, 각 활동 페이지는 하이퍼링크를 이용해 하위 페이지로 연결하고 해당 활동에 필요한 내용들로 구성해 둡니다.

아이디어 공유

⊞ 표
___
[모둠이름 작성] 모둠

🍎 활동 내용	📖 수업 차시	✅ 활용 도구	+ ...
📗 1. 소설 창작	1~2차시	챗GPT, 뤼튼	
🍦 2. 공감 활동	2차시	챗GPT, 뤼튼	
😃 3. 문제 정의	3차시	챗GPT, 뤼튼	
💙 4. 아이디어 선정	4차시	챗GPT, 뤼튼	
📍 5. 프로토타입 제작	5차시	VIZCOM	

[노션] 모둠별 프로젝트 진행 상황 공유 메인 페이지

페이지 내용은 모든 모둠원이 편집 가능하지만 전체 구성의 배치를 수정하는 것은 모둠별로 담당자 한 명을 정하여 담당하도록 하는 것이 진행과 소통, 공유에 좋습니다. 모둠별로 페이지를 할당해 주고 대략적인 구성에 대한 설명이 끝났다면 이제 본격적인 프로젝트 활동을 시작합니다.

학생들이 직접 소설가가 되어 자신만의 세계를 창작하고 소설을 집필해 보는 활동을 진행합니다. 학생 대부분은 전문적으로 소설 집필에 대해 학습해 본 경험 없이 짧은 글을 작성해 본 경험만을 가지고 있는 경우가 대부분일 것입니다. 이 프로젝트에서는 챗GPT의 도움을 받아 학생들이 전문적인 수준의 소설을 집필해 보는 경험을 갖도록 합니다.

가장 먼저 소설에 필요한 요소들을 미리 파악해 두도록 합니다. 챗GPT를 활용하여 소설 집필에 필요한 요소들, 미리 알아두어야 하는 사항들을 학생들이 직접 조사하도록 안내합니다.

사실 소설을 구성하는 요소들을 알지 못한다고 하여 소설 집필 활동을 할 수 없는 것은 아닙니다. 하지만 이런 정보를 미리 파악한 이후에 소설을 집필하면 보다 정교하게 작품을 생산해 나가는 과정을 경험할 수 있습니다. 다만 이 조사 활동에 학생들이 몰입하여 많은 시간을 할애하지는 않도록 일정 시간을 정해 주고 파악하도록 유도한 뒤 다음 실전 집필 활동으로 넘어가도록 안내하도록 합니다.

> **ks** **You**
> 일반적인 소설이 갖추어야 할 요소들을 설명해줘
>
> **질문 내용** ∧   ✕
>
> **ChatGPT**
> 소설을 쓰는 것은 여러 요소들을 조합하여 일관된 이야기를 만들어내는 복잡한 작업입니다. 아래는 일반적인 소설이 가져야 할 중요한 요소들입니다:
>
> 1. **플롯(Plot)**: 플롯은 이야기를 전개하는 일련의 사건들을 말합니다. 주요 갈등, 전개, 절정, 해결 등을 포함합니다. 잘 구성된 플롯은 독자들을 이야기에 몰입시키고 흥미를 끌어냅니다.
> 2. **캐릭터(Characters)**: 매력적인 캐릭터는 어떤 소설에서도 필수적입니다. 그들은 각자의 성격, 동기, 결점 등이 뚜렷하게 드러나야 합니다. 독자들은 그들과 공감하고 이해할 수 있어야 하며, 이들에게 공감할 수 있어야 합니다.
> 3. **설정(Setting)**: 소설의 설정은 이야기가 전개되는 시대, 장소, 분위기를 포함합니다. 생생하고 믿을 수 있는 설정은 독자들이 이야기의 세계에 몰입하고 즐겁게 읽을 수 있도록 합니다.

[챗GPT] 소설 구성 요소에 대해 알아보기

3단계   나만의 세계를 담은 소설 창작하기

앞서 조사해 둔 내용은 별도로 저장하고 소설 집필 활동을 본격적으로 시작해 보도록 안내합니다. 그런데 창조의 과정을 온전히 AI에게 맡기는 것은 학생들의 역량 강화에 크게 도움이 될 수 없습니다. AI는 어디까지나 보조의 역할을 담당하며 학생들이 스스로 창조에 참여해야 합니다. 따라서 소설 집필 활동은 학생과 AI가 한 번씩 번갈아 가며 관여하는 것을 기본 규칙으로 삼도록 안내합니다. 예를 들면 다음과 같습니다.

순서	주도	프롬프트 내용 흐름
1	챗GPT	(Q. 평범한 소년의 일상 속 이야기를 자세히 묘사하는 소설을 작성해 줘) 소설을 작성했습니다.
2	학생	이 이야기의 시대를 조선 시대로 바꾸어 주세요.
3	챗GPT	(Q. 어떤 부분을 좀 더 자세하게 표현하면 소설이 좋아질까요?) 이야기 속에서 ~ 부분을 좀 더 자세하게 묘사해 보시면 좋겠습니다.
4	학생	(해당 부분을 입력한 뒤) 이 부분에 등장 인물을 한 명 삭제 혹은 추가하고 싶은데 제안을 해 주세요.

이처럼 질문을 주고받는 이야기 생성의 과정을 살펴보면 한번은 챗GPT가, 다른 한 번은 학생이 주도적으로 이야기 창작에 크게 개입하는 작업을 진행하는 것이 좋습니다. 챗GPT가 제시하는 결과물은 여러 번 질문을 반복할수록 더욱 정교해지므로 학생들이 질문을 할 때에도 충분히 반복하여 질문하며 요청을 구체화하는 과정을 연습할 수 있도록 안내합니다. 소설 창작을 마친 모둠은 결과물을 노션 페이지에 정리하고 저장하도록 합니다.

1. 소설 창작

제목:

내용

1장: 마른 도시의 시작

한 때 번영을 누렸던 도시 '아쿠아폴리스'는 이제 말라붙은 강이 그림자처럼 남은 곳이었다. 물 부족으로 인해 모든 시민들은 무더운 여름을 마주하며 삶의 터전을 찾기 위해 씨름하고 있었다.

등장인물 중 하나인 '루카스'는 화려한 물주머니를 달고 거리를 거닐었다. 물은 이제 골드보다 값진 것이 되어, 그의 주머니는 동네 어린이들의 호기심을 자아내기 시작했다. 루카스는 물을 찾는 여정에서 특별한 물의 유물을 발견했다는 소문을 듣게 되면서 모험의 시작을 꿈꾸게 되는데...

[노션] 모둠별 창작 소설 정리해 올리기

주제 결정하기 (2)	2차시	나만의 소설 속으로 파고들기

1단계 소설 표지 제작하기

소설을 완성하였다면 소설에 어울리는 이미지를 생성하여 표지를 결정해 보도록 합니다. 이미지는 소설의 분위기를 한 층 실감 나게 끌어올려 주는 역할을 하는데 생성형 AI의 도움을 받으면 개인의 드로잉 실력과 무관하게 수준 있는 소설의 표지 디자인을 마련할 수 있습니다. 뤼튼^{Wrtn}을 이용해 보도록 안내합니다.

뤼튼은 텍스트를 이미지로 바꾸는 인공지능 모델인 'Stable Diffusion' 기반의 이미지 생성 AI 모델을 채용하여 이용자가 별도의 미술적 추가 작업 없이도 이용 가능한 이미지를 생성해 제공해 줍니다. 예를 들어 "○○이라는 내용에 어울리는 이미지를 그려 주세요."라고 요청하면 알맞은 이미지를 생성해 줍니다.

[뤼튼] 소설 표지 생성받기

　뤼튼 또한 질문을 반복하여 정교화하면 결과물을 보다 원하는 성격으로 다듬을 수 있습니다. 학생들이 스스로 판단하며 질문과 요청을 반복하도록 안내하고 원하는 방향으로 생성된 몇 개의 이미지 가운데 가장 소설의 분위기를 잘 나타내는 것으로 보이는 이미지를 선택하도록 합니다. 최종적으로 선택한 한 개의 이미지는 노션 페이지에 첨부하여 소설 도입부분에 표지로 활용되도록 합니다.

[노션] 뤼튼으로 완성한 표지 이미지 넣기

2단계 소설 속 주인공과 공감하기

자신이 창조한 세계 속으로 깊이 빠져들 차례입니다. 모둠이 함께 집필한 소설을 각자 천천히 읽어 보며 등장인물들의 마음을 살펴보는 활동을 진행합니다. 이 단계부터는 모둠원들이 각자 아이디어를 제시하고 바로 공유 및 토론하는 장으로 노션을 적극 활용하도록 안내합니다.

먼저 학생들이 각각의 등장인물들의 상황에 직접 빠져들어 인물이 어떤 문제를 겪고 있는지, 인물에게 무엇이 어떤 갈등을 불러일으키는지에 대해 생각하고 노션 페이지에 정리해 적도록 합니다. 이때 학생들이 등장인물이 처한 상황에 대해 더 생각해 볼 만한 문제를 잘 떠올리지 못하는 경우가 생긴다면, 문제라는 단어에 사로잡히지 말고 '더 긍정적으로 발전시킬 수 있는 상황에 어떤 것이 있는지'에 초점을 맞추도록 학생을 돕습니다.

모둠원 모두가 각자의 아이디어를 노션 페이지에 작성하면 실시간으로 모둠원 모두의 아이디어를 공유하고 댓글 등으로 토론을 진행 및 기록해 나갈 수 있습니다.

[노션] 등장 인물 공감 활동 페이지 구성

아이디어 입력 칸은 학생들이 필요에 따라 실시간으로 추가하거나 삭제할 수 있습니다. 이 단계에서는 되도록 많은 아이디어를 작성해 두는 것이 좋으므로 생각을 고르지 말고 우선 생각나는 아이디어를 모두 작성하도록 하는 것이 좋습니다.

활동 계획하기	3차시	'진짜 문제' 찾아보기

1단계 등장인물 공감 내용 분류하기

이번 차시에서는 지난 활동의 결과로 생성된 아이디어들을 활용하여 '진짜 문제'가 무엇인지 찾아갑니다. 먼저 같은 속성을 지닌 아이디어들을 모아 여러 개의 그룹으로 분류합니다. 예를 들면 법과 제도에 관한 아이디어 그룹, 특정 인물과 관련되어 있는 아이디어 그룹, 등장인물 본인의 욕망과 관련되어 있는 아이디어 그룹 등 모둠에서 생성한 아이디어들의 공통점을 찾아내어 몇 개로 그룹화합니다. 그룹화 작업 또한 노션 페이지로 정리하여 실시간으로 진행 상황을 공유하고 의견을 나눕니다.

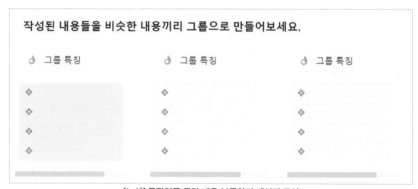

[노션] 등장인물 공감 내용 분류하기 페이지 구성

분류 그룹의 개수는 상황에 따라 달라질 것입니다. 아이디어의 숫자가 적더라도 서로 다른 속성을 지닌 아이디어들이 많다면 그룹의 숫자가 늘어날 수 있습니다. 그룹의 숫자가 반드시 많아야 좋은 것은 아니므로 비슷한 속성의 아이디어들만 그룹으로 형성하도록 안내합니다.

이 그룹화 작업에 챗GPT를 활용하여 도움을 받을 수 있습

[챗GPT] 아이디어 분류받기

니다. 생성된 아이디어 목록을 챗GPT 프롬프트에 입력하고 몇 개로 분류해 달라 요청하여 초안을 받아볼 수 있습니다. 챗GPT를 통한 결과물은 어디까지나 보조적으로 활용할 초안이므로 학생들이 이를 검토하고 수정하여 완성본을 만들어야 한다는 점을 강조합니다.

2단계 '진짜 문제' 찾아 내어 정의하기

앞서 분류 작업을 진행하다 보면 학생들이 등장인물이 처한 문제에 대해 새롭게 이해하게 되는 흥미로운 사실들이 있을 것입니다. 이를 새롭게 해석해 보는 시간을 갖도록 합니다.

'진짜 문제'는 단편적으로 떠오르는 문제점이 아닌, 깊은 공감을 바탕으로 한

266

근본적인 문제를 말합니다. 깊은 곳에 숨어있는 진짜 문제를 수면 위로 떠올리기 위해서는 평소와는 다른 관점에서 바라보는 자세가 필요합니다. 그룹화 단계에서 정리한 내용들을 천천히 살펴보며 등장인물들의 고충이 어디서부터 시작되었는지 깊이 있게 숙고하며 추적해 보도록 지도합니다. 이 단계에서는 모둠원들이 자유롭게 토의하며 서로의 견해를 주의 깊게 듣는 태도가 중요합니다. 진짜 문제가 무엇인지를 다른 사람과 공유하고, 다른 사람의 견해를 들어보며 끊임 없이 다른 관점에서 문제를 바라보기를 반복해 보도록 안내합니다.

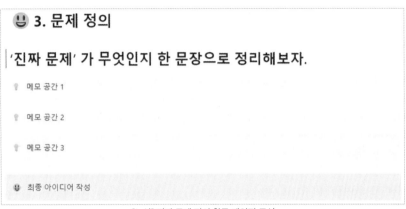

[노션] 진짜 문제 정의 활동 페이지 구성

아이디어 공유를 위한 '메모 공간'은 모둠원들이 직접 칸을 생성하며 늘릴 수 있습니다. 지난 활동에서 생성한 아이디어 내용을 옆에 두고 보면서 정리하는 것이 편리하므로, 노션의 동기화 기능을 사용하여 이전 페이지에서 작성했던 내용들을 현재 페이지에서 확인할 수 있도록 페이지를 제작해 보도록 합니다.

3단계 중간 공유하기

문제 정의 활동까지 끝났다면 문제 해결 활동을 진행하기에 앞서, 학급 전체에 중간 과정을 공유하는 시간을 갖도록 합니다. 아이디어를 같은 모둠원이 아닌 더욱 다양한 사람의 관점에서 보고자 하는 것이 목적이므로 발표의 완성도를 높이는 데 많은 노력을 들이지 않도록 안내합니다. 모둠별로 일정 시간을 할당해 주고 왜 이런 아이디어를 생각해 내고 결정했는지 그 과정을 설명하는 것을 중심으로 발표하여 각 모둠이 서로의 생각과 그 진행 과정을 나눌 수 있도록 합니다.

중요한 것은 다른 모둠의 프로젝트 과정을 경청하고 꼭 피드백하도록 하는 것입니다. 문제를 바라보는 다양한 관점을 체험하기 위해서는 반드시 서로 적극적으로 피드백을 주고받는 과정이 있어야 합니다. 다른 모둠원들의 피드백 내용을 경청하고 이후의 프로젝트 진행에 반영할 수 있도록 안내합니다.

탐구 및 표현하기	4~5차시	나만의 적정 기술 개발하기

1단계 '진짜 문제' 해결을 위한 적정 기술 아이디어 구상하기

문제 정의 활동을 통해 정의된 '진짜 문제'를 해결하기 위한 아이디어 구상 단계를 진행하도록 합니다. 노션 페이지를 열고 문제를 새로운 관점에서 바라보고 이 상태에서 문제 해결 아이디어를 일단 최대한 많이 구상해 보도록 합니다. 메모 공간을 생성된 아이디어의 숫자만큼 계속 늘려 나가며 긍정적인 마인드로 어떤 아이디어든 비판 없이 수용하도록 안내합니다.

♥ 4. 아이디어 선정

👤 문제를 해결하기 위한 아이디어를 선정해보자.

💡 메모 공간 1

💡 메모 공간 2

💡 메모 공간 3

🌏 최종 아이디어 작성

[노션] 아이디어 선정 활동 페이지 제작 예시

창의적인 해결책을 얻기 위해서는 많은 아이디어를 생각해 내는 것부터 시작 해야 합니다. 학생들이 아이디어 이야기하는 것을 두려워하지 않도록 안전지대를 만들어 주고 여러 명이 함께 생각할 수 있도록 독려하도록 합니다.

많은 아이디어를 비교해 보고, 수렴 및 선정할 때에는 중요하게 여기는 기준에 대해 생각해 본 뒤 선정하도록 지도하는 것이 좋습니다. 여러 사람이 원하는 아이디어인지, 실제로 실현 및 지속이 가능한지, 어떤 가치를 만들어 내는 아이디어인지 등 기준이 될 질문을 설정한 뒤 아이디어들을 평가한다면 근본적인 해결책을 추려 결정하는 데 도움이 됩니다.

학생들의 생각이 정체되어 있다면 챗GPT나 뤼튼을 함께 활용해 보도록 독려합니다. "~한 아이디어의 장점과 단점에 대해 말해 줘."라고 물으며 AI의 의견을 들어 보면 색다른 관점을 발견하는 계기가 될 수 있습니다. 모둠원들이 나뉘어 한쪽은 챗GPT, 다른 한쪽은 뤼튼을 이용해 아이디어에 대해 평가받아 보도록 하고 두 AI의 답변을 비교해 보도록 해도 좋습니다. 다양한 사람이 서로 다른 관점과 시선을 가진 것처럼, AI도 다양한 답변을 제공할 수 있는데 이를 체험하는 것도 학생들의 AI에 대한 이해도를 높여 줄 수 있습니다.

이때 AI에 던지는 질문이나 요청을 보다 구체적으로 수정해 재차 질문을 던지면서 단순한 장단점을 묻는 데 그치지 말고 구체적 속성이나 기준을 넣어 질문해 보면서 상세한 답변을 얻고 이를 비교해 보면 더욱 좋습니다.

토의를 통해 정해진 최종 아이디어는 노션 페이지에 정리하여 작성하고 다음 활동으로 넘어갑니다.

최종 아이디어와 관련된 발명품을 구상해 보는 단계입니다. 모델링하고 시각화하는 단계까지 진행해 보도록 합니다. 학생들이 비즈컴VIZCOM을 활용하여 상상으로만 떠올렸던 아이디어를 구체적으로 구현해 보도록 안내합니다. 비즈컴은 사용자가 제공하는 스케치를 품질 높은 형태로 모델링해 주는 서비스입니다.

학생들이 비즈컴에 접속하여 로그인하고 워크 스페이스를 열어 아이디어의 이미지를 스케치하도록 안내합니다. 가급적 구체적이고 상세하게 표현하는 것이 좋으며, 필요하다면 스케치 이미지를 준비하여 업로드하고 함께 활용하는 것도 가능합니다. 다음 예시 속 그림은 상상 속 임의의 발명품입니다.

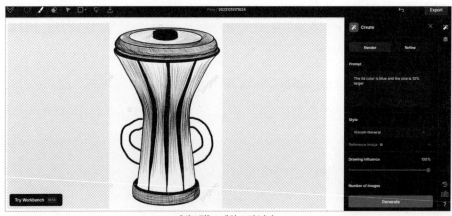

[비즈컴] 스케치 그려 넣기

스케치를 완성했다면 아이디어의 구체적인 이미지를 프롬프트로 상세하게 작성해야 합니다. 스케치로는 나타내기 어려운 재료의 종류나 질감, 이미지 등을 프롬프트를 통해 AI에게 설명하는 과정입니다. 비즈컴을 이용하기 위해서는 프롬프트를 영어로 작성해야 하므로 파파고, 딥엘DeepL과 같은 도구를 이용해 번역 후 프롬프트에 복사하여 입력하도록 안내합니다.

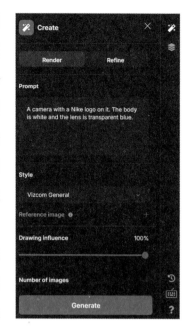

구체적인 결과물을 얻기 위해서는 프롬프트에 가능한 상세한 내용을 입력해야 합니다. 아이디어의 이미지를 AI가 정확하게 이해할 수 있도록 문장을 다듬는 것이 좋습니다.

스케치와 프롬프트가 모두 준비되었다면 [Generate(생성)]를 선택하여 모델링 결과물을 얻을 수 있습니다. 비즈컴은 생성된 결과물을 다시 활용하여 모델링을 진행하는 것이 가능하므로 학생들이 한 번의 작업으로 마치지 않고, 프롬프트를 여러 번 수정하여 반복 작업함으로써 더욱 정교한 모델링 작업을 진행할 수 있습니다.

[비즈컴] 모델링 작업 반복하여 정교화하기

여러 번의 반복 작업을 통해 최종 결과물을 얻었다면 노션 페이지에 저장하고 결과물에 대한 설명을 정리하여 작성하도록 안내합니다. 생성형 AI 활용 경험은 직간접적 경험을 모두 포괄할 수 있도록 합니다.

마무리 & 평가하기	6차시	나만의 적정 기술 소개하기

1단계 개발한 적정 기술 소개하기

지난 활동으로 모든 모둠의 노션 페이지가 채워졌을 것입니다. 학생들은 별도의 발표 자료를 제작할 필요 없이 프로젝트 활동 과정에서 정리한 노션 페이지를 차례로 펼쳐가며 학급 전체에 프로젝트 내용을 공유할 수 있습니다. 프로젝트 진행 과정에 따라 기록할 수 있도록 노션 페이지 양식을 제공했기 때문입니다.

[노션] 프로젝트 과정 및 결과 공유하기

프로젝트의 내용을 공유할 때는 결과물에만 집중하지 않도록 안내합니다. 프로젝트는 결과만큼 과정도 중요하므로 학생들이 그 결과에 도달하기까지 어떤 과정을 거쳤고 왜 이런 아이디어를 선택하게 되었는지에 대한 설명과 공유가 반드시 필요합니다. 이 활동을 통해 학생들은 자신과는 다른 다양한 사람들의 새로운 관점을 경험하고 생각의 폭을 넓힐 수 있습니다.

2단계 모둠 간 피드백하기

다른 모둠의 프로젝트에 대해 피드백을 제공하는 것은 여러 면에서 중요한 역할을 합니다. 이 과정은 창의적인 사고를 촉진하고 협업과 소통의 기술을 발전시키는 데에도 기여합니다. 한 모둠의 발표가 끝나면 모든 모둠이 피드백을 하는 시간을 제공하여 미처 생각하지 못했던 부분을 깨닫고 학습하며 성장할 기회를 제공해야 합니다. 긍정적이고 건설적인 피드백은 프로젝트를 진행한 모둠원들에게 자신감을 주며 지속적으로 자신의 생각을 공유하고 발전시키는 데 도움을 줍니다.

3단계 프로젝트 마무리하기

프로젝트 수업을 마무리할 때는 진행 과정에서 작성된 모든 결과물, 자료들을 완성하고 정리하여 제출하도록 합니다. 종료 시까지 모둠원들은 프로젝트 과정에서 발생했던 문제점, 성공 사례 등을 공유하고 상호 피드백을 제공하는 시간을 가집니다. 특히 프로젝트 과정에서 사용하고 경험했던 AI에 대해 돌아보고 생성형 AI가 우리 생활에 가져온 변화에 대해 생각해 보도록 합니다.

 프로젝트 수업을 마무리하는 이러한 과정들은 단순히 한 과제를 끝내는 것 이상의 의미를 가집니다. 학생들이 자신의 학습에 대해 스스로 반성적 사고를 하고 앞으로의 성장을 위한 발판을 직접 마련해 볼 수 있도록 프로젝트를 마무리한 학생들에게 긍정적인 피드백을 충분히 제공하는 것이 좋겠습니다.

⬥ 부록

수업 운영의 Tip

Tip 1. 노션 페이지를 제작할 때, 학생들이 편집할 수 있다는 점을 잊지 마세요

노션은 페이지라는 개념을 도입하여 원하는 콘텐츠를 자유롭게 배치하여 사용할 수 있으며 메모, 문서, 프로젝트 관리, 데이터베이스 등의 기능을 하나로 통합한 서비스입니다.

노션을 활용하여 페이지를 제작할 때에는 언제나 학생들의 편집을 염두에 두셔야 합니다. 따라서 레이아웃을 결정할 때나 활용할 콘텐츠를 계획할 때는 항상 직관적인 디자인을 유지하고 이해하기 간편한 기능을 사용하는 것이 좋습니다. 모든 학생들이 노션의 사용에 익숙한 것은 아니기 때문에 목적에 맞게 페이지를 편집해 사용할 수 있도록 사전에 계획하며 제작해야 합니다.

Tip 2. 비즈컴(VIZCOM)의 모델링 결과물의 일부 만 수정하여 작업해 보세요

비즈컴은 강력하고 편리한 3D 모델링 서비스를 제공합니다. 그러나 대부분의 경우 한 번의 작업만으로 원하는 결과물을 얻는 것은 매우 힘든 일입니다. 따라서 모든 사용자가 모델링 작업을 통해 얻은 결

[비즈컴] (위) Inpainting 버튼 위치
(아래) 수정할 부분 표시하기

과물을 다시 활용하여 반복 작업을 진행하게 됩니다. 이때 1차 결과물을 전체적으로 수정하여 다시 작업할 수도 있지만, 특정 부분만을 수정하여 작업하고 싶을 때가 있습니다. 그럴 경우에는 좌측 상단의 [Inpainting] 버튼을 클릭하여 원하는 부분만 표시한 뒤 작업을 진행할 수 있습니다.

Tip 3. 문제 정의 단계에서 해결책을 먼저 구상하지 않도록 안내해 주세요

학생들이 문제 정의 단계에서 해결책을 먼저 생각해 내지 않도록 주의해야 합니다. 문제 정의 활동은 공감 단계에서 얻은 다양한 아이디어들을 활용하여 새로운 관점에서 재해석하며 문제를 간결한 문장으로 표현해 내는 과정입니다. 많은 학생이 문제 정의가 아닌 해결책에 집중하는 경향이 있으므로 진짜 중요한 문제가 무엇인지, 문제가 어떤 가치를 지니고 있는지를 생각하며 진행하도록 안내해 주세요.

과목명 **사회, 국어, 미술, 음악**　　**대상 학년** **중학교 3학년**

중등

프로젝트 5

지구 문제 해결하기

관련 성취 기준

[9사(지리)01-03] 세계의 변화가 지역에 영향을 미치고 지역의 변화가 세계에 영향을 미치는 사례를
　　　　　　　　 조사한다.
[9사(지리)12-02] 지역 개발과 환경 보존을 둘러싼 글로컬 환경 이슈에 관심을 가지고 자신의 웰빙 및
　　　　　　　　 공동체의 지속가능한 발전을 위해 참여하고 실천한다.
[9미02-01] 주제를 탐구하고 의도를 반영하여 적합한 표현을 계획할 수 있다.

프로젝트 목적 & 목표

생성형 AI를 활용해 문제를 인식하고 공익광고를 만들어 사회에 참여할 수 있다.
· 에듀테크/생성형 인공지능 도구를 사회적 문제를 인식한다.
· 에듀테크/생성형 인공지능 도구를 활용해 데이터를 만들고 정보를 시각화한다.
· 에듀테크/생성형 인공지능 도구를 활용해 다양한 형태의 자료를 생성하고 활용한다.

프로젝트 개요

[준비하기] 세계와 지역이 긴밀하게 연결되어 있음을 학습하는 프로젝트를 주제를 선정한다.
[주제 결정하기] 생성형 AI를 활용해 추상적인 '인류세'의 개념을 구체적인 사례들을 통해서 이해하고, 인
류세가 우리 삶에 미치는 영향에 대해 공감한다.
[활동 계획하기] 공동체의 지속가능한 발전에 기여할 수 있는 활동으로 산불지도와 공익광고 영상 제작의
의미를 알고 활동 과정을 계획한다.
[탐구 및 표현하기] 환경 문제의 심각성과 해결책을 탐구하고 지도, 시나리오, 영상 광고로 표현한다.
[마무리 및 평가하기] 결과물을 공유하고 평가하며 프로젝트의 의미를 정리하고 활동을 마무리한다.

Tools : 생성형 AI + Edutech

챗GPT	ChatGPT	연령 정책에 따라 지식 학습에는 활용하지 않고 가상의 데이터를 생성하고 시각화하는 도구로 활용
뤼튼	Wrtn	산불 관련 한국어 기반 토론 학습 및 지식 학습, 공익광고용 이미지 생성에 활용
플레이그라운드 AI	Playground AI	저작권 문제 없는 텍스트 기반 고화질 이미지 무료 생성에 활용
스플래시 AI	SplashAI	공익광고 배경음악에 활용할 음원 생성에 활용
브루	Vrew	공익광고 영상 제작에 활용
패들렛	Padlet	다양한 형태의 자료를 학생들이 서로 공유하는 데 활용
릴리스 AI	Lily's AI	영상, PDF, 오디오, 텍스트 형태의 파일을 요약하는 데 활용
젠-2	Gen-2	텍스트 기반 짧은 동영상 생성에 활용

대상	중학교 3학년			
관련 교과	사회, 과학, 국어, 미술, 음악			
성취 기준	[9사(지리)01-03] 세계의 변화가 지역에 영향을 미치고 지역의 변화가 세계에 영향을 미치는 사례를 조사한다. [9사(지리)12-02] 지역 개발과 환경 보존을 둘러싼 글로컬 환경 이슈에 관심을 가지고 자신의 웰빙 및 공동체의 지속가능한 발전을 위해 참여하고 실천한다. [9미02-01] 주제를 탐구하고 의도를 반영하여 적합한 표현을 계획할 수 있다.			
단계	차시	주요 학습 내용	관련 교과	활용 도구
준비하기	(수업 전)	• 제시할 프로젝트 주제 결정하기 • 동기유발용 자료와 발문 마련하기		
주제 결정하기	1	[내가 창조한 세계, 소설 집필하기] • 인류세의 뜻 이해하기 • 인류세에 직면한 지구 모습 탐색하기 • 인류세가 우리에게 미치는 영향 탐구하기	사회 과학	플레이그라운드 AI 릴리스 AI 챗GPT 패들렛
활동 계획하기 & 탐구 및 표현하기	2~4	[데이터로 산불의 심각성 탐색하기] • 산불 데이터로 문제 인식하기 • 위치 데이터를 활용해 지도 만들기 • 글로벌 산불 지도 분석 및 해석하기	사회 과학	챗GPT 구글 마이 맵스
탐구 및 표현하기	5~7	[공익광고 영상 제작하기] • 산불 예방을 위한 공익광고 시나리오 작성하기 • 공익광고에 필요한 이미지 생성하기 • 공익광고에 필요한 배경 음악 생성하기 • 공익광고 영상 제작하기	사회 국어 미술 음악	뤼튼 플레이그라운드 AI 스플래시AI 스테이블 오디오 브루 젠-2
마무리 & 평가하기	8	[공익광고 영상 감상하기] • 제작한 영상을 유튜브, 숏츠 등 다양한 플랫폼에 공개하기 • 패들렛을 통해 자기 및 상호 평가하기 • 프로젝트 마무리하기	사회 국어 미술 음악	패들렛

플레이! 생성형 AI 프로젝트 수업

준비하기	수업 전	프로젝트 주제 및 자료 마련하기

본 프로젝트는 인류가 직면하고 있는 기후 변화를 다루며, 학생들의 삶과 밀접하게 연관된 주제를 제공합니다. 단순히 "지구가 더워지고 있다."는 추상적인 설명에서 벗어나, 실제 데이터 셋을 활용해 지구 온난화의 영향을 실질적으로 탐구하는 방식은 학생들에게 더욱 매력적으로 다가갈 수 있습니다.

학생들의 흥미를 끌어내기 위해 생성형 AI인 뤼튼을 활용할 수 있습니다. 이 프로젝트에서는 학생들이 기후 변화에 대해 구체적으로 공감할 수 있도록 미래 지구의 모습을 시각화하여 보여 줍니다. 예를 들어 학생들은 뤼튼에게 "기후 변화가 계속될 경우, 2050년 지구의 모습을 상상해서 그려 줘"라고 요청해 이미지를 생성할 수 있습니다. 이렇게 생성된 이미지를 공유하면서, 생성형 AI가 예측한 미래 지구의 모습을 통해 기후 변화의 심각성을 논의하고 이에 대한 관심을 높이는 기회를 제공할 수 있습니다.

주제 결정하기	1차시	인류세에 직면한 지구 탐색하기

1단계 인류세의 뜻 이해하기

학생들은 인류세Anthropocene라는 개념을 처음 접하기 때문에 생소할 수 있습니다. 인류세를 한자로 표기한다면 '人類世'로 현세나 홀로세와 같이 지질학적 구분을 하는 용어로 접근할 수 있습니다. 세世에 대한 설명 이후에는 왜 '인류人類'를 세世

앞에 붙여서 사용하고 있는지 추측하는 과정을 통해 학생들이 인류세에 관심을 가지고 개념적 정의에 다가갈 수 있도록 지도할 수 있습니다.

우선 플레이그라운드Playground를 활용해서 인류세에 대한 이미지를 생성하는 과정을 학생들에게 보여 주고, 생성된 그림들을 함께 감상하면서 학생들은 다양한 관점에서 인류세의 개념을 추측해 보도록 합니다. 생소한 개념에 대해 생성받은 그림에서 공통적으로 나타난 특징을 분석함으로써 개념적 속성을 탐구하는 사회과의 접근을 진행하고, 플레이그라운드라는 이미지 생성형 AI의 사용법을 지도하는 활동입니다.

[플레이그라운드] '인류세' 이미지 생성 결과

학생들이 다양한 추측을 자유롭게 진행하도록 한 이후에는 인류세에 대한 정확한 개념적 정의를 학생들에게 제시합니다. 학생들에게 인류세란 '오늘날 인류 문명의 발전으로 인한 지구 환경의 극적인 변화를 강조 및 경고'하기 위한 개념으로, 현재 시대의 환경 문제를 상징하는 개념이라는 점을 강조하여 설명합니다. 인류세에 대한 정의는 학자들마다 다르지만 인간의 행위가 지구에 심각한 영향을 미치고 있다는 점은 동일하다는 점을 알려 줍니다.

2단계 인류세에 직면한 지구의 모습 탐색하기

학생들로 하여금 인류세 개념을 정확하게 이해하고 다양한 지구의 모습을 탐색하도록 하고자 EBS 〈인류세〉 다큐멘터리 영상의 유튜브 링크를 제시합니다. 단 정해진 시간 내에 영상을 모두 시청하기 어려우므로 영상들을 요약 정리하여 함께 학습하도록 안내합니다. 릴리스 AI^Lilys AI를 활용해 영상들의 요약 정리본을 활용해 학습하고, 학생들이 각자 학습한 내용을 패들렛^Padlet에 정리하도록 안내합니다.

[릴리스 AI] 영상 요약 노트 받기

인류세에 대한 개념적 정의를 학습한 이후에는 인류세가 우리 삶에 어떤 영향을 미치는지 알아보도록 합니다. 교사가 직접 제시해 알려 주는 것도 좋지만 학생들이 생성형 AI를 활용해서 직접 지식을 탐구해 보도록 안내합니다. 다만 학생들은 인류세에 대한 지식이 부족하기 때문에 잘못된 정보가 제공되는 할루시네이션 Hallucination 현상이 발생해도 오류 여부를 판단하기 어려우므로 챗GPT를 활용해서 모둠별 토론하기, 또는 교사와 함께 토론하기 활동으로 수업을 진행합니다.

인류세 시대가 다가옴에 따라 중학생들은 일상생활과 관련된 여러 영역에서 직접적인 영향을 느낄 수 있습니다. 다음은 그들이 그것을 경험할 수 있는 몇 가지 방법입니다:

1. **기후 변화 및 날씨**: 극심한 폭풍, 폭염, 가뭄 등 극심한 기상 현상이 더욱 자주 발생하고 있습니다. 학생들은 더워지는 여름, 강수량 패턴의 변화, 심지어 홍수까지 목격할 수 있습니다. 이러한 변화로 인해 학교는 폭염으로 인해 휴교하거나 야외 활동을 조정할 수 있습니다.

2. **생물다양성과 자연**: 동식물종의 손실은 또 다른 가시적인 영향입니다. 학생들은 자신의 지역 환경에서 곤충, 새 또는 특정 유형의 식물을 더 적게 볼 수 있습니다. 이는 학교 견학, 환경 연구, 심지어 지역 사회에서 식물을 재배하는 방식에도 영향을 미칠 수 있습니다.

3. **폐기물과 오염**: 인류세에는 폐기물, 특히 플라스틱 오염에 대한 인식이 높아졌습니다. 현재 많은 학교에서는 플라스틱 사용을 재활용하거나 줄이는 데 중점을 두고 있습니다. 학생들은 구내식당에서 플라스틱 사용을 줄이거나 지역사회 청소 활동에 참여하는 등 지속가능성을 촉진하는 새로운 학교 프로그램을 통해 이를 느낄 수 있습니다.

4. **기술 및 도시화**: 인간이 지구에 미치는 영향에는 급속한 도시 개발과 기술 변화도 포함됩니다. 중학생들은 더 많은 건물, 더 적은 녹지 공간 또는 더 많은 교통량을 느낄 수 있습니다. 또한 집이나 학교에서 태양광 패널이나 에너지 효율적인 장치와 같은 지속 가능성을 위한 기술 사용이 더 강조될 수도 있습니다.

5. **건강 및 생활 방식**: 환경 변화는 인간의 건강에도 영향을 미칠 수 있습니다. 학생들은 대기 오염 증가로 인해 알레르기나 호흡기 문제를 더 많이 경험할 수도 있고, 수분 공급의 중요성이나 햇빛 노출을 피하는 등 따뜻한 세상에서 건강을 유지하는 방법에 대해 더 많이 배울 수도 있습니다.

[챗GPT] 인류세의 영향 탐색하기

1단계 산불 데이터로 문제 인식하기

국내외에 산불이 발생하면 뉴스를 통해 그 소식을 접하게 됩니다. 하지만 산불이 얼마나 많이 발생하고 있는지 혹은 과거에 비해 산불이 얼마나 증가하고 있는지 정확하게 알기 위해서는 데이터를 찾아볼 필요가 있습니다.

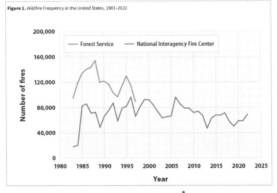

대형 산불의 증가 데이터[*]

학생들과 데이터 시각화 자료를 함께 탐구하면서 산불 규모가 어떻게 변화하고 있는지 경향성에 대해 탐색할 수 있습니다. 생성형 AI는 다양한 질문에 대답을 제공해 주기도 하지만, 데이터 분석 도구로서도 다양한 역할을 할 수 있습니다.

---

[*] 미국환경보호국(Environmental Protection Agency) 홈페이지(epa.gov) > [Environmental Topics] > [View the Indicators] > [Ecosystems] > [Wildfires] > [Figure 1. Wildfire Frequency]
https://www.epa.gov/climate-indicators/climate-change-indicators-wildfires#:~:text=Since%201983%2C%20the%20National%20Interagency,collection%20that%20can%20be%20compared

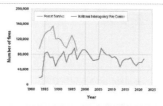

그래프를 통해 대형 산불의 경향성에 대해 설명해 줘.

이 그래프는 1983년부터 2022년까지 미국에서 발생한 산불의 빈도를 나타내고 있어. 두 개의 데이터 소스(미국 산림청(Forest Service)과 국가 산불 공동 대응 센터 (National Interagency Fire Center))의 기록을 비교할 수 있어.

주요 경향성

1. **1980년대 산불 증가**
   - 1983년 이후 산불의 수가 급격히 증가했으며, 특히 Forest Service의 데이터에서는 1990년대 초반까지 산불 건수가 160,000건에 근접하는 수준까지 증가했어.

2. **1990년대 중반 이후 감소**
   - 1990년대 중반 이후 Forest Service 데이터에 따르면 산불 빈도가 감소하는 경향을 보이고 있어. 다만, 변동이 심하며 특정 연도에는 다시 증가하는 패턴이 나타났어.

3. **2000년 이후 상대적 안정화**
   - 2000년 이후 National Interagency Fire Center(NIFC)의 데이터에서는 연간 산불 발생 건수가 대체로 50,000~80,000건 사이에서 안정적인 패턴을 보이고 있어.

4. **2010년대 이후 감소세**
   - 2010년 이후에는 전반적으로 산불 건수가 감소하는 경향을 보이지만, 특정 연도에서는 증가하는 등 변동성이 존재해.

[챗GPT] 데이터 분석받기: 대형 산불 증가 관련 데이터

데이터를 분석하는 과정은 데이터를 객관적으로 바라보는 과정입니다. 최근의 데이터 분석은 데이터 속에 있는 가치들과 관계에 대한 해석이 중요해지고 있습니다. 챗GPT를 활용하면 데이터를 분석하고 왜 산불의 규모가 점차 커지고 있는지에 대한 토의를 보다 간편하면서도 풍성하게 진행할 수 있습니다. 또한 지구 온난화와 산불의 관계에 대한 동영상*을 찾아 시청하거나 요약문 받아 보면서 주제에 대해 탐색할 수 있습니다.

---

* <악순환 시작됐다...'최고 위기' 맞은 지구, 치명적 물질 발견 [와이즈픽]>. YTN. 2023.09.28. https://www.youtube.com/watch?v=lwdGcS1Uwo8

교사의 안내에 따라 학생들은 동영상의 내용을 확인하고 챗GPT를 활용해 교사와 토의하면서 지구 온난화와 산불에 대한 관계를 깊이 있게 탐색합니다. 학습한 내용을 바탕으로 '지구 온난화와 산불에 대한 관계'에 대해 글을 작성해 보도록 하고, 글의 초안을 검토하고 수정하는 데 챗GPT를 활용해 평가 및 점검을 받음으로써 피드백 도구로서 챗GPT를 활용해 보는 경험을 갖도록 안내합니다.

> 📄 **산불과 지구 온난화.pdf**
> PDF
>
> 나는 산불과 지구 온난화에 대한 글을 작성했어. 글에 있는 내용 가운데 잘못된 부분이 있는지, 글의 전개가 논리적인지, 다른 사람들을 설득할 수 있는지의 관점에서 글을 피드백해 줘.

피드백: 산불과 지구 온난화

사용자의 글은 전반적으로 논리적인 흐름을 가지고 있으며, 핵심적인 개념(산불과 지구 온난화의 악순환)을 효과적으로 설명하고 있습니다. 다만, 보다 설득력 있고 명확한 글이 되도록 몇 가지 개선점을 제안합니다.

1. 정확성 검토

✅ 전반적으로 사실에 부합하지만, 일부 표현이 과장될 가능성이 있음.

- "온난화로 인해 번개와 같은 자연적인 발화 원인도 증가하고 있다."
  → 번개의 빈도가 증가하는 원인은 복합적이며, 지역마다 차이가 존재합니다. 온난화가 번개 발생 빈도에 영향을 미칠 가능성은 있지만, 이를 단정적으로 표현하기보다는 "일부 연구에서는 온난화로 인해 번개 발생이 증가할 수 있다고 본다." 정도로 다듬으면 더 정확합니다.
- "대형 산불이 발생하면 막대한 양의 이산화탄소(CO_2)가 방출되어 대기 중 온실가스 농도가 증가한다."
  → 이는 사실이지만, 산불로 인해 방출된 탄소는 시간이 지나면서 다시 식물의 광합성을 통해 흡수되기도 합니다. 따라서, 온실가스를 장기적으로 증가시키는 요인으로 작용할 수도 있지만, 이는 산불의 규모와 빈도에 따라 다를 수 있습니다.

2. 논리적 전개 검토

✅ 전개가 자연스럽고 명확함.

- 산불과 기후변화 간의 관계를 "온난화 → 산불 증가 → 온난화 가속화"라는 순환 구조로 논리적으로 설명하고 있어 이해하기 쉽습니다.

⚠️ 보완할 점

- 결론 부분에서 "탄소 배출을 줄이는 노력"을 언급했는데, 이와 연결된 산불 대응 방안을 더 구체적으로 제시하면 좋겠습니다. 예를 들어, 산불 감시 시스템 강화, 초기 진화 기술 개선 등의 실질적인 해결책을 추가하면 더욱 설득력이 높아질 것입니다.

[챗GPT] 글쓰기 초안 피드백 받기

데이터 시각화는 복잡한 데이터를 쉽게 파악할 수 있도록 하기 위함입니다. 특히 다양한 지리 문제를 한눈에 알아보기 쉽게 시각화하는 일에는 지도를 활용하는 게 좋습니다. 학생들이 위치 정보와 연계된 데이터 시각화를 해 보는 데 쓰일 연습용 데이터가 필요한데 이 또한 챗GPT로부터 바로 생성받을 수 있습니다.

[챗GPT] 가상의 위치 데이터 생성받기

챗GPT를 활용해 생성한 데이터를 구글 스프레드시트에 입력하고 이를 구글 마이 맵스Google My Maps에서 지도로 시각화할 수 있습니다. 구글 마이 맵스는 위도와 경도로 구성되어 있는 데이터 셋을 지도 위에 자유롭게 나타내는 데 편리성이 높은 도구입니다. 구글 스프레드시트의 데이터와 지도에 시각화된 데이터 중에서 어느 쪽이 데이터를 이해하고 이후 분석을 진행하는 데 용이한지에 대해 이야기해 보는 과정을 통해 학생들은 지도 이용의 필요성에 대해 알게 됩니다.

[구글 마이 맵스] 가상의 위치 데이터 시각화 활동

　이번에는 가상의 데이터가 아닌 실제 사회 속에서 수집한 데이터를 활용해서 지도를 만들어 봅니다. 공공데이터포털(https://www.data.go.kr/)에 접속하여 다양한 주제에 대한 양질의 데이터를 검색 및 수집할 수 있습니다.

　'산불'로 검색 후 '충청북도 충주시 산불발생위험지역데이터' 파일을 다운로드하여 실습을 준비합니다. 공공데이터는 교육용 데이터가 아니기 때문에 전처리 작업이 필요합니다. 다운받은 공공데이터 파일을 열어보면 'seq, areaNm, adres, la, lo, totalScore, totalClass'의 열column로 구성되어 있으며 이 중에서 활용할 수 있는 데이터를 탐색할 수 있습니다. 특히 'totalClass'와 같이 데이터를 등급별로 분류한 데이터가 있다면 구글 마이 맵스에서 위도와 경도 데이터를 마커로 시각화할 수 있습니다.

[구글 마이 맵스] 실제 위치 데이터 시각화 활동

글로벌 산불 지도 분석 및 해석 하기

FIRMS^Fire Information for Resource Management System 홈페이지에 접속하여 현재 지구에서 발생하고 있는 실시간 산불 데이터를 학생들과 함께 탐색할 수 있습니다. 학생들은 현재, 24시간, 일주일 등 다양한 기간 동안 발생하고 있는 산불의 위치와 규모에 대해 탐색하고 지도에서 다양한 글로벌 문제를 발견 및 탐색할 수 있습니다. 특히 산불이 선진국보다 저개발 국가들을 중심으로 발생하고 있는 원인에 대해 토론할 수 있습니다.

실시간 산불 데이터 ※ 출처: FIRMS https://firms.modaps.eosdis.nasa.gov

탐구 및 표현하기	5~7차시	공익광고 영상 제작하기

1단계 산불 예방을 위한 공익광고 시나리오 작성하기

공익광고를 제작하기 위해서는 우리가 시민들에게 전달하고 싶은 메시지를 바탕으로 시나리오를 작성해야 합니다. 광고는 짧은 시간 내에 메시지를 전달하는 것이 중요하므로 30초 정도 길이로 시나리오로 작성하는 것이 좋습니다.

학생들이 시나리오 작성에 뤼튼을 활용해 보도록 안내합니다. 원하는 내용과 조건을 구체적으로 명시하고 시나리오 초안을 요청하여 받도록 합니다. 생성형 AI를 활용해 작성한 시나리오는 모둠원들과의 토의를 위한 초안으로 삼고 이를 모둠 토의를 통해 다듬으면서 보다 좋은 메시지가 전달될 시나리오로 수정하도록 지도합니다.

[뤼튼] 공익 광고 시나리오 초안 받기

수정한 시나리오를 활용해서 공익광고에 필요한 이미지 파일을 생성합니다. 플레이그라운드 AIPlayground AI는 한글로 작성된 시나리오를 뤼튼이나 챗GPT를 활용해 영어로 번역한 뒤 프롬프트에 넣으면 결과가 더욱 정확하게 생성됩니다.

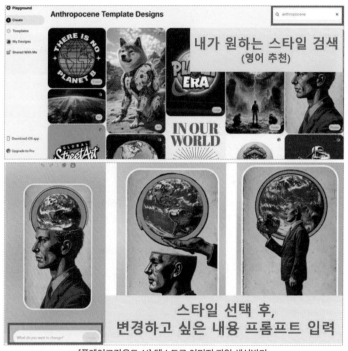

[플레이그라운드 AI] 텍스트로 이미지 파일 생성받기

학생들이 공익광고 메시지 전달에 적합한 이미지 파일을 플레이그라운드 AI로 생성받을 수 있도록, 지속적으로 토의하며 재차 입력해 보도록 독려합니다. 다양한 형태의 이미지 파일을 생성하기 위해 젠-2Gen-2, 챗GPT, 파이어플라이Firefly와 같은 생성형 AI에 대한 사용법도 함께 익히면 좋습니다. 젠-2는 짧은 길이의 영상을 만들 수 있어 광고 영상 제작에 큰 도움이 됩니다.

[젠-2] 공익광고 동영상 파일 생성받기

3단계 배경 음악 생성하기

공익광고 메시지를 정확하게 전달하기 위한 적절한 배경 음악이 필요합니다. 기존의 음원 파일을 사용하는 방법도 있지만 저작권 문제 등이 없도록 하고자 스플래쉬 AI^Splash AI를 활용하여 음원 파일을 직접 생성해 사용해 보도록 합니다.

공익광고에 적합한 배경음악을 생성받기 위해서는 적절한 프롬프트가 필요합니다. 우선 음악의 분위기에 대해서 고민해 보도록 안내하고 뤼튼이나 챗GPT를 활용해 음원 분위기를 추천 받아보도록 안내합니다.

> **이 시나리오에는 어떤 분위기의 음악이 필요할지 추천해줘.**
>
> ⓘ 조천기의 어시스턴트
>
> 이 시나리오에 맞는 음악은 각각의 부분에서 전달하고자 하는 감정과 메시지에 따라 변화하는 다층적인 구성이 필요합니다. 아래는 각 부분별로 추천하는 음악 분위기입니다.
>
> **[시작: 0초 - 4초]**
> - 분위기: 평화롭고 자연스러운
> - 추천 음악: 무드러운 피아노와 아코스틱 기타의 조화, 새소리와 같은 자연의 소리를 배경으로 깔아 자연의 평화로움과 아름다움을 강조합니다.
>
> **[변화: 5초 - 10초]**
> - 분위기: 긴장감 있고 충격적인
> - 추천 음악: 점점 세지는 드럼 비트와 긴박감을 주는 현악기를 사용하여 숲이 불타는 장면의 긴장감과 충격을 강조합니다. 음악의 볼륨과 강도가 점차 증가하도록 합니다.
>
> **[메시지 1: 11초 - 15초] & [메시지 2: 16초 - 20초]**
> - 분위기: 심각하고 생각하게 만드는
> - 추천 음악: 미니멀한 사운드로 전환하되, 낮고 무거운 톤의 현악기와 저음의 피아노를 사용하여 메시지의 심각성을 전달합니다. 음악은 메시지를 강조하면서도 듣는 이로 하여금 문제에 대해 심도 깊게 생각하게 만들어야 합니다.

[뤼튼] 공익광고 배경 음악 분위기 추천받기

배경음악 분위기로 추천받은 내용을 참고하여 학생들과 스플래쉬 AI에 입력할 프롬프트를 작성해 봅니다. 학생들의 요구에 보다 정확히 대응되는 결과물을 얻기 위해, 한글로 작성해 둔 프롬프트를 뤼튼이나 챗GPT, 파파고 등을 활용해 영어로 번역하여 입력하기를 추천합니다.

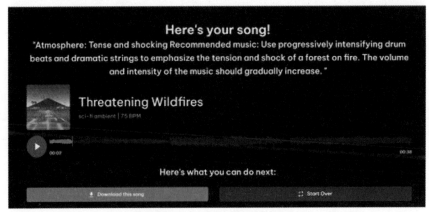

[스플래쉬 AI] 공익광고 배경 음악 생성받기

이미지 파일과 마찬가지로 음원 파일도 다양한 생성형 AI를 활용하면 다양한 느낌의 음원 파일을 생성할 수 있습니다. 다양한 생성형 AI 서비스가 생겨 나고 있는데 각 서비스와 결과물은 특징이 서로 다릅니다. 다양한 AI 서비스를 이용해 음원 파일을 만들어 보고 각 결과물을 학생들과 함께 비교해 보면서 상황이나 목적, 스타일이 적합한 생성형 AI 서비스를 선택하는 과정도 경험해 보도록 하는 것이 좋습니다.

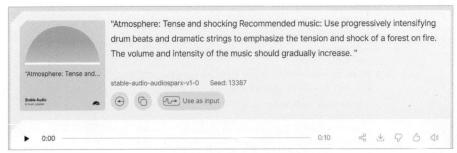

다양한 AI로 배경음악 생성받기: 스테이블 오디오(Stable Audio)

4단계 공익광고 영상 제작하기

과거 동영상 제작 도구들은 사용법이 복잡해 영상 하나를 편집하는 데에도 시간이 오래 걸렸으나 최근에는 프로그램에 생성형 AI들이 접목되면서 영상 관련 기술이 없이도 텍스트만으로도 영상 초안을 즉시 생성받을 수 있게 되었습니다. 특히 브루^{Vrew}는 아주 간단한 텍스트 입력만으로도 동영상을 제작해 주는 간편한 생성형 AI 서비스입니다.

[브루] 텍스트로 공익광고 생성받기

수업에 시간적 한계가 있다면 제목을 작성하고 [AI 글쓰기 기능]을 이용해 동영상을 간단하게 제작받고 편집할 수 있지만, 지난 활동에서 만들어 둔 이미지와 음원 파일 등을 함께 업로드 하여 영상을 생성하면 학생들의 의도가 확실히 반영된 공익광고 동영상을 완성할 수 있습니다.

1단계 제작한 영상을 유튜브, 쇼츠 등 다양한 플랫폼에 올려 보기

모둠별로 제작한 공익광고를 학생들과 함께 감상하기 위해 다양한 플랫폼에 공개해 봅니다. 학교나 학급 상황에 따라 공개된 플랫폼에 올린 후 감상할 수도 있고, 비공개 플랫폼에 올려 학생들 내부에서만 감상하도록 할 수도 있습니다.

2단계 자기 평가 및 상호 평가 하기

우리가 미디어를 제작하고 공개하는 이유는 다른 사람에게 나의 메시지를 전달하고 상호 소통하는 데에 궁극적인 목적이 있습니다. 또한 학교에서 미디어에 대해 가르치는 이유 중 하나는 미디어를 비판적으로 바라보고 견제하기 위한 목적도 있습니다. 따라서 최근 생성형 AI를 통해 확산되고 있는 가짜뉴스에 대한 경각심을 높이고, 공익광고 속 잘못된 사실에 대해 탐색해 보도록 하는 활동은 중요합니다.

모둠별로 완성한 공익광고를 패들렛에 게시한 뒤 댓글을 달아 상호 평가하도록 하는 경우에도, 익명을 이용해 악의적인 비난성 댓글을 다는 것은 바람직하지 않으므로 모둠별로 상의하여 댓글을 올리도록 해도 좋습니다. 건강한 비판적 평가가 이루어질 수 있도록 평가의 태도와 방향성을 분명히 제시해 줄 필요가 있습니다.

3단계 전체 프로젝트 마무리하기

이 프로젝트는 학생들이 지구의 문제를 인공지능을 활용해 해결해 보도록 하는 'AI for Earth'라는 주제를 지닌 프로젝트로 볼 수 있습니다. 학생들은 인공지능이 어떻게 지구의 지속 가능성을 점검하고 지원하고 개선하는 도구로 쓰일 수 있는지를 학습했습니다. 이 과정으로 학생들은 AI 기술이 단순한 기술적 도구가 아닌, 실질적인 사회적 문제 해결에 기여할 수 있는 강력한 수단이라는 점을 확인하였다는 점, 그리고 이는 미래 시민으로서 역량을 좀 더 갖춘 셈이라는 점을 강조하고 독려하면 좋습니다.

수업 운영의 Tip

Tip 1. 생성형 AI를 사용할 때에는 영어로 프롬프트를 작성하면 좋아요

생성형 AI들이 한국어에 대한 서비스를 대체적으로 제공하고 있지만 영어를 기반으로 제작되어 있어 영어로 프롬프트를 작성하면 결과의 질이 높아집니다. 특히 스테이블 오디오^{Stable Audio}, 젠-2^{Gen-2}와 같이 언어 모델을 중점적으로 개발하지 않은 서비스들을 이용할 때는 뤼튼^{Wrtn}, 챗GPT나 파파고, 구글 번역 같은 번역 프로그램을 활용하는 것을 추천합니다. 중학교 학생들 수준에서는 한글을 영어로 번역한 이후에 영어에 대한 문장, 문법, 단어 등을 확인하는 과정을 수업에 추가한다면 영어 교과와의 융합도 가능합니다.

한국어로 문장을 입력하는 상황이라면 핵심 단어는 영어로 입력하는 과정이 필요합니다. 생성형 AI들은 한국어를 영어로 번역하여 모델에 반영하기 때문에 번역 과정에서 오류가 발생할 수 있습니다. 이러한 오류가 발생할 가능성이 높은 단어들을 위주로 영어로 입력하기를 추천합니다.

Tip 2. 패들렛 등의 의견 교환 공간에서는 매너를 지키도록 지도해 주세요

패들렛^{Padlet}은 익명으로 의견을 달 수도 있기 때문에 상대방에 대한 매너를 지키도록 지도하는 것이 중요합니다. 익명으로 의견을 작성한다면 다양하고 비판적인 의견을 골고루 받을 수 있다는 장점이 있지만 비난만을 위한 의견이 다른 사람에게 상처를 줄 수도 있다는 큰 단점이 있습니다. 패들렛을 활용하기 이전에 사용 규칙을 우선 지도하시기를 추천합니다. 또한 교사는 패들렛 등의 공간에 함께 참여할 수 있으므로 댓글 등의 내용을 점검하여 부적절한 내용이 발생하는 경우 비공개 처리하도록 합니다.

김용성   kys1001@cnu.ac.kr

충남대학교 기술교육과 교수. 고려대학교에서 컴퓨터공학 박사(AI/머신러닝 전공)를 취득하였으며, 이후 소프트웨어정책연구소(SPRi) 선임 연구원, 고려사이버대학교 교수를 역임했습니다. 인공지능부터 자연어 처리, 컴퓨터 비전, 교육 데이터 분석, 인공지능 교육, 디지털 기반 교육(에듀테크)까지 다양한 분야에서 왕성한 연구 활동을 해 오고 있습니다.

KBS 뉴스, 채널A 뉴스, MBC 라디오 등 여러 언론에 출연하였으며, 행정안전부, 지방자치인재개발원, 한국교육방송공사(EBS), 한국교육개발원, 한국교육학술정보원, 한국지능정보사회진흥원, 한국언론진흥재단, 세종특별자치시청, 부산광역시청, 대전광역시인재개발원, 부산광역시교육청 등 다수의 기관에서 강연하였습니다.

과학기술정보통신부, 중소벤처기업부, 교육부, 한국연구재단, 정보통신기획평가원, 한국과학창의재단, 한국교육학술정보원, 특허청국제지식연수원 등의 다양한 연구 과제 수행과 자문·평가 위원 경험이 있습니다. 저술한 도서로는 <AI 리터러시: 인공지능 필수 지식부터 완벽 활용까지>, <챗GPT 충격, 생성형 AI와 교육의 미래(프리렉)>가 있습니다.

김수진   roasjkim@gmail.com

대전목상초등학교 교사. 소프트웨어교육과 AI융합교육으로 석사 학위를 취득하였으며, 현재는 박사 과정을 통해 AI 교육에 대한 연구를 이어가고 있습니다. 학생들의 흥미와 학습 경험을 향상시키기 위해 초등 교육에서의 AI 활용 방안을 연구하고 있으며, 텍스트마이닝과 데이터 과학 분야에도 관심을 가지고 있습니다. 정보화 연수 강사로 활동한 경험이 있으며, AI 활용 교육 자료를 제작하여 동료 교사들과 공유해 왔습니다. 나아가 디지털 교육의 세계화를 위해 몽골 교사들을 대상으로 한 연수를 진행하는 등 국제적인 AI 교육 경험 공유에도 힘쓰고 있습니다.

고의천   hskoh87@snu.ac.kr

서울사대부고 영어 교사. 카투사로 근무하면서 알파고의 승리를 지켜보며 충격을 받고 전역한 뒤에 과학중점학교에서 AI에 관해 영어로 가르치기 시작했습니다. 이후 현재 근무하는 학교에서 담임교사를 하며 AI기술이 미래의 진로/진학의 판도를 완전히 뒤바꾸어놓을 것임을 직감하고 서울대학교 데이터사이언스 대학원에서 석사과정을 수료했습니다. 제1회 에듀테크 학회 에듀테크 데이터분석 공모전에서 대상을 수상했으며 AICE Associate 자격증 및 ADsP, SQLD 등의 자격증을 취득했습니다. 서울시교육청 생성형 AI 활용 직무연수를 비롯하여 다수의 학교에서 강연했습니다. 2023 뉴쌤 3.0 선도교사단 소속으로

<미래 관찰자의 살아 있는 아이디어(공저)> 집필 및 <교실에서 바로 쓸 수 있는 낯선 행동 솔루션50(번역서)>가 있습니다.

김진관 faithfuljk@naver.com

대전둔천초등학교 공주교육대학교대학원에서 소프트웨어교육을 전공했습니다. 인문학적 이야기 중심의 AI 스토리텔링 학습법, 생성형 인공지능에 관심을 두며, 깊이 있는 학습을 기반으로 한 AI 디지털 활용 교수학습 설계와 평가에까지 분야를 확장하고 있습니다.

연구, 기여, 연결, 순환, 성장의 가치를 추구하며, 혼자보다는 축적과 발산의 조화를 통해 함께 성장하는 커뮤니티에 진심입니다. 현재 T.R.I.P.O.D. 전국단위 수업-평가 연구회 회장(교육부), AI 티처스쿨(대전AI교육교사 커뮤니티) 대표교사, 교실혁명 선도교사(교육부), T.O.U.C.H. 교사단 대전 대표 교사(교육부), AIEDAP 마스터 교원(교육부) 등으로 있으며, 신나는 SW.AI교육 수기공모전 부총리 겸 교육부 장관상 (2021), 소프트웨어교육 발전 및 활성화 유공 부총리 겸 교육부 장관 표창(2021), 대한민국 정보교육상 (2023)을 받았습니다.

<명탐정 준의 AI 파란 노트>(대표저자), <교사가 이끄는 교실혁명 AI 디지털교과서 100% 활용하기 : 초등편, 중등편>(공저) 등을 집필했으며, 교감 및 1급 정교사 자격 연수 외 150회 이상의 강의를 진행하며, 다방면의 교육자들과 소통하고 있습니다.

김학민 kim@djehm.kr

대전송림초등학교 교사. 경인교육대학교 교육전문대학원에서 컴퓨터교육 전공으로 석사학위를 받았으며 Google for Education 공인 트레이너, Google Educator Group 대전 지역 Captain으로 활동하고 있습니다. 2018 평창 올림픽 이후 초등학생들이 즐길 수 있는 컬링 게임을 개발하여 플레이스토어에 등록하였으며, 전국교육자료전에서 2등급을 수상하였습니다. 정보, 과학 영재 지도교사, 정보화 연수 강사 등 다양한 분야에서 활동하고 있습니다.

<Google로 칼퇴하는 교사들의 시크릿>(대표저자), <이재호 교수의 AI메이커 코딩>(공저) 등을 집필하였으며 유튜브 '초등도서관' 채널을 운영하며 다양한 교육 콘텐츠를 제작하고 있습니다.

김희철 hacho2@gmail.com

대전자운초등학교 교사. 디지털시대를 살아가는 학생들에게 효과적인 학습 경험을 제공하기 위해 지속적으로 새로운 교육방법을 탐구하고 있으며, 생성형 AI를 활용한 교육 콘텐츠 개발에 힘쓰고 있습니다. 초등영어교육(학사), AI융합교육(석사)을 공부하며 학생들이 창의적이고 비판적인 사고를 할 수 있도록 돕기 위해 다양한 교육 자료와 프로그램을 연구하고 있습니다.

<너도 한번 AI 만들어 볼래?>(공저) 집필, 전국교육자료전 1등급 수상, 디지털기반 교육혁신 분야 부총리 겸 교육부 장관 표창(2023)을 받은 경험이 있습니다.

신나라 narasin1@naver.com

대전갑천초등학교 교사. 충남대학교 교육대학원 교육행정 및 정책 전공으로 석사 학위를 받았으며, 현재 AI융합교육 전공으로 새로운 학위에 도전하고 있습니다. 대전교육정보원 정보화연수를 비롯한 다양한 교원 연수를 통해 선생님들과 다양한 AI, 에듀테크 융합 수업 사례를 나누고 있습니다. 또 오랜 기간 실천해 온 영재교육에 대한 전문성을 바탕으로 생성형 AI, 딥러닝, 데이터과학과 영재교육의 융합을 연구하고 있습니다. 현재 교실혁명 선도교사(교육부), AIEDAP 마스터 교원(교육부), 이러닝 세계화 교사단 (LEAD), 대전광역시교육청 스마트온지원단으로 활동하고 있으며, 저서로는 <명탐정 준의 AI 파란 노트>(공저)가 있으며, 영재교육 유공 부총리 겸 교육부 장관 표창(2021), 디지털기반 교육혁신 유공 부총리 겸 교육부 장관 표창(2024)을 받았습니다.

윤영집 zerohouse90@snu.ac.kr

갈매고등학교 물리 교사. 교직 생활 중 반복적이고 획일화된 교육 활동에 소진감을 느끼던 중, 이를 해소하기 위한 개별 맞춤형 교육을 위한 기술 연구에 몰두하기 위해 서울대학교 과학교육과 대학원에 진학했습니다. 서울대학교 데이터사이언스 교과인증과정 이수와 함께 빅데이터분석기사(BAE)와 데이터분석 준전문가(ADsP) 자격증 취득을 하면서 개별 맞춤형 교육 챗봇의 전문성을 인정받아 서울대학교 AI융합 교육학과의 강의조교로도 활동했습니다.

석사 과정 중 기존의 AI 챗봇 연구의 한계를 돌파할 ChatGPT의 등장을 계기로 컴퓨터공학의 전문성이 없더라도 현장 교사의 교육 전문성을 반영할 수 있는 교사 맞춤형 챗봇 플랫폼 구현에 집중했습니다. 이를 바탕으로 '교사 피드백 화법을 적용한 ChatGPT 기반 챗봇과 고등학교 통합과학 학습자의 대화 분석'을 주제로 연구를 진행했습니다. 또한, 교과 간 융합 가능성을 모색하고 인공지능 이해 교육을 탐색하기 위한 '인공지능 리터러시를 위한 AI 융합 영어 쓰기 수업 모형 개발' 연구도 진행하였습니다.

이후 생성형 AI의 교육적 활용에 대한 연구 경험을 바탕으로 전국 생성형 AI 활용 교육 연구회 회장 (2024~), 교육부 교실혁명 선도교사(2024~), AIEDAP(AI Education Alliance & Policy lab) 리더교원 (2024~, 마스터교원 승급 예정), 경기도 하이러닝 선도교원(2024~) 등으로 활동 중이며, <이제는 학부모다! AI 시대 역량 있는 학부모 되기> 집필에도 참여하였습니다. 또한 저의 경험을 현장과 공유하기 위하여 대학교와 교육청, 중고등학교, 교사연구회 등 다양한 단위로 출강을 나가고 있습니다.

이동규 dkpedagogy@gmail.com

완도고등학교 국어 교사. "매력적인 기술과 교육적으로 유의미한 학습경험은 별개"라는 말의 교훈을 지키려 노력합니다. 농어촌 인문계 고등학교에서 코로나를 겪은 이후, 기술을 활용해 학생들의 삶에 도움이 될 수 있는 변화를 시도해 왔습니다. 학생들과 함께 정보기술을 활용해 지역사회의 문제 해결을 고민하는 활동을 설계해왔으며, 졸업한 아이들이 학교에 방문해 '선생님 덕분에 배웠던 거, 지금도 과제나 공부에 잘 쓰고있다'는 말을 삶의 낙으로 여깁니다.

KERIS <미래교육혁신을 위한 에듀테크 활용 우수사례집> 집필에 참여했으며, HTHT 마스터클래스 한국디지털교육협회장상(2024)을 포함한 다양한 수업, 교육활동 관련 수상, 디지털 교육격차 해소 및 생애주기별 디지털 역량 강화 분야 부총리 겸 교육부 장관 표창(2022)를 받은 경험이 있으며 다양한 연수 강사 등의 활동을 하고 있습니다.

이병욱 bwlee@cnu.ac.kr

충남대학교 기계공학교육과 교수. 직업진로교육 및 발명특허교육정책 관련 연구를 다수 수행하였으며, '국가직무능력표준 기반 교수법과 실제'를 비롯한 교수학습 방법과 관련한 연구와 저서도 다수 집필하였습니다. 대통령자문교육혁신위원회 상임전문위원과 대통령직속국가교육회의 위원, 교육부 정책 자문위원, 충남대학교 사범대학장, 교육대학원장 등을 역임했습니다.

장규식 kyusik2004@naver.com

대전대청중학교 기술 교사. 여러 가지 AI를 접목한 교과 수업에 관심이 많아 충남대학교 AI 융합교육전공 석사 과정을 수료하며 전문 지식을 쌓았습니다. AI가 학교 현장에 가져올 긍정적인 변화를 기대하며 에듀테크, 생성형 AI를 활용한 다양한 수업 모델을 개발하여 교육 현장의 발전에 노력하고 있습니다. 대전교육정보원 교수학습지원센터 자료개발 분과 운영위원으로 활동한 경력이 있으며 다양한 연구회에서 에듀테크 활용 및 여러 주제로 직무연수 강의를 진행하였습니다. 생성형 AI가 교육 현장에 적용될 수 있는 다양한 방향성에 대해 고찰하고 실제적으로 도움을 줄 수 있는 수업 모델에 대해 연구하고 있습니다.

조현기 gusrl727@naver.com

서울금북초등학교 교사. 서울교육대학교에서 사회과교육 박사를 취득하였으며, 이후 세종대학교와 건국대학교 AI융합교육전공에서 강의를 하고 있습니다. 인공지능 시대의 시민교육, 인공지능 융합교육, 인공지능의 사회적 영향력 등 다양한 분야에서 연구 활동을 해 오고 있습니다.
서울특별시교육청, 경기도교육청, 제주도교육청, 대구광역시교육청, 한국과학창의재단, 한국교육학술정보원, 한국언론진흥재단 등에서 다수의 강연을 진행했습니다. 'AI for Good'이라는 마인드를 바탕으로 인공지능 기술이 사회적 가치를 향상시키는 데에 도움이 될 수 있도록 힘쓰고 있습니다.

챗GPT로
시작하는
생성형 AI
프로젝트 수업

초판 1쇄 발행 2025년 2월 28일

지은이 김용성, 김수진, 고의천, 김진관, 김학민, 김희철, 신나라, 윤영집, 이동규, 이병욱, 장규식, 조현기, 주재희

펴낸이 이형세
펴낸곳 테크빌교육(주)
주소 서울시 강남구 언주로 551, 프라자빌딩 5층/8층 | **전화** (02)3442-7783(333)

기획편집 한아정 | **디자인** 곰곰사무소

ISBN 979-11-6346-197-5 (03370)

책값은 뒤표지에 있습니다.

테크빌 교육 채널에서 교육 정보와 다양한 영상 자료, 이벤트를 만나세요!
블로그 blog.naver.com/njoyschoolbooks   **페이스북** facebook.com/njoyschool79
티처빌 teacherville.co.kr   **티처몰** shop.teacherville.co.kr
쌤동네 ssam.teacherville.co.kr